吳墉祥戰後日記

(1945)

The Post-War Diaries of Wu Yung-hsiang, 1945

民國日記 | 總序

呂芳上

民國歷史文化學社社長

人是歷史的主體，人性是歷史的內涵。「人事有代謝，往來成古今」（孟浩然），瞭解活生生的「人」，才較能掌握歷史的真相；愈是貼近「人性」的思考，才愈能體會歷史的本質。近代歷史的特色之一是資料閎富而駁雜，由當事人主導、製作而形成的資料，以自傳、回憶錄、口述訪問及日記最為重要，其中日記的完成最即時，描述較能顯現內在的幽微，最受史家重視。

日記本是個人記述每天所見聞、所感思、所作為有選擇的紀錄，雖不必能反映史事整體或各個部分的所有細節，但可以掌握史實發展的一定脈絡。尤其個人日記一方面透露個人單獨親歷之事，補足歷史原貌的闕漏；一方面個人隨時勢變化呈現出不同的心路歷程，對同一史事發為不同的看法和感受，往往會豐富了歷史內容。

中國從宋代以後，開始有更多的讀書人有寫日記的習慣，到近代更是蔚然成風，於是利用日記史料作歷史研究成了近代史學的一大特色。本來不同的史料，各有不同的性質，日記記述形式不一，有的像流水帳，有的生動引人。日記的共同主要特質是自我（self）與私密（privacy），史家是史事的「局外人」，不只注意史實的追尋，更有興趣瞭解歷史如何被體驗和講述，這時對「局內人」所思、所行的掌握和體會，日記便成了十分關鍵的材料。傾聽歷史的聲音，重要的是能聽到「原音」，而非「變音」，日記應屬原音，故價值高。1970 年代，在後現代理論影響下，檢驗史料的潛在偏見，成為時尚。論者以為即使親筆日記、函札，亦不必全屬真實。實者，日記記錄可能有偏差，一來自時代政治與社會的制約和氛圍，有清一代文網太密，使讀書人有口難言，或心中自我約束太過。顏李學派李塨死前日記每月後書寫「小心翼翼，俱以終始」八字，心所謂為危，這樣的日記記錄，難暢所欲言，可以想見。二來自人性的弱點，除了「記主」可能自我「美化拔高」之外，主觀、偏私、急功好利、現實等，有意無心的記述或失實、或迴避，例如「胡適日記」於關鍵時刻，不無避實就虛，語焉不詳之處；「閻錫山日記」滿口禮義道德，使用價值略幾近於零，難免令人失望。三來自旁人過度用心的整理、剪裁、甚至「消音」，如「陳誠日記」、「胡宗南日記」，均不免有斧鑿痕跡，不論立意多麼良善，都會是史學研究上難以彌補的損失。史料之於歷史研究，一如「盡信書不如無書」的話語，對證、勘比是個基本功。或謂使用材料多方查證，有如老吏斷獄、法官斷案，取證求其多，追根究柢求其細，庶幾還原案貌，以證據下法理註腳，盡力讓歷史真相水落可石出。是故不同史料對同一史事，記述會有異同，同者互證，異者互勘，於是能逼近史實。而勘比、互證之中，以日記比證日記，或以他人日記，證人物所思所行，亦不失為一良法。

從日記的內容、特質看，研究日記的學者鄒振環，曾將日記概分為記事備忘、工作、學術考據、宗教人生、游歷探險、使行、志感抒情、文藝、戰難、科學、家庭婦女、學生、囚亡、外人在華日記等十四種。事實上，多半的日記是複合型的，柳貽徵說：「國史有日歷，私家有日記，一也。日歷詳一國之事，舉其大而略其細；日記則洪纖必包，無定格，而一身、一家、一地、一國之真史具焉，讀之視日歷有味，且有補於史學。」近代人物如胡適、吳宓、顧頡剛的大部頭日記，大約可被歸為「學人日記」，余英時翻讀《顧頡剛日記》後說，藉日記以窺測顧的內心世界，發現其事業心竟在求知慾上，1930 年代後，顧更接近的是流轉於學、政、商三界的「社會活動家」，在謹厚恂恂君子後邊，還擁有激盪以至浪漫的情感世界。於是活生生多面向的人，因此呈現出來，日記的作用可見。

晚清民國，相對於昔時，是日記留存、出版較多的時期，這可能與識字率提升、媒體、出版事業發達相關。過去日記的面世，撰著人多半是時代舞台上的要角，他們的言行、舉動，動見觀瞻，當然不容小覷。但，相對的芸芸眾生，識字或不識字的「小人物」們，在正史中往往是無名英雄，甚至於是「失蹤者」，他們如何參與近代國家的構建，如何共同締造新社會，不應該被埋沒、被忽略。近代中國中西交會、內外戰事頻仍，傳統走向現代，社會矛盾叢生，如何豐富歷史內涵，需要傾聽社會各階層的「原聲」來補足，更寬闊的歷史視野，需要眾人的紀錄來拓展。開放檔案，公布公家、私人資料，這是近代史學界的迫切期待，也是「民國歷史文化學社」大力倡議出版日記叢書的緣由。

導言

馬國安、林弘毅

一

中國近代歷史讀物，時代雖近，卻往往仍予人一股難以親近的距離感。現代讀者大多無法想像，在巨變頻生、戰亂進逼的時空環境，身為一個「人」的個體，究竟是如何去面對、看待，又如何真正生活其中。

戰爭的爆發，哪股勢力推進到哪裡，只是一段記載；物價的漲跌，這個月米的價格多少，只是一個統計數據；交通線的推展，哪條鐵路銜接哪個港口，只是地圖上的一條線……。

這些與那些，是如何伴隨我們的曾祖父母輩、祖父母輩，甚或是父母輩的人生？在政府檔案裡找不到的解答，日記則提供了另一種更有「人味」的指引視角。

民國歷史文化學社出版一系列的民國日記，包括本次的吳墉祥戰後日記，就是為了要讓逝去的時代影像鮮活起來。為家屬留紀念，也為歷史留痕跡。

二

吳墉祥（1909 年 4 月19 日—2000 年11 月18 日），字茂如，生於山東省棲霞縣第五區吳家村。曾祖父吳亞元，祖父吳愷運，父親吳庚吉。1914 年入私塾，後因吳家村新式小學成立，轉入就讀，其後再升煙台模範高等小學、私立先志中學。

1924 年，在于洪起（前國會議員、先志中學校長）與崔唯吾（國民黨膠東黨部特派員、先志中學教師）的介紹下，於該年10 月加入國民黨。惟因北伐期間，各地軍閥頑抗，又適寧漢分裂，國民革命軍不知何時可以攻克山東，遂毅然決定南下，投考中央黨務學校，並獲派赴北伐前線與山東省黨部工作。俟大局底定，中央政治學校（國立政治大學前身）成立，復申請回校，畢業報告為與姜啟炎、許餞儂、楊書家等三位同學合編的「安徽財政」（其負責第一冊，洋洋灑灑三百餘頁），為1933 年第二期財政系第一名畢業，也埋下日後前往安徽服務的伏筆。

畢業後以優秀成績留校擔任會計助教，1936 年起轉赴安徽地方銀行任職，先自安慶分行副理、經理做起（一年），再任總行總稽核（四年），繼任副總經理（四年），時值對日抗戰，安徽淪為各方勢力角逐之地（國、共、日汪），地方銀行身處敵後，調劑地方金融，業務繁重，對穩定地方與戰區，功勞不小。總統府人事調查表中並記載，其「自26 年至34 年，始終在皖省從事敵後金融工作，參加大小戰役九十餘次」。

雖即如此，身為山東籍人士，仍隔閡於桂系所掌握的核心之外。適逢山東省主席何思源有意重建省銀行，便於1945年前往投效，任常務董事兼總經理，復受邀至齊魯公司擔任常務董事兼董事會秘書長，在國共兩軍爭奪戰後山東控制權的複雜情況下，致力為山東服務，且因在共軍圍攻濟南期間，維持市面金融得力，獲得省府嘉獎，連晉兩級。其間，並取得高考會計師合格證明，於日後得以會計師專業執業。也曾參選棲霞區第一屆國民大會代表，名列第二，而為國民大會列席代表。

山東陷共後，於南京、上海、廣州等地處理齊魯公司業務。1949年7月以國民大會代表證件獲得赴臺許可，舉家遷移臺灣臺北。於煙台聯中案時，多方聯繫山東籍人士，為營救張敏之校長而努力。之後齊魯公司職務解除，其便以會計師執照維生。1956年應美國國際合作總署（International Cooperation Administration）駐華安全分署之聘任，為高級稽核，跑遍全臺灣，查核受援單位之會計收支。1965年美援結束，改任中美合營之台達化學工業公司財務長，1976年退休。其後活動多為列席國民大會，於大法官釋字第261號解釋公布後，1991年退職。在動盪時局中，仍嚴謹持家，與妻子共同撫育六名子女長大成人，都各有所成，為其晚年生活最感快慰之處。

其一生戮力於財政、金融、會計之研究與工作，在中央政治學校就學時即發表期刊論述多篇，畢業後出版

《中國貨幣問題論叢》一書，抗戰時仍筆耕不輟，來台後在《臺灣合作金融》、《國民大會憲政研討委員會年刊》、《稅務旬刊》等發表文章數十篇，皆有關於財金問題者。

三

吳墉祥自1927 年赴南京考取中央黨務學校起，便有記載日記的習慣，可惜於戰亂過程中，1944 年以前日記亡佚不可得。本次出版雖取名為戰後日記，實則起自1945 年1 月1 日，終於1950 年12 月31 日，以戰後復員為核心，至來臺灣後稍微安定時止。

其內容包含抗戰末期敵後第十戰區情形、戰後重慶、復員、接收、抗共被圍於濟南、競選國民大會代表、濟南淪陷、遷徙臺灣、澎湖煙台聯中案等，按日記載，逐日不斷。但因戰爭或工作繁忙的關係，或有隔數日後補記日記，致日期有所錯置，也屬時人撰寫日記的正常情形。

在這六年的日記中，我們可以看到一個忠黨、愛鄉、為國的知識分子，在1945 年8 月如何欣喜於戰勝日本，「晚八時街市鞭炮聲大作，聞係日本投降，至半夜有報紙號外發行，報僅索值一百元，實則僅數十字，為日本已提出接受波茨坦宣告，無條件投降，八年抗戰，至此已與盟國共獲大勝。」又在1946 年如何慨歎於剿共之不得人心，「中心工作為與共產黨在收復區內爭取人心，其中最重要者為不報復，不得因自己為地主，阻礙耕者有其田之實行，但執政者多為地主階級，含有內在矛盾，如何貫澈，非無問題，此舉實為國民黨存立與失敗之關鍵，以目前人心之絕對自私，恐非有強有力之克服工作，實未能使一切新政令不為之變質。」「政府能否掌握民心，此不失為重要關鍵，聞益都縣府進城後屠殺附共青年甚多，與政府大政方針相背。」

另一方面，也因為他的財金專業與工作，日記中也大量記錄了職務上的各種事項，包含安徽地方銀行與山東省銀行的營運等問題，可望有助於戰後初期的金融史研究。

至於1949 年的山東煙台聯中案，因校長張敏之與吳墉祥本為先志中學同學，且一同加入國民黨，抗戰與戰後復員時期亦多有聯繫。在煙台聯中案發生後，其與山東各界在臺有力人士多方營救的過程，於日記中鉅細靡遺，則是當事人口述歷史與政府檔案之外，相當重要的側面資料。

四

關於這份日記，編輯的方式依照年、月、日的順序編排，原先日記中所分類的小標題，如「師友」、「職務」、「娛樂」、「體質」、「家事」、「看書」等，皆有所保留，便於讀者閱讀。至於部分記載有僅止涉及親人的私密內容，則予以刪除，容我們為家屬保留一點隱私。

最終仍是希望，這份日記能為戰後的歷史留下一點痕跡，一天一天的記錄，像是一則一則的故事，呈現的不只是吳墉祥一個人的人生，而是一個時代裡的芸芸眾生。

編輯凡例

一、吳墉祥日記現存自1945年至2000年，本次出版為1945年至1950年部分。

二、古字、罕用字、簡字、通同字，在不影響文意下，改以現行字標示。

三、難以辨識字體，以■表示。

四、部分內容涉及家屬隱私，略予刪節，恕不一一標注。

附圖

吳墉祥 1945 年行跡

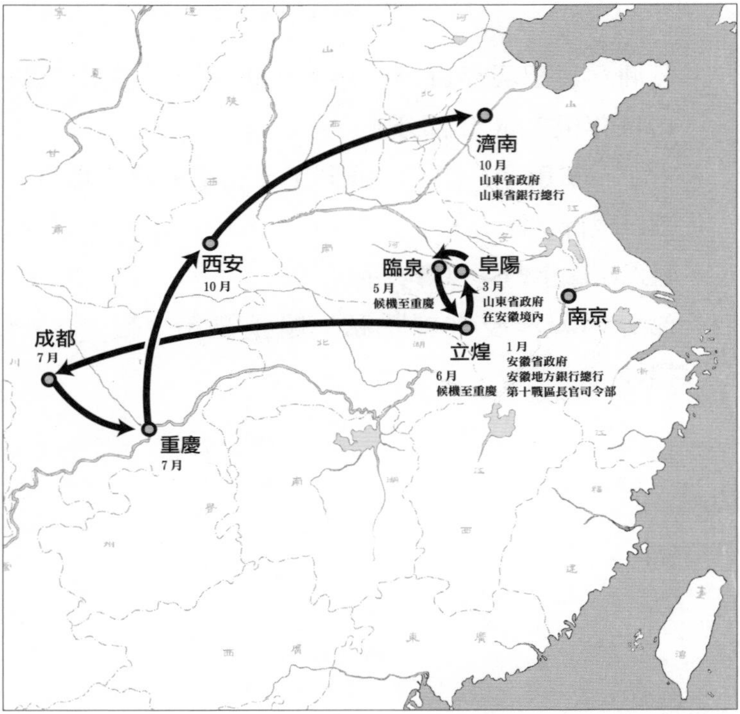

（盤惠秦／繪製）

目　錄

1945 年（37 歲）

1945 年小引

光陰荏苒，三十七歲之年，忽然已至。過去三十六年中，前十九年為就學階段，後十八年為學行兼顧階段，而最後九年復為此生所就事業之最悠長者，現隨殘臘而告一段落矣。回憶幼承庭訓，所獲於祖父者為獨多，長受師長啟迪，復深懍於做人較做事為尤重之教條，雖人事不居，環境變遷，尚知護持正義，不甘阿附，為此不可為之事亦已數年矣。語云，寧為玉碎，不為瓦全。年終之遭際獲得社會之同情，師友之不平與關心，譽多溢美，其能不益加淬礪奮發乎？

以古稀之年而論，今已過其半矣。讀書、做事，由一己奮鬥而來者，其事固斑斑可考，然以言堅苦卓絕，就先人論，不如祖父，就後昆言，不若玉弟。此最後九年中，丁國家存亡絕續之關頭，人事變遷無定之環境，而猶能致力比較安定之事業，實屬大幸；所可憾者，未能利用時機補充學識，而應世接物方面亦因生活惰性太重，漸習於委曲求全，因循折衷等風習，此實慢性之毒素，非有勇毅與決心不足以自拔者也。然則今茲之變，由人生之應受鍛鍊折磨言之，不亦大可慶幸乎？

世變方亟，人欲橫流，砥礪志節，創造事業，此其時矣。疾風知勁草，板蕩識忠臣，不為害帥，不做家臣，所知者大我，所鄙者小人，在此天下滔滔，夤緣為利之處境中，但求有益於社會、人群、國家、民族，則世俗之毀譽，財貨之誘脅，復何足動我毫髮？此後之一年，為試鍊余奮鬥刻苦精神之關鍵，此實天假我者，應勿辜負此有為年華，蹉跎自誤。「能受天磨真鐵漢，不招人忌是庸才」，失敗乃成功之母，荊棘愈深，坦途愈近，是惟在斬除之者之能否堅持不懈以底於成耳。

1月1日　星期一　晴

師友

今日為元旦日，政府通令除集體團拜外，不得登門賀年，不得送禮，不得宴會，但事實上並無效力。余已交卸公職，復成公民，自不在拘束之列，行內同人前來賀年者踵接，計有趙畯田、倪建學、朱丹初、陳仲羽、魯錦雲、張振玉、張樹人、張由堅、周天固、王之蘋、鄧光烈、丁雲翔等。中午到者有潘鳳標科長，即留之飲酒，飯後同丁雲翔、潘君往訪朱興良兄，並約同至財廳桂廳長寓所參加該廳同人聚餐，朱兄與余則所請之客也，飯前並訪黃處長士華，聚餐時共六席，並歡送該廳兩從軍職員，七時散。

1月2日　星期二　晴

師友

晨，同謝大烈兄訪徐君佩兄，遇汪少倫廳長，亟勸余暫就安徽學院事，勿決絕求去，余告以亦曾慮及時間與形式問題，縱去亦須用省府名義與經費云。訪鍾建奇局長，閒談。訪楊子位兄不遇。潘宏臧兄請客，至則主人尚未返，留字而退。訪蘇委員春伯，不遇。同事吳鴻開、韓逸雲、黃建華、郭桂生及同學吳炳麟、王喬鶴先後來訪。中午，謝大烈、鄧光烈、王之蘋、陸嘉書請客。劉芳松夫婦下午來訪。

職務

偕興良、天固兩兄謁李主席，余表示願補充考察後再任他職，余對調動甚快慰，渠仍囑先赴皖院任教，並謂過去銀行表現最不佳者為常鬧意見，余亟鄭重聲明余在行數年之抱負，余謂對闞行長私人感情甚好，但對事務處理意見則有時本於余之性格與判斷，實未敢隨聲附和，無法強同，余對於如何報答長官之知遇，惟知從忠於所職上著眼，而銀行既有歷史，雖盡力欲其配合政府，而有時為行員作風及章制所限，不能完全達到目的，余固學習政治者，對此焉有不了解之理，過去一切煞費苦心，容未局外所不知也。至於去年營業成績盈餘可有七、八千萬，全係由銀行正當業務而來，故銀行基礎可謂穩固，經營情形亦可稱良好也云。李氏唯唯，此公深沉不肯多言，繼與興良談將來省內財政之改善問題，似於真正癥結不盡知曉，或係為部屬報告所蔽，亦未可知也。

1月3日　星期三　晴

師友

晨，張景博兄來訪，渠甫由皖北各縣督導勸儲分會推行公益儲蓄歸來，途中即知本行改組事，深為惋惜，並主一部分同人可至十五集團軍參加界首聯營公司事云。趙主任百源兄來訪，渠係馮有辰兄之內弟，頗有情感。今日來贈戲券兩張，並事先送贈掛麵、紅棗等物。吳文源兄來訪，談其鄰右之省府顧參諮等對余之交卸均表不平，所敘之人皆無深交，而仗義執言，殊為年來官場人士更迭中之無前例者，聞知彌補惶愧。倪建學、金清和兩君來訪，倪係地行行員，金則舊日同事，現充農民銀行會計主任者，均極念舊。高炎兄來訪，談兩間書屋參加印行教科書進行情形。

娛樂

晚，與周天固兄參觀立煌劇團平劇，為張菊隱、楊洪英、劉豔霞之臨江驛，唱做平妥。

1月4日　星期四　陰

師友

上午，前地行同人、現任中國農民銀行職務之尹順堯兄來訪，渠主辦該行儲蓄與營業，談行內情形頗詳。下午訪勸儲分會張學騫兄，道謝其今晨送贈紅糖，談頃於參議中和亦至，乃在該會共餐，於君於文化問題頗多見地，認為目前必須提高一般人之眼光，自是中肯之論，七時辭歸。

起居

卸職以來，已無案牘勞形，心神平靜，情緒和諧，惟飲食起居，繁瑣增多耳。緣余在行時所用全係公役，除辦公室一名外，在宿舍者亦有三名，德芳僅指揮其間，除洗滌衣服外，竟無他事，其須由余執役者，更無其事。現則將公役全留於行內，俾其不失固定職業，遷來寄住之屋只另用粗工一名，挑水煮飯，生火灑掃，其餘抱持幼女，烹調菜蔬則必須德芳親任之，余則閒居無事，有時於零星小事，亦不能坐視不顧，更加賓客往來頻繁，欲讀書寫字亦無完整時間可用也。

1 月 5 日　星期五　晴曇

師友

上午，朱興良兄來訪，余將昨日渠送來所擬致財政部魯次長電稿一件潤色後面交，大意為余在皖地行九年，成績卓著，操守謹嚴，全皖稱譽，現因調整人事去職，請在金融機關介紹服務機會，如平漢路東成立銀行監理官辦公處，承乏斯職，亦極相宜云云。朱兄恐余之生活困難，面留國幣五千元作為炭火費，余以實際未至如此困難，堅決謝卻不果，容改日專人送還。朱兄古道熱腸，雪中送炭，令人感愧交併。下午，鍾班侯局長來訪，談軍事情況未許樂觀，並詢如有需要之處，當竭力協助，盛情亦極可感。下午，地行儲蓄部副主任兼代六安支行經理孫存楷偕桐城辦事處主任胡玉祥來訪，孫君甫由六安回立，堅決辭其兼職，余亦以在現局之下不宜負荷分支行責任，贊同其意見，至所談及下層之黑暗及地方之疾苦，則已為夙昔所熟知，行政如此，亦軍事之累也。

1月6日　星期六　陰

交際

中午，假許餞儂兄公館宴請由各地來立及甫經出差回立之友人，計到者有朱興良兄、第七軍需局辦事處處長李作仁、軍政部會計處第六分處立煌辦事處主任趙百源、勸儲分會張主任學騫、財政部專員辦事處宋稽核金階、中國農民銀行主任徐德光、副主任李傳珪及謝大烈、鄧光烈兩兄，此外未到者有周天固兄，係因事先另有他約，汪新民兄，係因請假回屯，鍾建奇兄，係因面邀未發請柬，陳子英兄，係因投送請柬未能遞達。菜餚由德芳及鄧光烈夫人合辦，極可口。晚，楊甲、吳文源、鮑先德、沈玉明、張振玉五同學請客，客方亦皆同學，計為朱興良、宋金階、周天固、謝大烈、王之蘋及余，在立同學除人事班外止於此矣。

1月7日　星期日　大雪

師友

中午，應朱興良兄之約，至其王家灣寓所便飯。在座有潘慎五、王葆齊二人，菜餚係家製，極佳。晚，蘇景泉君來訪，談所任中正中學課程將屆結束，又談此次新年民政廳對職員均有獎金，自一千元至一萬五千。

見聞

潘慎五君談此次省臨時參議會開會選舉本省國民參政員十人之經過，最初參加競選者三十餘人，後減至十餘人，其中有六人為中央指定聯任者，故自由推選者實際上僅有四額，原則上按地區分配，故舊六人中已有皖北一人、皖中三人、皖南二人，此次應當入選者應有皖北之額，但實際則因皖南希望加多而皖北之劉真如又不為當局所同意，遂致皖南加至三額，皖中加至六額，而六額中有本人並不願參加政府，因人選作用勉強提出者，又開會前李主席召集各參議員有委婉明顯之暗示，亦選舉中之重要插話也。

1月8日　星期一　大雪

起居

昨夜及今日整日大雪紛飛，余所居在山頭之上，可俯瞰街市及對面山坡，一片銀白，恍如洗盡人間污濁，因積雪深達七、八寸，出門無路眼可尋。紹南上午未入學，下午勉強入學，因學生到校者少未能正式上課。余數日來燕居頤養，至此亦為之突增清興，就火盆旁燒茶煮酒，止渴解悶，雖在蛙居，而無橫逆之勞形，誠南面不易也。所不安者，家事內外操持皆屬之德芳一人，新用男工，除偶服力役外，直無一長足取，在此天寒地凍，謀生不易，故亦將就留用，然為主人者之精神則無法免於煩躁不寧也。

1月9日　星期二　晴

起居

雪霽後因恐雪重壓損屋宇，乃以長竿打除屋頂之積雪，並與德芳、紹南共同勞動，近午始竟，門前之路亦掃除淨盡，可謂雙手萬能，余夙昔無勞作機會，今亦知勞作之樂趣矣。

師友

晚與鄧光烈兄、謝大烈兄閒談，所涉及行內現象日非一節，均為太息，今日有交卸阜行經理來立準備就信託部主任之金鏡人曾來訪，謂新任張岳靈行長有增加資本並開展信託業務之議，頗為贊成，而復面有得色，鄧君晤時亦如此，足見趨炎附勢，乃現在通病，行內今後亦大致不外此也。

1月10日　星期三　陰

職務

訪韋廳長永成，報告交卸經過及向來做事之立場，謂行內一切重要措施均取決於關行長，但有時在見解上余本諸良心及業務上之認識不敢隨聲附和者，余當然表示余之意見，此為忠於職務之當然之事，主席謂行內主管人時常鬧意見，實際並不如此之簡單，余秉性渾厚，在皖數年，向無口舌是非，且亦不屑為之，更加關與主席談話機會較多，先入為主，事所難免也。韋氏即謂此次行內改組，初非對余，故仍盼在皖服務，設不願在安徽學院，其他借重機會亦當有之，渠又對於審計處派駐地行駐審一節，認為應有之舉措，余亦云然，因余向無缺點，何所顧慮也。訪朱院長佛定，值其臥病，未深談，朱氏僅謂社會對余此次之交卸均不平，實乃無上光榮。訪參議會江議長彤侯及參議員楊慧存、高清華兩氏，均有誠懇表示，尤以高氏對行務內容知之極詳，又朱子帆秘書長對行內情形亦有清楚之瞭解，對余過去種種表示敬佩，余並對此次參議會對余事之關懷表示謝意。

師友

許餞儂由皖北出差回立，其道地方軍政之弊與人民痛苦之深，而對本身職務亦感難於繼續云。

攝影

下午赴達爾美照相館拍二寸半身照片，備辦理主計處派駐使領館會計人員甄審之用。

1 月 11 日　星期四　陰

師友

上午許餞儂兄來訪，並贈食品。訪儲廳長應時，因臥病未遇。陸嘉書兄來訪，談去年底新任地行張岳靈行長曾面約其仍回地行任職，但最近張又以行內同人對陸印象均不佳為理由謝絕之，同時六安支行代理經理之孫存楷堅決不肯再回六安，陸君曾謀此事，亦成泡影云。中飯應鄧光烈兄之約便飯，在座有許餞儂、陸嘉書兩兄。下午，趙百榮兄來訪，對現局表示悲觀，欲稍後仍回後方任職，趙君雖係初交，而甚投契，馮有辰同學為其姊丈，風格亦相似，余約其明晚便飯並觀劇。

1月12日　星期五　陰

師友

中午，應朱星梁兄之約在其王家灣寓所便飯，到者皆在立同學，計有許餞儂、趙金階、吳文源、周天固諸兄，飯後漫談此間政情，現十戰區成立，李品仙氏晉任長官，淮北軍事理應強化，但未知結果能否適如預期也。晚，與周天固兄訪李專員仁甫，不遇。晚飯約許餞儂兄及鄧光烈兄夫婦便飯。晚，朱星梁兄來訪，談有意電請果夫先生推薦余為山東省府委員，余未置可否，但認為省府改組已成，為時已晚矣。又漫談本省財政、金融、軍需等問題，認為各方均懷異志，其所負任務未必能達成云。

1月13日　星期六　晴

職務

昨同各機關高級職員均到李副長官公館賀其晉任長官之喜，余本以此類事僅屬繁文縟節，擬不前往，後有友人以為風氣如此，獨外反著痕跡，乃亦未能免俗，趨往在丘參謀長處留片。訪何副總司令柱國及胡處長靜如，均不遇，留片。謁見山東卸任主席、現十戰區副長官牟中珩氏，牟氏係去年冬在阜相識，事已經年，丰采依然，氏晤及後首道最近有余之電報若干件均已代發，蓋指為地行改組所託尹作聖、林鳴九兩兄代發之電而言，足見牟氏亦同關切，旋談及山東省府改組經過與將來組織縮小之內容，甚為詳盡，談畢並訪其同來之趙科長與黃參謀，其中黃君亦係同鄉。

師友

許餞儂兄來談，頃晤及汪教育廳長少倫，渠對余事極為關切，堅約至安徽學院任教，名義為副教授兼銀行專修科主任，余對此事本無興趣，而該院對「名器」又如此不能假借，更無勉強之必要，又談及桂廳長因現在皖北之省營事業亦須趁軍事統一之局配合發展，曾向李副長官為余推薦，李氏未置可否，桂氏之意可感，但渠實無力也。趙百榮、周天固兩兄先後來訪，留之晚飯。

娛樂

晚，應許餞儂兄約至立煌劇團觀劇，計有探親家、蕭何追韓信、霸王別姬，尚有可觀。

1 月 14 日　星期日　晴

體質

余月來糞便不甚通暢，消化亦欠佳良，移居後用水不同，時感不適，昨晚食水餃，稍欠熟透，今晨黎明前覺腹脹作噁，急起瀉，旋又嘔吐半面盆，晨起後四肢無力，面容蒼白，舌苔厚黃，終日僅進流質飲食，中午食饃一個，下午仍稍有漲悶，且欠伸思眠，晚飯後更困倦，七時即就寢。

師友

晨，應約至鹽務支局鍾局長班侯處候在立各同鄉齊集往謁牟副長官，原訂七時，但直至九時始到七人，為劉芳松、王照慈、趙百榮、蔣元卿等，乃一同前往，牟氏垂詢各人服務情形甚詳，旋面邀其參加聚餐歡迎，因連日酬酢太多，決定稍緩再辦。下午來訪者有張振玉、楊甲、鮑先德、謝大烈、劉綏維、張良如、鮑弘德、韓逸雲、趙畯田等兄，上午有商業學校劉校長迺俊來訪。

1月15日　星期一　晴

師友

下午，往訪周軍長龍淵，閒談鄉情，現在山東省政府改組，牟主席雖升任戰區副長官，但淮南部隊歸李司令長官指揮，淮北部隊歸戰區副長官指揮所何副長官與陳大慶總司令指揮，山東挺進軍又改由李延年為總指揮，故牟氏已成架空之局，甚至駐在地點亦難於決定云。又談其在部隊歷史實較牟主席為早，戰功亦多，但因一向不肯自我表現，故亦聽其自然，作事皆為國家，不必計較地位高低，一時得失云。又談此次李司令長官品仙召集談話曾詢及山東現亦在指揮之下，有何優秀人才希望推薦，渠僅唯唯以對，並詢余有無由其向李氏提起之必要，余即告以此間局面沉悶，現難得有脫離之機會，決心至後方一行，周氏亦表贊同，並謂此戰區並不安全云。訪朱興良兄，因知山東省政府業已改組就緒，渠前日曾擬電中央請推薦至魯工作事當可不必進行，故將渠所擬電稿退還止辦，惟朱兄所提皖北稅務管理局局長尚無適當之人，認為尚可進行，余亦云然。在朱興良兄處遇有新由重慶來立之黃先進、高亨庸兩同學，據談來立途中歷盡艱辛，衣物亦多損失云。晚，與許餞儂兄談同學會事，認為距後方太遠，此間情形決非筆墨所能傳達，渠亦厭倦矣云。

體質

昨晚睡眠尚酣，今晨精神轉佳，但腹內仍覺漲悶，大解不暢，微咳，時有呃氣，不食不飢，食後即覺飽漲，晨食稀飯兩盌，以白菜咂水佐餐，吐其渣滓，中午食麵湯一盌，水餃五、六只，晚應王照慈同鄉之臨時邀約在社會服務處食麵點，僅食素麵一小盌，小饃一個，湯少許，尚無不適，又連日睡眠無論就寢遲早皆必於晨四時餘清醒，繼即無法入睡，此亦影響精神之一端也。

1 月 16 日　星期二　晴

師友

訪蔣元卿館長，送還其昨日送來核閱聯名致山東省府新任主席何思源氏賀電，並請其商同劉芳松兄即繕發。訪省立醫院紀院長仲愚，請其為余檢查體格，允於明晨辦理。到來安旅館訪黃先進同學及高亨庸同學，談兩人由渝過平漢路來立艱苦情形甚詳。朱興良兄來訪，談其專員辦事處秘書一缺，經長時期考慮仍將約謝大烈兄擔任，托余代向其徵求同意，又談陸嘉書兄回地方銀行任職一事已成泡影，現立已決定約其到辦事處工作，余意此事於陸君前途歷練當有裨益。

1月17日　星期二　晴

體質

上午，到省立醫院請紀院長仲愚檢查體格，項目係借用知識青年從軍檢驗體格所用之表，檢查結果各部分均正常，僅淋巴腺稍大，又有痔瘡，痔瘡約定俟該院有病房時住院割治，故亦未填入，又量身長為一百六十八公分，體重一百三十五磅，胸圍八十六至九十二公分。在醫院並取來治腹脹藥兩包，該藥紀院長處方時為卡斯卡拉，但取來時見為煤焦狀之黑結晶體，就寢前服一包，奇苦難嚥，服後食糖極多，仍不稍減，通宵為之不寧，為余生平所服最苦之藥，雖硫酸鎂、黃連不足過之，今日腹脹之症，情形較日前稍好，胃口亦漸佳，但食後仍不能適當消化，且呃氣及腸氣極多。

師友

上午，訪張學騫兄，不遇，與其新到立之夫人稍談，下午張君來訪，閒談移時即去。黃先進、高亨庸兩同學來訪，值於途，二人來余寄寓留字。代朱興良兄徵求謝大烈兄之同意至其辦事處任秘書，余知謝兄久有此意，故果不出所料，立得其同意，但渠囑余再詢許餞儂兄之意見，余詢許兄亦無堅留在田糧處工作之意，故即答覆朱兄矣。朱興良兄來訪，事先送來部令一件，囑合同研究，即此間省府曾電軍事委員會請體念平漢路東情況，自孤懸敵後以來，與後方交通大為不便，為充實財源，請調整稅收機構，嚴禁截留稅款，無論任何軍政機關均然，所收之稅均隨時掃解中央銀行國庫，如因運輸困難不能接濟時，准由省府就地統籌，軍委會對所呈均准，最後一點則須隨時電呈核辦，囑朱專員知照。朱兄呈覆認為稅收機關應調整，鹽務與專責宜由豫區劃出，又為整飭稅務人員請准在皖設立財務人員訓練所分所，余意尚有一點為必須連帶注意者，即省銀行代理國庫如揹款不解，雖稅收增多，亦僅為淵驅魚而已，朱兄亦云然，當另電表示意見云。趙百源兄來訪，漫談山東政情，據談新任山東挺進軍總指揮李延年過去之為人甚詳，關係省局甚大。

1 月 18 日　星期四　晴

師友

上午，劉芳松兄來訪，談山東同鄉歡宴牟主席日期始終未定，因其公忙之故，最後商訂明晨以早點招待，並將賓主名單、菜點名色等開出，由劉君帶回交辦。李傑民兄來訪，略談即去。盛清沂兄來訪，談日內回魯原籍一行，寒假後回立。陸嘉書兄來訪，留午飯，據談及前省立醫院院長江濤聲開設私立醫院多生是非，全因政治關係，居今之世，雖技術人員亦無以立足也。韋仁純兄來，出差甫回立煌。卞啟埏君來訪，談將設法回地方銀行工作。蘇委員春伯來訪，知省府發表余為參議，對於其他以前所談種種，如省府顧問、地行董事，乃至地行分配盈餘應特別向余致酬等，不復提及，並謂渠亦將遇機赴渝一行，對余設法參加使領館工作表示贊同，復謂關於余事渠並未直向李主席進言，僅與黃秘書長談及，並知余已晤及李氏，且知李氏對余赴渝一節，不肯照准，謂現在省府無派人出外考察之必要，又蘇謂同學赴渝彼甚贊同云。

職務

省政府送來派令一件派余為參議，解職後匝月，竟勞李主席有此「眷念」，為之啼笑皆非矣。舊例送委任有賞，余四年前曾為之，今日來送者在戶外催速收，未免衙門勢利本色，遂未置理。

1月19日 星期五 晴

交際

昨日所約公請牟副長官、周軍長時間為今晨八時，比往，知昨晚牟氏臨時接總部通知今晨開會，乃改為下午二時，至時前往，三時入席，凡兩座，到者除牟、周兩氏外，為牟氏隨從黃參謀、趙科長、周氏隨從俞副官，主方則共到同鄉十三人，席間漫談鄉情，不勝流離之感。又周氏於政治盛衰皆有透澈認識，認為驕奢淫佚乃瓦解之原因，回顧數十年來所經歷之人物，凡習於豪華安逸者無不淘汰淨盡，而艱苦者則能隨時代以俱進，此刻立煌之一片太平景象，處身其中不可無此警覺，真一語破的之論。今日宴會雖無形式上之致詞，而感情交融，熱情洋溢，得未曾有，直至五時半始盡歡而散。

師友

晚，與許餞儂、周天固、楊甲、王之蘋、謝大烈諸兄共請由重慶回立之黃先進、高亨庸、朱興良、宋金階四同學及新近出差回立之韋仁純同學，並約鄧光烈兄為陪，席間談笑歡唱，非志同道合者不能也，飯後並談同學會通訊處與立人中學等事。下午，孫存楷、童肇偉兩君來訪。下午，張振玉同學來訪，談地行新行長張岳靈擬調其為儲蓄部主任，旋又改為六安支行經理，詢余意見，余意其目的在暫無適選臨時填空，晚間與興良、餞儂兩兄談及，亦同此見解，惟興良兄頗主其暫就云。

1 月 20 日　星期六　晴曇

師友

黃先進兄來談余此次離職事，極表惋惜，對余赴渝一節認為可行，但恐交通多阻，且皖局腐敗至此，絕非可以長久，希望能暫時不動，至於陳果夫先生對於財政部方面之介紹推薦效力極大，其平時所以不如此者，是不為也，非不能也，余此次情形不同，當與諸同學商洽電陳云，其意至為可感，余亦以為有進行必要，談竟辭去。劉副議長震東及張參議員元塵來訪。高參議亨甫來訪。沈玉明兄來訪，留之晚飯。函兩間書屋高炎兄請預提六聯教科書投資股利，晚高君來談日內當設法辦到。

1 月 21 日　星期日　陰

師友

上午，同謝大烈兄往訪韋仁純兄，不遇，又訪楊續蓀委員，亦不遇。中午，應朱興良兄之約到其寓所便飯，參加者有鮑顧問蘭芬、朱秘書長子帆、安徽學院張教授宗元及同學韋仁純、黃先進、高亨庸、張振玉、沈玉明等，飯後宋參議樹人、楊處長月生先後至，楊談此次何副長官柱國來立商洽各種問題中之糧食問題解決結果，宋談此次對地行改組之意見，與一般輿論相似。余在興良兄處之時，德芳送信來，謂胡處長來訪，值余不在，經與許副處長餞儂商訂晚間備飯渠將再來，余當即約興良兄作陪，並先回寓，據餞儂兄云，胡晚間必來，又謂胡來時曾談及渠初晤及闞子高時即談及擬約余至皖北工作，初不知闞與余情感不洽，闞聞言後竟到處宣揚也云。晚八時胡至，即設宴相待，作陪者有周天固、謝大烈兩兄，席間暢談極歡，胡氏一再詢及行內情形，並於張岳靈之接任行長表示驚訝，並謂黃蔭萊繼為副行長似乎人與事亦不相稱，又詳詢丁雲翔之為人做事及是否準備離行，似有延攬之意。胡氏臨行曾一再向余表示希望舊曆年後攜眷至皖北一行，其所居住之地點現因眷屬已移住鄂西，甚為寬敞可以容住，至於其他情形，彼此均未有何明言焉。

1月22日　星期一　晴

師友

上午，周天固兄來，踐昨約同至參議會慰問王參議員雪橋失火，並訪江議長彤侯、王參議員乙然、謝參議員云皋。中午，應財政廳潘科長鳳梧與竇秘書貞光之邀便飯，到者有許餞儂兄及省府民廳科秘數人及幹訓團黃處長士華、商聯會潘主席慎五等。楊子位兄來訪未遇，據德芳告余云，渠表示所借立人中學之款目前確無力歸還，舊曆年內亦不宜設法云云，按此款借時係用於投資企業公司信託業務，初謂一星期，後謂一月必須亦必能歸還，但逾月僅還五分之二。

1月23日　星期二　雪

師友

下午，趙百源兄來訪，談最近軍需局辦事處調運款項情形，足敷一月份之用，但將來軍費支出因待遇提高之關係，月需三、四萬萬，故接濟仍非易易云。高炎兄來訪，談所投兩間書屋印製教科書之資金，原則上定於月底結束，但須向其經理王丹岑催索，否則該書屋資金有限，有捷足者先得之慮云。蘇景泉兄來訪，談未接中正中學續聘，刻正另謀他事。韓學玉兄來訪，係本日到達，頴上立人中學現已放假，將來不擬再往。劉芳松兄來訪，啣周軍長龍淵之使命，贈余用費一萬元，蓋鑑於余兩袖清風，雪中送炭之意，至可感激，但余覺受之有愧，故回片云。頃芳松兄來，承蒙厚賜，感慚交併，卸職後雖囊無私蓄，但目前生活尚可勉強維，將來如感拮据，當啟齒請助，所賜決不敢領，有負高誼，務乞垂諒云云，即托劉兄帶回覆命，原款如數謝絕。

藝事

同事孫存楷、孫勵如及沈洪緯三君日前來請書寫紀念文字，兩孫君為宣紙，沈君為紀念冊，余為孫存楷寫韓非子說難一節，自「宋有富人，天雨牆壞」起，至「非知之難也，處知則難矣」止，凡一百餘字。孫勵如一幅為曾文正公聖哲畫象記，自「自浮屠氏言因果禍福」，至「莫不憂以終身樂以終身，無所於祈，何所為報，己則自晦，何有於名？」止，凡二百餘字，以上皆横膀行真書，至沈君紀念冊則題「人生佳境乃在花未正開月未圓」，錄韓非子者，明工作技術之不可漠視，錄曾氏文者，明但求耕耘不問收穫之至意也，沈君則少年後進，所題則諷示珍惜當前與前途無量也。

1月24日　星期三　陰

師友

晨，到社會服務處為五十一軍周軍長龍淵送行回商城，因今日有何副司令長官柱國及牟副司令長官中珩同行，故各機關首長皆在包公祠橋邊送行，余與劉芳松兄送周君於河畔而返，昨日渠送余萬元堅決不肯收回，乃經劉君之手再度交余，亦只得收受。訪蔣元卿兄於省立圖書館，查有關之書籍。中午，應張振玉兄之請，至其寓所吃飯，在座有陳祥瑛、梁應亨、宋鴻蕙、黎民興、鄧光烈等。到中國農民銀行訪徐主任善甫，漫談該行業務情形。晚，應沈敬修君之約在中心飯店宴會，到者有張振玉、朱興良、張思林、孫存楷等。晚，張景博、李傑民兩兄來訪，二人均在安徽學院任教，談該院情形甚詳。宋樹人、謝炳章兩參議來訪，不遇。途遇高炎兄，談兩間書屋投資本金月底決計照還，利錢則於余離立前一週亦決計照付不誤云。

1 月 25 日　星期四　晴

師友

中午，應陸嘉書兄之約，至社會服務處吃飯，其意或在為生子彌月酬客，到者有桂廳長競秋、民政廳李秘書炳琦、參議會吳秘書幻舟及夫人、省政府周秘書天固、地方銀行張主任振玉、陳科長仲鋼等，席間托天固兄代紹雄女至衛生處索無味奎寧，飯後余訪李傑民同鄉於社會服務處，渠頗勸余暫到安徽學院任教，何時動身赴渝即何時離開，非必待至學期終了也云。晚，天固兄來覆命，謂衛生處無味奎寧用者皆未見效，恐係贗品，故無前往索取之必要云。

1月26日　星期五　陰

師友

上午，汪國第兄來訪，談明日即回蘇家埠，關於過去行內情形，不勝感慨，而於關行長之對下需索無厭，陷部屬於不義，甚至如寧保昌身入縲絏數月猶不得出，在道義上均難辭其責也云。晚，張學騫兄在勸儲分會邀宴，在座皆行內舊人，新者為張岳靈、黃蔭萊、潘宏臧三人，飯後皆辭去，余召丁雲翔科長返，告以三日前胡靜如處長在立晤面時曾向余詳詢渠之情況及是否準備離行，其意似有所屬，詢其知否，丁君謂在立時曾與胡處長談過，未涉具體，昨日中央銀行馮經理達璋又轉胡意，為其有意邀丁至界首華僑興業銀行分行與聯營公司任副經理云，余即表示此銀行為當地駐軍總部與該銀行之總行合資組成，如局勢不動盪，大可發展，因該方做事全採人才主義，部屬為其效力，上層得知，精神物質均有酬庸，非如此間之一味視人如牛馬草芥也，但如顧慮其動盪不定，且皖地行服務已久，客觀環境亦無必須離開之理由，則不必輕於求去也，丁君亦以為然。趙百源兄來訪，談其所配合之第七軍需局辦事處主任李君在地方銀行所存公款聞有暗息云。

1月27日　星期六　晴

交際

中午，在中心飯店赴宋樹人、張子務、謝炳章三人之邀宴。晚，應許餞儂兄之約，至其寓所宴會，在座十之

八、九為田賦糧食管理處中高級人員，並有陳子英、徐君佩二兄，飯前曾先後至余寓談時局。

師友

六安支行會計主任張忠正及舒城辦事處主任張光普兄來訪。劉鳳池來訪，托余轉達張振玉調其至六安服務。朱興良、謝大烈兩兄晚間來余寓長談在皖樹立經濟基礎之計畫，余主用機關借款方式籌集資金，另覓妥當人選從事經營，必以稅務機關作為掩護，又朱兄所擬計畫有在立成立國庫分署並預撥五億元充週轉金，如此點能實行，亦佳，旋漫談校友作風問題，深夜始散。

1 月 28 日　星期日　晴

交際

中午，在寓設宴為張振玉夫婦送行赴六安，並歡迎張學騫夫人由屯來立，韓學玉兄由潁上來立，二人並皆偕子女同來，極為熱鬧。中午張思林兄約至其寓宴會，因時間衝突未到。

師友

上午，林哲夫君來訪，渠現任教育廳會計主任。地行沈敬修來訪，談聞稽核室有稽核缺，請轉向鄧主任稽核推薦，其子現在正陽關，擬調六安，余允為轉達。陸嘉書兄來訪，定明日送眷回合肥，其住宅擬約余往住，余以陳光遠君無回立消息，暫時尚無遷讓必要，故不願即往。張子務君來訪，渠現任皖報社經理。行內同事楊一飛、吳鴻開、方志正等君先後來訪談。

1月29日　星期一　陰

師友

前日聞周秘書虎青患病，今晨往視，見已起床，漸就康復，長談一上午，由政治動態、社會風尚，以及醫藥養生，皆無不涉及，至為歡快，中午並留餐，又周君撰送余赴重慶序一篇凡六、七百字，示余以原稿，內容於現狀多所譏刺，文情並茂，但於執政者不無應顧忌之處，故有若干友人勸其修改，減少火氣，正在考慮之中。訪趙百源兄於戴家嶺軍政處第六會計分處，不遇，及歸，知趙君適亦來訪，彼此相左。訪宋樹人、謝炳章兩參議於戴家嶺，均不遇。韓學玉、沈玉明兩兄來訪，韓君於回潁上續辦立人中學事表示躑躅，沈君不日回舒城原籍度歲。晚，蘇景泉兄來訪，談已改就文化服務社分社職，余托其便中設法將沈君之著作早日付印云。

1月30日　星期二　晴

師友

上午，吳幻舟、陸嘉書、沈玉明三兄來訪，余與吳、沈會談沈著「中國戰時經濟問題概論」之出版事，決定由文化服務社承印，為條件或收版稅、或讓版權、或以所出之書一部分為酬，尚待繼續商討。中午，留三人便飯，飯時韓學玉兄來，余以煮飯不夠，菜亦無多，故未堅留其用飯。中午，鍾建奇局長來訪，承告目前敵人四面增兵，有策應粵漢路打通企圖之表現，故須準備萬一，余見其特為此事而來，且言軍事當局正開會商討，故亦頗為注意，而鍾君盛意至為可感也。下午，張景博偕烏以風兩君來訪，烏君山東聊城人，在皖十餘年，刻應汪少倫教育廳長之約至廳接任主任秘書。陸嘉書兄因送眷回其母家，來商余移居其房屋，余以目前所居地點較宜，且移居需費錢耗神，又不可以久，故謝絕其盛意，暫時不移云。

1月31日　星期三　晴曇、晚細雨

師友

上午，到鹽務支局訪鍾局長建奇，初不遇，及午再往始返，乃詢其周圍有無敵情，據稱暫時無新消息，頗為沉悶。午留飯，飯後鍾君酒興大發，暢談現在從事軍事之必須有遠大眼光，與對社會政治之有透澈認識，並謂官場中做事或能使長官信賴，或能使其畏懼，均能成事，否則絕無發展希望，可謂針對時弊之論。上午，訪王丹岑君於省府秘書處，余意在向其索取兩間書屋轉投六聯印書股利，因在座人多未談，但渠當知余意，是否顧全信義，當視事實表現矣。訪黃國仇秘書長，答謝其此次建議發表余為省府參議，並談不久仍將赴渝。訪張惠光兄，略談時局。訪協和鍋鐵棧易經理，請代將行李運至湯家匯鄉保存，渠允即設法，並由余日內先將物件送至該棧。訪徐君佩兄，渠因參加中央團部幹事會明日動身赴固始候飛機赴渝，余托其帶信數封，連夜繕就。朱興良兄來訪，談已接魯百純次長電，謂吳君不必赴渝。約丁雲翔兄來寓談其將來意向，據談已接胡靜如君由界首來信，約其至華僑興業界首分行任副經理，渠因此間做事勞而無功，絕無保障，原則上決定赴皖北為謀開展云。

2 月 1 日　星期四　小雨

師友

上午，周天固兄來談吾人之作風問題，拘謹自持不適合於現在皖局主持者之脾味，周君本身擔任隨從秘書時即有此種痛苦之經驗，欲圖改善殊無由也云。談次留午飯，飯後同往訪李光鐸兄，渠甫由桐城丁母喪回立，現任三河企業公司辦事處主任，據談各種土產走私情形極詳，光怪陸離，為之納罕。晚，應李圭如同鄉之請在社會服務處便飯，主要客人為由太和來立某挺進軍政治部主任劉君，以次為同鄉數人。晚，到文化服務社訪蘇景泉兄，蘇君所任該社經理並無確定之待遇，至為清苦云。

2 月 2 日　星期五　微雪

師友

上午，韓學玉、沈玉明兩兄來訪，余與商今日為徐君佩兄餞行事，乃同至青年團面約，因其晚間有酬應，乃決定於即午舉行，主方臨時約集有七人，一時觥籌交錯，席間余托其到渝時為余赴國外使領館任會計主任事促成早日實現，並請注意可以連帶上學之地點，飯後談吾校之根本作風問題，余感想雖多而未發，徐君與朱興良、周天固諸兄多有淋漓盡致之表示，咸認為必須多方面開拓環境，學校之單純領導力量，決不足有為，又決定上書面報告於同學會，晚間由周君及謝大烈、許錢儂兄等起草。

2月3日　星期六　大雪

師友

下午，到勸儲分會訪張學騫兄，閒談，並同到吳天植寓所訪烏以風秘書，不遇，留片。晚同許餞儂兄訪徐君佩兄，渠明晨首途，特往道別，許君提及徐君赴渝為余活動新職務一節，頗主向財政部提出皖北稅務管理局局長，余未置可否，但聞關某亦正謀劃此事，倘果實現，則皖商無噍類矣，故亦不能棄置也。將日昨全體同學呈同學會常務委員會代電一件最後刪就，即送徐君佩兄於赴渝之便，航空帶往。訪桂廳長競秋，談準備赴渝，其途徑或隨航空之便，或俟春節後陸路前往，如能隨飛機前往，則可早日促成余參加駐外使領館會計工作之機會，請轉商主席是否可能，又余前往為表示不離此間關係，希望能有省府使命，在使形式自然，初無他意，桂氏表示以省府考察名義赴渝，渠可以向主席建議，甚至用財廳名義亦無不可，但航空前往不能攜帶物件，亦不能攜眷同行，故不必向主席請求，即請求亦無可能云，桂氏本人意態亦頗蕭索，故未便再事堅請，最後桂氏自願為余電主計處楊汝梅、關亦有兩局長促成赴外會計職務云。

2月4日　星期日　晴

師友

晨，到青年團為徐君送行赴渝，送行者尚有楊中明、許餞儂、曾種文等。丁雲翔君來訪，談渠改就皖北華僑興業銀行事已與張岳靈行長談過，得其同意，但須俟其本人廢年後赴皖北一行回立後再作具體決定，托余先將此意函達胡靜如處長。行內同仁今日來訪者尚有程達峯、汪恭梓及楊一飛等，其中亦有談及行內頗有人思赴皖北者，足見對目前地行心懷苦悶者大有其人在焉。蘇景泉兄來訪，余托其將所存無用之書十六本代置文化服務社售出，計有康熙字典及服務月刊等。趙榮孝同鄉來訪，談十戰區司令長官部及兵站總監部人事支配情形頗詳。馬志鵬、王篤霖兩君來訪，係問候之意。汪教育廳長少倫來訪，頗勸就安徽學院教職，余將困難告知，因志在赴後方一行，期促成主計處派赴使領館擔任會計主任之事，故不願又延長一個學期，所用證件已托君佩兄帶往，不久可有答覆，學院方面事擬暫轉冷靜，俟下學期開學再談，汪氏亦以為然，並極贊成此事能成事實，余於汪氏之關切當面表示感謝。韓學玉兄來訪，談潁上立人中學教職因種種困難不願繼續擔任，頗欲至教廳任職，余亦表同情，但認為學校今後應有支持辦法云。胡必果君前贈八哥一籠，今日轉贈畫家於中和君。

2月5日　星期一　陰

師友

韓學玉兄來訪，談已與朱興良兄洽定，彼不繼續至立人中學任教，並已由朱宅移至青年團支團部居住。晚，蔣元卿兄來訪，余再度托其洽地方銀行購徐君佩兄之韋氏大學字典，贈之省立圖書館。沈敬修君夫婦來訪，贈由正陽關帶來鹹魚，並為雄女製棉鞋一雙。擬電稿一件，送桂廳長拍致重慶主計處楊予戒、關亦有兩局長，促提前發表余為駐美英使領館會計主任，如無即實現之望，並請謀會計長缺。

內省

余在皖九年，雖聲譽為一般所稱頌，然頗為當局者所忌，自省係工作技術上有嚴重之缺點，亦即平時與任何人不生經濟利害關係及沉默寡言不善說詞之故，居今之世，政界立足基本條件須一面能運用各方面之關係，一面使人感覺可以互不相外，同時又須使人覺我之有用，而考慮及政治關係時，又須使人覺我亦可畏，不能輕侮，必如此始可免於時時被動，受人宰制，又對人不能孤傲，自示疏遠，又不可自作多情，使人惹厭，如能斟酌得當，自可左右逢源，以上云云雖有乖聖人之道而有近於厚黑學之智術，然為行吾抱負既不能遺世以獨立，自不能不有相當手段以達高尚之目的，此今後所應自警者。

2月6日　星期二　晴

師友

午後韓學玉兄來訪，即約同到楊子位兄處慰問其疾病，渠係兩週前在省立醫院割痔，最近尚未完全復原。到財政部專員辦事處訪朱興良兄，未遇，將其以前交來做參考用之上果夫先生書、上校長書及恢復財政系意見書封固交其工役留陳保存。到省黨部訪方委員宏孝，渠上週由渝返抵立煌，據談重慶物價並不比立煌為高，一般情形良好，在方委員處遇關子高，據談在企業公司無所事事，欲赴重慶，未知其是否果有決心，平時言行不符，亦姑妄聽之而已。

2月7日　星期三　晴

師友

上午，周天固兄來訪，以陰曆年關在即，恐余需款，面贈四千元，余以刻間尚無要需，懇切謝卻，蓋余數月來調度支配，冬季確不需款，況周兄收入有限，負擔極重，經常家鄉來人就食，視余為尤困難，雪中送炭之意，只可心領也。朱興良兄來訪，余告以關某正活動皖北稅務管理局局長，此人作風太壞，果爾實現，必將貽害無窮，請其小心提防，朱兄又談及此間金融管制問題，余認為除非銀行監理官制度裁撤，否則平漢路東與長江以北之地區已成化外，亟有設區之必要，朱兄謂已向財政部建議此事，並另電魯次長佩璋與戴錢幣司長銘禮力薦由余充任云。

2月8日　星期四　晴

師友

上午，高參議亨甫來訪，送贈紹南參加其少君婚禮充當儐相之合照一幀。下午，財政廳田視察治來訪，談余前日送請桂廳長電主計處楊、關兩局長推薦余為駐外使領館會計主任，如目前不能實現，即遇有會計長之國內缺份亦合資歷一電，已由田君代為譯發，特來告知。余所居之屋為陳光遠君所有，渠現在公差六安一帶，今日回立，但因其眷屬在商城未返，故未遷讓，年底前或不致有問題云。

看書

讀陳鍾浩著「外交行政制度研究」，為一小冊，內容極為簡略，但所附法規尚有參考價值。

2月9日　星期五　晴

交際

中午，應田賦糧食管理處楊處長月生之約在寓吃飯，首座為前省府委員陳冶青及耿參政員鷗生，其次為關某、余、朱興良、陳血生、金維繫、陳任青、許餞儂等，陳冶青氏係由後方甫來。

師友

趙榮孝兄來訪，余不在寓，贈明日戲券兩張。韓學玉兄來訪，談立人中學事下學期如何進行，殆成僵局，因朱興良兄為校長而不能駐潁上學校所在地，事務主任則付託其捐產校董陳家鼎，陳與韓君過去已有不能合作之端倪，今朱兄仍不允韓兄離校，渠殊進退兩難云。

2月10日　星期六　晴

娛樂

趙榮孝兄送贈本日社會服務處週末晚會戲券兩張，晚飯韓學玉兄在此，乃約其一同往觀，並攜紹南與俱，今日戲目全為立煌劇團表演之京戲，計為楊洪英等之探親家，劉豔霞、張菊隱之春香鬧學，張菊隱之桑園寄子，此齣為正工戲，近年演者已少，張伶作工極佳，悽楚動人，唱則為嗓音所誤，至碌碌無所短長，此戲情節敘一伯父率其子及孤侄避難，兩兒中途難行，須賴肩背，終將生子留血書束於桑園內，背侄亡命，此種利他精神之表現，向足以振起末俗也。

2月11日　星期日　晴

師友

上午，地行同仁徐東山來訪，談最近奉派為三河辦事處主任，廢年後即動身云。楊一飛、陳仲羽、張良如、鮑弘德、黃建華等來訪，皆地行以前同人。地行沈敬修君來訪，贈地行倉庫香油存條一紙，計油十斤，余堅決弗受，因渠家累極重，此油係其合作社定量分配之節餘，恐余目前缺用，特以移送，情雖可感，而受之有愧也，但沈君仍必須贈送，甚至謂恐余不屑，則又言重矣，結果仍照收謝。余此次卸任凡知者皆極關懷，沈君復因有受業之誼，在行時形跡甚疏，現則反較親密，極難得也。

2月12日　星期一　曇

師友

周天固兄來訪，閒談。兩間書屋高炎君來訪，送來秋間六聯辦事處印刷教科書股金第一次退款。省黨部方委員宏孝來訪，談其本人仍準備赴渝，對本省下層行政之腐敗表示深惡痛絕，又談此次赴渝出席第六次全國代表大會省黨部委員準備全體前往。吳文源兄來訪，談及財政廳桐城存糧變價尚餘有一百餘石，定價僅及市價之半，如能買百石轉售，則赴渝旅費可有一部分，余托其先向桂廳長探詢意旨。晚約韓學玉兄及陳光遠君吃年飯，蓋今日為舊曆除夕也，又約趙榮孝兄未至。

娛樂

晚，與許餞儂、謝大烈、鄧光烈、陳光遠、胡必果、韓學玉諸君為清代升官圖之戲，凡兩巡，凡贏家均將所得提出作為觀劇之用，計共湊成一千八百元，此遊戲頗有趣，余兩次均獲贏，共三、四百元。

2月13日　星期二　雪

交際

今日乃舊曆元旦，午夜即開始聞爆竹之聲，敵後荒山，竟然一派太平景象，各機關亦放假，商肆休業，街市行人無非奔馳拜年而已，今日前來拜年者終日絡繹不絕，計有謝大烈、陳光遠、韓學玉、程禧震、許餞儂、趙榮孝、宋金階、朱興華、高亨庸、尹同鑫、方興邦、馬志鵬、王之蘋、潘鳳梧、尹順堯、金清和、張亮如、朱巽齋、王喬鶴、吳炳麟及地方銀行同事楊一飛、張樹人、魯錦雲、潘世楨、葉春、丁雲翔、黃建華、吳鴻開、劉綏維、歐陽純、孔慶榮、朱丹初、倪建學、鮑弘德、沈敬修、石桂林、潘緒延等。下午同許餞儂兄到蘇春伯、桂競秋兩氏及朱興良、李光鐸等處拜年，又到廣仁醫院胡院長容光處，不遇。人情冷暖在不當權時最能見真，余離任後反形熱鬧，甚慰。

娛樂

晚，觀劇，為楊洪英、張菊隱、劉豔霞之御碑亭，唱做俱有可取，僅小生改用老生充數為大缺點。

2月14日　星期三　微雪

交際

今日前來賀年者仍踵接，計有林哲夫、朱施民、蘇景泉、徐德光、劉芳松、卞啟埏、徐君佩夫人、張惠光、胡容光、張思林、王冠英及地行同人侯旭庭、王匡根、顧世旺、郭桂生、何慶文、歐陽純之少君、孫存楷、童摯緯、孫勵如、劉忠山、王佩蓉、何世霖、陸仲羽、張良如、倪受成、毛長庚及夫人等。

娛樂

晚，仍由前日陸官圖公份內買票觀劇，主戲為劉豔霞之小放牛，張菊隱、楊洪英之甘露寺，此劇費時二小時半，場面甚大，惜因配角強湊，不無減色之處，又劇中寺內相親一節，一般均為劉備唱而喬國老說白，茲則改為所謂五音聯彈，海派意味十足，又孫尚香戲不多，且無舞劍。

2月15日　星期四　晴

交際

上午，張學騫兄來拜年，乃約同至數處拜年，計到張潔齋、趙百源、李作仁、王冠英、方宏孝、胡文郁、張惠光等處，相遇者僅李、張二人。到宋樹人、謝炳章、王喬鶴、徐德光、劉芳松、張思林、范春陽、張學騫等處賀年。天固兄來賀年，並同謝大烈兄同至徐君佩夫人、朱施民及楊績蓀等處拜年。今日來賀年者有李傳珪、汪恭梓、吳文源兄等，余均未遇，吳氏告德芳謂前日所談在桐城買米事，已向桂廳長談及，桂氏謂余赴渝無論名義旅費，渠均已有所準備，不必用此迂遠之方法云。晚，應汪廳長少倫之約晚飯，主客為方宏孝委員等。

師友

朱興華兄來訪，贈魚及茶葉等。蘇春伯委員來訪，謂將於月底赴渝出席全國代表大會，詢余意向如何，余請其再向李主席說明，能有名義最好，因可免外間認為係不歡而散也，且如有考察名義，在出國一事實現以前，亦可在渝蒐集一部分資料供本省之用，蘇氏對此甚表贊同，且認為能在海外工作而有進修機會，最為理想，不可坐失。蘇氏對余在皖之平實作風，認為確當，但余則自承為工作技術上有問題，此缺點為吾校同學所同具，尤其習財政、金融者為然云。

2 月 16 日　星期五　晴

師友

中午，請王冠英兄便飯，臨時往約烏以風秘書，因派人未能尋到，致不果來。下午同德芳訪張學騫兄夫婦，又訪龔維蓉醫師，不遇。訪劉覺凡先生，談及立人中學人事問題，朱興良、韓學玉兩兄有相持不下之勢，最好能召開校董會連同校內重要職員共同商討。晚間在許餞儂兄處為升官圖之戲，參加者有謝大烈、陳光遠、張樹人、熊承濤、徐君佩夫人、德芳等人，約定凡所贏者皆聚集為觀劇之票價，凡費時兩小時，只循環一次，其中以張、熊兩人最為熟練，尋找衙門官職得以較速。

2 月 17 日　星期六　晴

師友

中午，應周天固兄之邀約吃元宵，到者皆同學，凡六、七人。興良兄來，談及渠與重慶有機密電本，允假用。朱興華兄來訪，詢動身赴渝日期，余告以大體上春暖即行。蘇景泉兄來訪，談將脫離文化服務社，另謀他職。鄧光烈兄談行內又風傳省府黃秘書長等有發動使余重回地方銀行之說，天下焉有此等出爾反爾之事，故為一笑置之。與韓學玉兄談立人中學事，候開會解決。

娛樂

晚，觀劇，係劉豔霞、張菊隱之武昭關與楊洪英之盤絲洞，前者唱做均好，後者頗新穎別緻。

2月18日　星期日　晴

師友

上午，到王家灣訪朱興良兄，並留午飯，其所請者皆稅務機關中人，飲酒頗多，飯後完全辭出後，朱兄告余日昨遇汪廳長少倫，其意仍在延余至安徽學院任課，希余再加考慮，余告以現在最重要決策仍為赴後方一行，但攜眷無力，且交通困難，不攜眷又似不甚可能，故西上亦非十分簡單，余對教書初無興趣，但如學院方面確有非請余不可之必要，則聽其發展，亦可屆時考慮，希望轉達汪氏不必過份熱心云。晚，徐君佩夫人請吃飯，飯後並作搶狀元之戲，頗有趣味。

2月19日　星期一　晴、有微雨

師友

蘇景泉兄來訪，退還以前託售之書數種，因其本人準備脫離文化服務社故也，渠擬入朱興良兄之專員辦事處工作，但余昨日曾詢朱兄，刻無員額，已向其言明。趙榮孝兄來訪，閒談。朱興良兄來訪，談為立人中學下學期校務，定於明午在劉董事長覺九處談商，並舉行聚餐云。

家事

與德芳赴渝事，伊意仍同往，現在所最感困難者同往則必須將所存之物件變賣以作旅費，到渝後又須重置，時間、金錢均有極可觀之浪費，倘余一人先往，又恐眷屬流落，殊為進退維谷也。

2 月 20 日　星期二　晴

師友

中午，立人中學一部分校董在劉董事長覺九寓聚餐，並討論校務進行，計到朱興良、周天固、韓學玉、倪裕驥等，余將所保管之存摺、歷來收支情形開一清單，連同原摺交各校董傳觀，並聲明此摺係因余在銀行關係遂就近保管，帳目由倪君另有記載，現余已離開銀行，不便再行保管，當將該摺交朱兄矣。至本日討論各案，重要者為限期結束經捐之款，登報催告，並將已收者登報鳴謝，又陳家鼎等所捐不動產收益應由學校照收，並將過戶手續從速辦妥，至於校內基金應統籌運用，存立煌部分現款推定朱興良、許餞儂及余三人負責運用，存潁上物款由韓學玉、陳家鼎、馬逢伯等負責運用，下學期添設高級商業職業科，以提高學校之地位，朱君擔任校長不能到校，由校董會委託韓學玉兄代理，在校內有處理之全權云，如此解決，或可減少將來困難，惟不知能否實際上發生作用耳。晚，韓學玉、許餞儂、謝大烈三兄來談立人中學校務，均認為應在矛盾中求發展，不宜退讓遂使前功盡棄。晚，蔣元卿在寓請吃飯，到者皆同鄉，計有烏以風、王冠英、劉芳松、王照慈、李圭如、鍾建奇等七、八人，席間暢敘鄉情，至為歡快。

2月21日　星期三　晴

師友

汪廳長少倫轉來安徽學院聘書一件，係聘余為副教授，余以赴渝事須待周異斌兄之來電重新拍到始能做最後決定，故暫照收，應聘書則俟稍後再為處理，此事係前日透過朱興良兄向余徵求意見者，余答以聽其自然，不必勉強，諒汪氏又向朱院長做肯定表示，乃有此舉，亦未可知。晚，鄧主任光烈來談行務，認為桂籍人正做種種羼入之企圖，銀行前途未可樂觀云。下午，劉子旌兄來訪，面約本星期六至其楊橋寓所吃飯，於昨日接請柬本已備就謝函未發，經其堅邀，只得屆時前往。

藝事

為地行同事葉春寫橫牓一幅，為張子西銘，又為倪建學寫一幅，為曾滌生忮求詩不求章。

2月22日　星期四　晴

師友

上午，楊子位兄來訪，詢以前所借立人中學之款，本金業已陸續還清，該款中學本係存放銀行，尚有微薄利息，理應由渠照算，惟余以該項存摺業已交朱興良兄保管，無從計算，答以俟朱兄提起再議，如不提起即不算還亦無不可云。下午，往訪蘇春伯委員，詢關於余赴後方一節，託其向李主席洽談經過，據談業已洽談，李氏於余計畫出國服務一節，表示贊同，但以省府名義赴後方考察，仍認為無此必要云，此公可為寡情之至，無怪為之部屬者多寒心也，蘇氏又提及在此以前曾與現任地方銀行行長張岳靈談過考察，張以余非本行職員為詞，表示模稜，難於捉摸，其實此舉蘇氏固屬熱心，體制上亦確有問題也。余詢蘇氏之行期，據談下月初當可成行，余決定西上，願與結伴，蘇氏已允，並轉報李主席。訪徐君佩夫人孰競女士，告以出售字典事正在接洽之中，又談及君佩兄係於本月十一日到達重慶，迄今已十日，所託帶往之信件當已投到，故托其再電君佩就近代為接洽一切，急電告知，蓋余行前須知到渝後之目標也。　為徐君佩兄進行售韋氏大學字典於地行事，今日函蔣館長元卿，請其速與該行接洽，晚飯曾遇鄧中雄襄理，余當面托其如蔣君往洽請即協助一切，因此事接洽有日，地行亦須有壯觀瞻之紀念品也。

交際

晚，地方銀行雇員劉忠山在中心飯店請客，劉為中心飯店股東之一，所請皆為地行人員，計有鄧主任稽核、鄧襄理、陳科長、孫副主任、伍副主任及行內中下級同事，凡兩席。

藝事

地方銀行同事朱丹初索書以為臨別紀念，余為其書橫牓一幅，內容為梅曾亮臣事論一節，自「善為治者所慎重而專任之者」起，至「人主尚安得四民而用之哉」止，凡二百四十餘字。

2月23日　星期五　晴、晚雨

師友

楊子位兄來訪，談現任物管會秘書一職，因蘇秘書長赴渝即將動身，將來由儲廳長應時代理，儲與楊在建設廳時曾有不歡而散之經過，此後處境頗難，希望余轉達蘇氏能於動身前有所調度，其目標在縣長、田糧處副處長或貞鐸中學校長云。晚，約陳光遠君便飯，為其餞行赴商城，余所居者為陳君之房屋，渠此行係赴其岳家接眷赴正陽關云。許餞儂兄來訪，今日曾晤桂廳長競秋，談及余赴渝旅費一節已與其商洽，桂氏正考慮方式問題，明日舉行董監聯席會議，或在會議上提出，或即不提會議，由其批定，亦無不可，其意尚屬誠懇云。

2月24日　星期六　雨

師友

上午，周天固兄來訪，談及日前江蘇省府新任主席王懋功氏來立，曾與談話，而蘇春伯氏亦有向蘇省為其介紹工作或請李主席轉為介紹之表示，意頗為動，但恐無適當工作可以擔任云。余意此事不必急切，因為係科長秘書，在流亡省分又何優於在皖，為取得較好之地位，尚以與省府內較有關係之人先行接洽，以便水到渠成之為慮也云云。周兄亦為首肯，但余認為總以赴後方為較根本之辦法也。下午，朱興良兄來訪，談及下週將出差視察，代理人頗為躊躇，余知其秘書一職，尚在虛懸，乃告以楊子位兄不安於位，似乎尚屬適選，朱兄亦頗屬意，但尚須考慮云。

交際

劉子旌兄在楊橋寓所召飲，今忽降雨，因事前曾來堅約，不使失約，乃著雨衣冒雨前往，步行山徑十五里始到，至則見所請之客皆已到達，計有高等法院廖院長梓琴、楊書記官長璲、地方法院推事鄒純忠、葉主計書記官榮華、蘇推事卓民等，因準備稍遲，且候參加牌局者之告一段落，故直至下午二時始開席，三時始竟，乃乘廖院長肩輿急歸，已五時矣。

娛樂

晚，應趙榮孝兄之約到立煌劇團關劇，為張菊隱、楊洪英之「武松與潘金蓮」，全劇計演三小時半，自張大戶發嫁潘金蓮起，至武松殺潘金蓮止，其中經過武松打虎，回家，西門慶挑逗潘金蓮，武松殺西門慶，情節逐漸緊湊，無懈可擊，此劇唱工不多，而說白則別開生面，富於社會思想與心理描寫，為舊劇所無，其中反映政治之黑暗，豪紳之囂張，女性被畸形制度所壓迫之慘痛，任俠精神之大快人心，而又不能脫離傳統思想為之支配，遂至潘之愛不能為武所接受，必然得以悲劇終場，對話娓娓動聽，既深入而又自然，兩主角亦復勝任愉快，演來極佳，聞腳本為近代人之傑作云。

2月25日　星期日　陰

師友

上午，劉亞伯君來訪，閒談。與德芳訪高謙夫婦，未遇。應朱興良兄約與德芳至其王家灣寓所吃飯，到者皆在立同學，為許錢儂、周天固、高亨庸、宋金階、謝大烈等，此外為鄧光烈君及新由鄂東來立之謝光漢兄，飯後展閱豐子愷作世態漫畫，多為諷刺世情之作，尤為發人深省者為「公道世間惟白髮，貴人頭上不曾饒」，意味深長，又相聚為陞官圖之戲，參加者共八人，計一次，勝敗參半，余勝六百餘元，合計勝者共有八百餘元，湊成整數備購票觀劇。鄧光烈兄告余，昨日地方銀行董事會開會已將去年盈餘分配，董監事酬勞金定為董事長十萬元、常務董監七萬元，其餘每人五萬元，此外歷年應提之行長、副行長酬勞金則未有議及，不勞而獲者惟知強取豪奪，躬與其事者則坐使向隅，豈得謂平，官辦之事業固無往而不令人心寒也。

2月26日　星期一　晴

師友

上午，魯錦雲君來訪，談在地方銀行奉派為正陽關辦事處主任，其本人志不在此，但出於被動，不得不往，現在行內對於衝繁地點之行處均擇老成持重者使之前往，反之有謀夫而為狡黠之徒者，則反不能因鑽營而獲得，自是一種可喜現象，次談及作風問題，仍以保持樸拙為宜，因魯君為本省人，自更應如此也。魯君對於過去關某主持地行之種種措施均認為不置一道，尤其聲色貨利之好，影響整個風氣者至為深鉅，據稱渠現仍住行長公館，對於行內同人之由奔競而趨冷淡者，已有今昔之感，而過去送禮於關今則為送他人者，關知之則痛罵，其淺薄有如此者。下午，訪萬委員昌言不遇，留字。訪張學騫兄，渠正寫作一書，名銀行業務論，余為改名「銀行政策與銀行業務」。

娛樂

晚，觀劇，為劉豔霞之戰牡丹，張菊隱、楊洪英之打漁殺家，唱做均尚可取，九時半歸。

2 月 27 日　星期二　晴

交際

中午，在地方銀行中山路辦事處參加該行宴會，凡兩桌，皆金融經濟機關中人，係請春酒。

師友

下午，在地方銀行辦事處訪朱興良兄，據談皖北稅務管理局副局長趙靖黎奉令撤職，現在該局只有代理局長副局長張昭民一人。同謝大烈兄訪楊委員續蓀，詢以何時動身，余並表示願參加同行赴渝。晚，周天固兄來訪，談及其本人將活動江蘇省出席全國代表大會代表，已函該省前輩丁熙民氏設法，托余再函同學張淵揚兄以省府委員與黨部委員資格予以設法云。

2月28日　星期三　晴、晚雨有雷

師友

昨晚接蔣元卿兄通知，明午十二時在鹽務局集合，到塔子河郊迎山東省府何思源主席來立，早飯時又接通知，改於上午八時半前往迎候，乃亟往鹽務局聚齊，至則先到者有李圭如、蔣元卿、王冠英等，稍候見無他人來，乃相率出發，時已九時餘矣，行至張家田畈廿一集團軍總司令部牌樓前，見有一行人馬由北而來，係何氏等已至，乃趨前握手為禮，比時陪同而來之迎候人員中有皖省驛運管理處處長馬一民即特為余介紹，謂此即係主席頃間所問之吳某，始知何氏到達時即已相詢，何氏即謂牟尚齋兄托其致意，牟兄現為省黨部書記長兼省政府秘書長，已十餘年不晤矣，由此步行到省政府招待所，寒暄十餘分鐘，見訪客漸多，乃退，即往訪其隨同來立之政務廳秘書主任王壽軒及山東挺進軍總司令部參謀處長陳開新，漫談山東政情，王君並將牟尚齋兄託帶一信面遞，談次請王、陳二君於二、三日內與何氏將同鄉歡迎時間商定，藉公宴以表敬意云。趙百源兄來訪，談準備赴渝，並贈後日中正學校募捐戲票二張。晚，應楊子位兄之約到其寓所便飯，德芳、紹南偕往，在座其他客人為私立東南中學校長張國喬、總部科長莫君，飯後於細雨中歸寢。

3月1日　星期四　雨

看書

讀吳鼎昌著「花谿閒筆」初編、續編，為其主貴州省政六年來之記述與感想，內多精闢之見，如謂「老於作官者，以作官不作事為原則，在作官上用工夫，在作事上惜精力；巧於作官者以承意討好為原則，凡其所為，皆長官所喜。貪污惡劣者姑無論矣，即此兩種作法，已足敗壞地方國家政事而有餘。然若長官認真辦事，貪污官吏早晚必難逃考核，老宦亦終易於覺察；惟此巧宦，不易捉摸，且往往認以為能，視為可靠。蓋彼輩善承長官意旨所在，力為因應，而絕對自己不負利害相關之責任，成則有分，敗則無干也。故任何好長官，縱然將貪污懲治，且能將老宦摒除，而未必即能將巧宦覺察，能不受其包圍而假以重任，已是上乘。否則一有緩急，必為此輩所誤。」「應付人事之苦，甚於處理政務，中央地方皆然。地方有時更甚於中央，地方多一仕紳階級也；縣區有時更甚於省會，省會明達之士多於縣區也。欲減免此苦痛，一貫之道唯一拙字。倘欲巧為應付，更必自種荊棘。自作聰明，視人若傻子，動思有以愚弄而利用之，以之處世，未有不失敗者。」「公務員勇於負責，為最美之德，然亦甚難言。負責出乎職權之外者，本係越權，自應譴責，固不能藉口免責求諒，惟往往在職權中肯負責辦事者亦未必盡得諒解，此則為中國官吏特別之難處。」「為政者必須特別注意時機，任何新政令倘於其時機未到或已過時推行，往往用力多而成功少，若適逢其時則可不踵而走也。」「人事管理，往往有人喜歡多作變化，喜怒無常，示人以不可測，而期免人作偽者，余則過於平凡呆板，喜怒皆為人所得而測度，舉凡准駁皆有一定常軌，鮮有以一時感情或意氣用事，……示人以坦白為宜，即有利用者亦不過君子可欺其方耳。」「勇決立斷，為處理複雜事務上難於要求之美德，中國人習於優柔寡斷，誤事不少；近人頗思力矯此弊，輒見有不假思索，遇事立斷者，往往一言甫出，後悔即生，轉謀改變，頗失信用；余以為勇決立斷之可貴者，以其學問經驗豐富足資應用耳，如其不然，直為幼稚行為，似非負行政責任者所宜出此，儒家主張再思而不贊成三思，似不失為中道。」皆為語重心長之論，又著者為政最重人力，深信有人力必有財力，有財力庶政必興，自求建設必有可能。續編中對於經濟與統制對時論中之嚴密統制認為不必要亦不可能，對於財政與會計，認為現制過重形式，過重理想，手續過繁，業務重複，亦均為經驗之談。總之此書於行政人員之指示均極親切有味，其治黔政績斐然，理由不難於書中得知也。

3月2日　星期五　晴

師友

許餞儂、朱興良兩兄先後來，談及此次山東省府主席何思源氏來立，主張趁此時託汪教育廳長為余鄭重向何氏推薦，因汪氏對余事夙極關切，渠與何氏亦復有舊也，余對此認為可行，並告以何氏到立之初即詢及余之一切，余亦正擬訪謁詳談，如此當於明晨逕自往訪，可毋庸再由汪氏居間也云。訪蔣元卿、劉芳松、王冠英諸兄，談山東同鄉歡宴何主席思源日期應如何規定，知劉、王兩兄已於今晨往謁何氏，並面訂於後日中午公宴，地點在社會服務處，由劉君籌備一切云。余回寓以前，張學騫兄來訪，未能面晤，但由德芳代達來意，係因今晨張君與何主席晤面，何氏詢及余之情形，將以恢復山東民生銀行之使命相加，並謂此事曾商之汪廳長少倫，汪氏以余已接安徽學院聘書為理由希望能留立半年，俟下學期再行赴魯，何氏因汪氏有此表示，故未作肯定表示，但張君已將余之實際情形相告，因而何氏即囑其轉達欲延余去魯之意，希望余即與何氏一見云。晨立人中學訓導主任馬逢伯、事務主任陳家鼎由潁上來訪談，余下午答訪，並於晚間請其便飯，以許餞儂、朱興良為陪。

3月3日　星期六　陰

師友

晨，余尚未起，汪廳長少倫派人前來口頭通知，謂何主席思源約余於今晨八時前前往談話，余亦本擬今晨專往拜謁，遂即前往，何氏談及在渝時曾有若干人士希望入股恢復省民生銀行，故希望余能赴阜陽熟商進行，余即告以本欲赴渝，亦須過阜，現決定前往，何氏詢及日期，余答以本月以內可以前往，因決計離皖，故須攜眷與俱，何氏望屆時即往，不必再候函電，余即先將目前皖北金融業可經營之事業約略陳述，且認為現在財部限制設行甚嚴，如老店新開，可無多少顧慮，何氏亦知此情，謂有人主張速電委員長請求，以免財政部多所留難云。繼即漫談鄉情，歷一時許，何氏為人坦白，余於十餘年前在山東本相識，但因闊時已久，至互無接觸機會。訪山東政務廳王秘書主任橋元談及恢復銀行事，據稱牟尚齋兄亦極盼余能回魯云。昨託蔣元卿館長代拓戲鴻堂法帖，今日將宣紙廿張送往，請代為辦理。

娛樂

晚，應趙榮孝兄約往觀藝術宣傳隊公演「面子問題」三幕劇，老舍編劇，極有趣味，惜乎露骨之處太多，含蓄之處太少，多滑稽而少幽默，但對普通觀眾則有充分力量焉。

3月4日　星期　　晴

交際

上午十一時，旅立山東同鄉十餘人在社會服務處歡宴何主席思源，席間由烏以風代表致詞歡迎，飯後由何氏報告數年來在魯與敵偽軍共周旋之經過，極為詳盡親切，而認為在省內維持政令通行須靠工作者之社會聲望，亦極扼要。飯後王君椿元復對於今後省局動態有所發揮。

娛樂

晚，應趙榮孝兄之約觀劇，為新角伊克明之英雄義，劉豔華之鴻鸞喜，及舊角張菊隱、楊洪英之寶蓮燈，均有可觀，其中劉豔華飾金玉奴，踩蹻表演，極為活潑可喜。

3月5日 星期一 雨

師友

晨，往送何主席思源離立，因雨未行，略談而返。財廳張秘書思林來訪，係代表桂廳長競秋而來，謂此次何主席思源來立，曾與晤面，並經極力推薦余赴魯擔任金融任務，希望余不必跋涉赴渝，又前日地行送余獎金五萬元，係桂氏前數日因恐余準備離立，故電話通知行長張岳靈在未造冊報董事會核定發放去年度特別獎勵金以前，先將余應得者送來，及後始知為數過少云，此番說詞雖巧舌如簧，亦不過徒見其欲蓋彌彰而已，余即答云，此款送來時余因見係去年特別獎勵金，係屬於行長、副行長份內應得，且以為係最近董事會所通過，故即照收，當時如知係由總行核定，殊與規定不合，必即拒收，因後任不能核發前任之獎金，此係應有之體制，且違背向來之慣例也，余此種答覆亦明知桂氏與張氏非不知之，而因其以此自欺欺人，遂為義正辭嚴之答覆，其實余何必非向桂氏索要旅費不可，余是否去山東，與彼儘可不生關係，何必賣此空頭人情，真可怪也。張君又示余以楊汝梅覆桂氏所去魚電之丑儉電，大意謂使領館首批會計人員已於梗日選定十二人，其餘須待戰後再派，此次吳君未參加殊為可惜云云，從此事可見本人不在中央，可得之機會，亦竟不可得，凡事往往如此，所謂運氣者此也。張君又談及闞子高任地方銀行行長時，公然牟利，凡分行經理、辦事處主任經辦一事，渠即去一信，望酌「情」辦理，署名「兩知」，此人之貪可謂達於極點云。訪徐君佩太太，告以介紹地方銀行購贈其所藏韋氏大學字典事已談妥，但地行所復圖書館函係捐現金，館方希望字典之價略減，故請其派人速往圖書館與蔣館長洽商云云，余此事只負介紹促成之責，且談及擬讓價款，不免有若干糾纏，故雅不願再繼續居間矣。訪張學騫兄不遇。與謝大烈兄同往訪蘇春伯委員，渠不日赴渝出席六次全國代表大會，余託其面陳陳果夫先生，請向財政部推薦余為此間應設之銀行檢查處處長，蘇氏已應允。晚，許餞儂、謝大烈兩兄來談同學之經濟互助與經濟經營事，均主先行集股，籌措基金以為同學間積極消極等用途。訪汪廳長少倫，告以將動身赴渝，但應何主席之約，須先赴阜陽談山東金融機關事，故安徽學院聘書決計退還，並向汪氏表示歉意，又與汪氏談張敏之兄與臨泉縣府之隔閡，希多為設法協助化除。（訪汪氏係昨日事，補記於此。）

3 月 6 日　星期二　陰

師友

晨，到省府招待所送何主席思源離立，至包公祠而別，事後應劉芳松兄之約與王冠英兄在社會食堂早點。周天固兄來談近頃省府人事變遷及赴渝者之多，多有政治原因。朱巽齋君來辭行赴渝，所談使命甚神秘，渠係作隨員而往，想係與地行或省府駐渝辦事處有關。晚與許餞儂、謝大烈兩兄合請徐君佩夫人為之餞行，飯後並談經濟互助問題，推人起草公約。許餞儂兄贈「晉唐楷帖」一本，計影印八種，極佳。安徽學院送課程表來，實則余尚未有應聘之表示也。

3月7日　星期三　晴

師友

上午，地行職員金鏡人來訪，渠現在滕家堡主持代總部買布，預定一萬擔，需款三、四萬萬。訪於參議中和，已赴六安舉行畫展，不遇。訪丁勉哉君不遇。訪胡行健君，閒談。託劉忠山代售存物。

交際

中午，赴省府主任秘書王丹岑宴，渠主持兩間書屋，余告以一週左右赴渝，請將欠款歸還云。

藝事

地行雇員劉忠山及行役李大新備紙各一張，由劉送來求字，余不可卻，抽暇各為寫唐詩一首。

看書

讀馮友蘭著「新原人」，為繼「新理學」、「新事論」、「新世訓」後之第四書，但體系則多接於新理學。本書以闡明人生境界為主題，引用並批判宋明理學，以構成其本身之理論，全書計分：覺解、心性、境界、自然、功利、道德、天地、學養、才命、死生等十章，最後三章係綜合的觀察演繹，最為有力，其解釋「命」之意義，亦最為清楚，讀之如噬蔗，甘適之至，清湛之至。

3 月 8 日　星期四　晴

師友

晚，周天固來談其進行江蘇省全國代表大會代表事進行情形，頃已接江蘇元老丁熙民氏來電，謂已與劉漢川氏聯名電請王懋功主席予以提出，唯恐競選者多，可否請李司令長官品仙電王氏再為推薦云云，似此或不無幾分希望，因託余往訪陳副司令維沂亦電王氏吹噓，因其二人頗有戚誼也，余允其請。又周兄談今日請求長官調職，未蒙有肯定表示，具見此間不可以久留，因對人無情感可言也。又談及發展經濟事業，目前有一化學工業人才，頗可合作，此事余亦認為可注意進行云。

3 月 9 日　星期五　晴

師友

上午，訪朱興良兄，還以前所借各書，並談立人中學所投放兩間書屋十萬元，書店方面要求轉其加入股本，認為原則上尚屬可行云。訪張學騫兄，告以前次山東省府何主席仙槎來立時曾數度向余詢及渠之情形，如余到阜陽山東省府後何氏有意相邀，可否前往，張兄答云屆時再說，但其目前所擔任之工作則無意繼續下去云。訪陳副司令維沂，道專誠奉訪之意，渠與余係去年離行後第一次見面，故對余之離職表示惋惜，余對陳氏之作風，亦認為欽佩，甚為歡洽，最後代周天固兄託其電江蘇省府王主席推薦為全國代表大會代表，陳氏允諾，但謂恐時間已遲，不易有成云。周天固、於種兩兄來訪，於君新近由六安舉行畫展回立，余便中贈好鉛筆二枝。

職務

訪安徽學院朱院長佛定，謂旬後赴渝，對教授聘未便接受，至聘書則退至安徽學院主管方面。

3月10日　星期六　晴

師友

晨，趙百源兄來，贈本晚戲票兩張。上午，地行行員吳樹楨君來，擬設法至稽核室充稽核。

娛樂

晚，參觀社會服務處週末晚會，係平劇研究會與地方銀行票社分別表演，首為吳守椿等之法門寺，上店起行路止，主角尚可，配角極差。次為地行鮑弘德、孫勵如、陸竹青等客串之群英會，自蔣幹盜書，草船借箭，怒打黃蓋，至借東風止，凡費時三小時，以票友演來確屬不易，鮑前魯肅後孔明，唱功極好，而台步太生，孫飾周瑜，唱做尚能平衡發展，觀眾頗多好評。

3 月 11 日　星期日　晴

師友

上午，鄧光烈兄來談此次地行分配去年特別酬勞金問題，認為余與關行長各得五萬元實屬太少，必係董事會秘書張思林從中作怪，又現任副行長黃蔭萊去年任職只八天亦分得二萬元，襄理潘宏臧一萬元，均欠合理，足見行內毫無公道可言云。今日來訪者有沈敬修、韓逸雲、孫存楷、朱丹初、朱興華、陸嘉書等。李傑民兄來訪，渠甫由商城訪晤周軍長龍淵回立，在商時適山東何主席經該地回阜，周氏對何氏特別為余介紹，並託李君向余致意，希望赴魯省府工作，沿途均係其防區，當予以妥適之照料云。周氏與余不過在立初次謀面，而對人如此熱情，彌可感也。

交際

中午，桂董事長宴客，為譚縣長裕及余餞行，飯後臨行以輕描淡寫之語句謂余曰：此次地行送獎金太少，恐不足旅費，大約係顧慮不能多於關行長云，又渠極力勸余回山東省府工作，言外之意即不需旅費。此公雖深沉老辣過人，而其種種用心，實屬欲蓋彌彰，官場涼薄恐無過於此間者也。

娛樂

晚，約趙榮孝、許餞儂、鄧光烈夫婦及謝大烈、李傑民觀劇，為伊克明之虮蜡庵，劉豔華之查頭關，楊洪英之玉堂春，戲目均極緊湊，惜楊之玉堂春唱工不若想像中之圓潤耳。

3月12日　星期一　晴、下午雨

師友

上午，往柯家灣訪劉序功兄，不遇，下午劉君來訪，談在壽縣交卸，本係調充貞鐸中學校長，現大致不擬往就，而李主席意為調幹訓團服務處長，現尚未完全決定。余告以前次山東省府政務廳秘書主任王壽軒君來立，曾談及有意延其至山東任科長秘書等職，劉君意為便於移交及結束在皖之種種關係，不擬即往云。下午，劉芳松兄來訪，轉來周軍長龍淵一函，頗主余赴山東省府主持金融工作，又周氏已通知固始、三河尖一帶駐軍於余路過時予以種種便利云。

3月13日　星期二　雨

職務

上午，往謁李司令長官兼主席品仙，報告週內取道阜陽赴渝，志趣為參加主計處派駐國外使領會計人員，又前次山東省何主席來立曾約至阜陽山東省府一談，惟未涉及具體事項，過阜稍事逗留，即仍西上，又按照行政院規定在同一機關服務五年以上之公務員考績優良者得請求考察或進修，余之條件甚合，希望能由省府轉呈存記，以便多一出國機會，李氏答謂如漫無目標長途跋涉，似可不必，如至魯省府工作，則甚贊成，轉請進修云云，可以照辦，如有需要其協助之處亦當設法。末余提及去年地行分配特別酬勞金，承蒙提撥二百萬元，致在事人員所分均比往年為多，深感關垂之殷，李氏即詢如何分配，余告以關行長及余均為五萬、郭副行長四萬、黃副行長二萬，故余所得已屬最多，此外未參加任何意見，相信李氏聞言，亦當知其輕重云。最後對李氏表示追隨五年，深荷知遇，臨去至為惜別，李氏遂加慰勉，謂一向辦事甚好，只因行內人事一向不甚協調，故須調整，去時當送旅費數萬元云，談竟已半小時餘，乃退出。訪黃秘書長國仇辭行，並請將來轉呈行政院存記進修，不遇，託張秘書惠光轉達各情，未候晤而返。

交際

中午，行內同事潘緒延兄請吃飯，在座皆地行同仁，此次請客係送行並為其子請滿月酒。

師友

訪蔣元卿兄，據談余前次託拓戲鴻堂帖所送之紙並不能用，余見其有困難，即先預約全套一部，照該館定章辦理。鮑弘德兄來訪，漫談本省政情，並留其與謝大烈兄便飯。晨，楊委員績蓀來訪，據談赴渝日期亦尚未定。（補）昨晨陳副司令維沂來訪，此公在皖以作風嚴正見稱，平時深佩其為人，兩廂傾慕亦非一日，今日所談皆對於社會之基本看法，彼此見解極為投契云。

3月14日　星期三　雨

職務

午間許餞儂兄語余，謂昨晨桂廳長曾告渠將由李長官名義贈余赴渝旅費三萬元，數目不多因恐闞行長不悅也云云，實則闞並不離此，何能相提並論，不過託詞而已。下午余到財廳向其辭行，渠為昨日下午見李長官時，李氏又曾提及大可不走，桂氏謂既無適當工作何必堅留，又關於旅費係其向李氏建議三萬，余對此事概不置意，近來種種余已知凡無私人利害關係者，虛偽與刻薄乃屬應有之酬報，況桂口稱慚愧殆亦自知也。

師友

訪汪廳長少倫辭行，並託其將來本省保送出國研究時為余保留機會。訪王會計長不遇。訪陳子英兄並與尹同鑫君商洽包用驛運處篷事。訪幹訓團各處皆不遇，訪石櫪夫兄請代擬請遷派進修簽稿。

3月15日　星期四　陰

交際

中午，許餞儂、鄧光烈兩兄請客，係為謝大烈兄過生日，在座者尚有楊一飛君、朱興良兄及柏大權夫人等。晚，省黨部楊委員績蓀召飲，係為余餞行，在座者皆為廳處科秘，凡十數人。

師友

晚，地行同仁歐陽純來訪，據談其少君歐光強原在企業公司服務，現隨黃卮勛赴渝，設余到渝，望指導一切云。許餞儂兄談決心赴渝，但辭職不准，無可奈何，余向其表示意見，認為如志在必去，可與楊處長協商，用逑職方式前往，庶幾可進可退，且不虞旅費無著之損失云。

3月16日 星期五 陰

交際

中午，驛運管理處陳副處長子英請客，在座皆各機關中上級人員，飯後余託其調撥簰隻至三河尖。晚，地方銀行稽核室鄧主任光烈及稽核黃建華、韓逸雲、吳鴻、開辦事人員沈延齡、趙日恆、洪匯川及公庫科副科長楊一飛在大觀園為余餞行，敬酒之風最盛，頗覺難以應付，七時散。

師友

朱興華兄來訪，面贈旅費兩萬元，謂係與趙全園君兩人合送，余以確不需要，堅決不收，但未果退。晚，張學騫兄夫婦來訪，面贈旅途糕點費一萬元，余亦堅辭，但情不可卻，亦即收之。省府送旅費三萬元，附有桂廳長字條寫明「陳奉長官諭」字樣，此蓋明言係兩人人情，余在皖九年，臨去等於領「恩餉」三月，反之友人中知余清苦為雪中送炭之舉者又如此其熱情，冷暖之間，於當前世道人心官場黑暗，灼然併見矣。晚，丁雲翔兄來訪，余告以不日動身赴阜陽轉重慶，阜陽山東省府留余盤桓若干時，或即籌復銀行，亦未可知，果能實現，希望熟悉銀行業務之友人多多參加云。

3月17日　星期六　晴

交際

晚，應劉芳松兄之約在其寓所便飯，因余與德芳偕往，而同時又有他約，故余未及用飯即辭去。晚，地方銀行同人孫存楷、朱丹初、金清和、張由堅及夫人、楊德慈及夫人、孫勵如及夫人、沈洪緯等在地行中山路辦事處邀宴，為余餞行，所請亦有德芳，但未赴席，余係偕紹南參加，六時到齊，七時散。

娛樂

同鄉數人約余吃飯，余因無適當時間可以支配，僅允觀劇，預定明日座位。晚，地行同事楊副科長一飛招待至劇場觀劇，戲目為伊克明之豔陽樓，主角飾高登，平平無奇，劉豔華之貴妃醉酒，雖嗓音有欠宏亮，但身段做工極佳，最後為楊洪英、張菊隱之李十娘三上轎，此劇為一悲劇，余曾見河南梆子中有此一戲，京戲則為初次，情節稍有出入，但均不近情。

3月18日　星期日　陰、晚雨

師友

晨，趙榮孝、李傑民兩兄來訪，留之吃早麵。今日前來訪問表示送行者有地行同事趙蔭鄰、丁雲翔，學生沈敬修、許昌東，同學沈玉明、謝光漢、高亨庸、鮑先德，田糧處楊處長中明、戴副處長少英等，其中丁雲翔談及關子高皖北稅務管理局局長事已實現，約其前往，渠不願就云。

交際

中午，政校在立同學設宴為余餞行，計到者十五、六人，幾為全體。晚，陸嘉書、朱興華、倪裕驥、汪嵐九四人在汪家灣朱公館為余餞行，冒雨而歸。潘堅兄來訪，甫由重慶回立，現為江淮特黨部委員。

娛樂

晚，應趙榮孝兄約在戲院觀劇，為劉豔華之一口劍，即宇宙鋒，余到時已終場，大軸為楊洪英、劉豔霞之北漢王即汴梁圖，後有漢調五音連彈，海派意味十足，其餘唱做亦無甚足觀之處。

3 月 19 日　星期一　陰

師友

上午，趙同芳君來訪，談經營進出口與企業公司統一購銷情形及利弊甚詳。楊子位兄來訪，談余如至山東主持民生銀行，渠願參加工作，余已允許。訪企業公司羅圖仙、關某，僅遇羅一人，為關留片辭別。到社會服務處訪江蘇省來立代表李明揚氏訪問之劉漢川、丁熙民兩老先生，不遇，均留片。

交際

中午，應中國農民銀行徐主任善甫、李副主任傳珪之約午飯。晚，應學生方興邦、沈敬修、許昌東、王學清、孟昭潭、宣渭川、尹同鑫、馬志鵬、王篤霖等之約在社會服務處晚飯。地行同人廿餘人在中山路辦事處晚飯為余餞行，到者鄧中雄、陳仲羽、汪恭梓、劉君芳、趙榮瑞、張樹人、俞宗穆、方志正、劉綏維、陳榮義、孫君智、王庠之、趙畯田、丁佩萸、龔理瓊、侯旭庭、吳樹楨、孔慶榮、潘世楨、周熙年、郭桂生、程達峯等，席間並請陳仲羽、侯旭庭二君後日借用行內膠輪車運送物件。

3月20日　星期二　雨

師友

本定今日動身，故晨間前來送行者有楊子位、徐善甫、郭桂生諸兄，但余因雨不能成行。訪鍾建奇局長辭行。訪代省府秘書長朱佛定氏辭行，並請批發護照，但朱氏不在，留片託張惠光兄代辦。訪田糧處楊處長忠明、戴副處長少英辭行。訪龔醫師維蓉、潘鐵九兄等辭行。沈敬修君來訪不遇，留信一封，係介紹其親戚在三河尖驛運站服務者為余覓車，盛意殷殷，至為可感。

交際

中午，赴周天固兄宴，在座有丁熙民、劉漢川、駱東藩、曹鵬、楊培之等。晚，地方銀行女行員黃家祿、何世霖、陳祥瑛、丁桂英、朱綺芬、王佩蓉及行員眷屬周琴、甘良琳在社會服務處為余及德芳餞行。

3月21日 星期三 雨

看書

連日抽暇讀 Dale Carnegie: *How to Win Friends and Influence People* 一書，可謂應世技術中之傑作，其中多引述古人故事，不空泛，不枯燥，饒有興趣，惟其中多為美國人說法，有中國人尤其黃老之術服膺者所優為之者則頗不足為奇，但大體上於啟發處世心理，確有許多創見，不可埋沒也，全書分六部分，大旨於下：(1) Fundamental Techniques in Handling People: (a) "If you want to gather honey, don't kick over the beehive"，謂勿怨責人，對人勿為已甚。(b) The big secret of dealing with people，對人須發現其優點而誇耀之，增加其光榮感。(c) 引起對方之急切欲望。(d) 即知即行。(2) Six Ways to make people like you: (a) Become genuinely interested in other people; (b) Smile; (c) Remember that a man's name is to him the sweetest and most important sound in the English language; (d) Be a good listener. Encourage others to talk about themselves. (e) Talk in terms of the other man's interest, (f) Make the other person feel important - and do it sincerely. (3) 12 ways of winning people to your ways of thinking: (a) The only way to get the best of an argument is to avoid it. (b) Show respect for the other man's opinions. Never tell a man he is wrong. (c) Get the other person saying "yes, yes" immediately. (f) Let the other man do a great deal of the talking. (g) Let the other man feel that the idea is his. (h) Try honestly to see things from the other person's point of view. (i) Be sympathetic with the other person's ideas and desires. (j) Appeal to the nobler motives. (k) Dramatize your ideas. (l) Throw down a challenge. (4) 9 ways to change people without giving offense or arousing resentment: (a) Begin with praise and honest appreciation. (b) Call attention to people's mistakes indirectly. (c) Talk about your own mistakes before criticizing the other person. (d) Ask questions instead of giving direct orders. (e) Let the other man save his face. (f) Praise the slightest improvement and praise every improvement. Be hearty in your approbation and lavish in your praise. (g) Give the other person a fine reputation to live up to. (h) Use encouragement: make the fault seem easy to correct. (i) Make the other person happy about doing the thing you suggest. (5) Letters that produced miraculous results. (6) 7 rules for making your home life happier: (a) Don't nag. (b) Don't try to make your partner over. (c) Don't criticize. (d) Give honest appreciation. (e) Pay little attentions. (f) Be courteous. (g) Read a good book on the sexual side of marriage. 余閱讀時因限於時間僅扼其要旨，細談則俟諸異日矣。

師友

今日來訪表示送別者有丁雲翔、朱興華、朱興良、張樹人、宋金階、蘇景泉、周天固夫人等，興良兄詳談今後樹立經濟事業與發展立人中學計畫，並承派人代至驛運管理處辦理付給票款手續，余贈給相片一張，周夫人贈曾國藩手跡拓片及水果，又現金六千元未收。張惠光兄來訪，帶來代辦之旅行護照及省府參議符號等件，並表示送行之意。

3月22日　雨、下午晴

師友

晨，李傑民、趙榮孝、朱興良諸兄來訪，係送行，但余今日不動身，趙兄約晚間吃飯，屆時赴席，在座者有劉芳松兄等。周天固兄來訪，謂其長兄慕虞擬今晨來訪，余乃至朱兄處相候，至午未到，乃返。晚，鄧光烈兄來閒談行務，移時前地行行長關子高來訪，因余上週曾往辭行，特來走訪送別，據談財政部派為皖北稅務管理局局長，俟詢明局方接到電令，即往接事，同往者有張思林、張祖培、孫存楷、劉國錚等，關並談及將來在阜陽可為良好之配合，蓋應酬語也，余唯唯。

3月23日　星期五　晴

師友

余今日動身赴阜陽，自晨起即有送別之師友絡繹而至，計有李傑民、趙榮孝、朱丹初、王綏堯、趙畯田、劉芳松、方志正、劉覺凡師、顧世旺、邵成發、蘇振榮、田治、朱興華，續送至河濱者有朱興良、許餞儂、鄧光烈及夫人、謝大烈、楊子位、黃建華、韓逸雲、周慕虞、周天固及夫人、陸嘉書、張樹人、宋金階、沈敬修、郭桂生、王之蘋、胡必果等，行色頗壯，友情尤極可感，蓋此中不含半點虛飾或逢迎意味也。

旅行

中午來驛運處海聲簰攜全眷由立煌順史河下駛，帶月色行至王店附近，雨後水大，行約七十里。

3月24日　星期六　晴

旅行

晨，簰續下駛，因中間頗有耽擱，而更下無適當歇宿地點，故於三時到葉集後即行停泊，一面晾曬所洗衣服被單，一面派人至街市買路上應用物件，準備明日趲趕路程。

師友

今日有昨日同行上簰之民廳視察熊春林君係赴葉集者，臨行談及在皖工作觀感，亦以設法離去為是，熊君與周天固兄極投契，故所言當屬由衷，渠謂現在本省行政當局用人標準有所謂以廣西人為體，以安徽人為用，其餘地方人則敷衍按插而已，可謂針對當前時弊。

3月25日　星期日　晴

旅行

晨，簰由葉集開行，經過黎集至固始，凡九十里，因此去全係平原，水寬而緩，故速度大降，幸日夜可以趲行，故抵固始時業已半夜矣。連日利用在簰上之悠閒時間照料零星事件，尤其水行時取水便利，而山河之水亦頗澄清，於洗滌至為得宜，故德芳率兩役就河洗衣服及被單等，幾將所有之積件一掃而空，白潔可愛，此外則沿途購買菜蔬之類均極方便，簰上烹調亦饒有時間，故照料飲食，極為得利焉，又此行燃料極缺，故於過葉集時購炭三百斤隨帶，但簰則已加重不少矣。

3 月 26 日　星期一　晴

旅行

晨起進固始城購物，預定由徐嘴子進城後，簰即下駛至獅子口等候，不料迨余等到獅子口，簰尚未到，蓋事先未聯絡妥當，至簰戶仍在上游相候也，比傳訊以後，簰始趕來，其時已中午，由是順流而下，直至晚飯時始到蔣集，帶月色續行，半夜則大約抵橋口集，今日夜開行未停。

藝事

到固始舊貨攤搜求碑帖，計獲得殘帖「歷代名臣法帖」二、三、四、六計四卷，略有散佚，大體尚好，皆晉唐人字，又米書千字文、懷素千字文、顏氏小字麻姑仙壇記等亦皆略有殘損，大體無傷。

3月27日　星期二　晴

旅行

昨夜通宵行簰，今晨可望見三河尖，但因河之會流處水不甚急，故須拉縴，至九時始抵寨門，比即覓定吳家明星飯店為暫住之所在，即將行李卸下陸續移入，余預定計畫為先將德芳等在該處暫時按頓，余一人至阜陽三塔集先行接洽一切，俟居住定後再派人來接，故下午將行李略事劃分。

師友

在三河尖遇楊存松兄，乃延之入坐，詢明係因前次由立煌所辦木料到三河尖須裝卸而來，余詢其山東省府一般情形及裝載行李至三塔集一帶方式等事，再承允匀讓所徵土車供用。

3月28日　星期三　晴

旅行

余一人今晨由三河尖啟程，乘土車赴趙棚山東省府，行三十里在張古廟午飯，飯後續行，經柳溝集、小新集至趙棚，下塌山東省府招待處，今日所乘土車車伕係一十九路軍老兵，據談其同住者有已至五十一軍為團長者，但認為用力氣謀生，勝過用武力壓人，故安之若素，亦云不易多得矣。

師友

在山東省府晤及何主席仙槎，留晚飯，並未深談公務，又晤及牟尚齋兄，現任秘書長，所談皆十餘年來之別離情，最後涉及本省恢復金融機關事，據談在渝時曾悉江浙財閥曾有計畫復員後開發各省之實業者，對山東之航業、漁業、紡織業、鐵業均曾注意及云，設本省人不思設法，恐落人後地，今後要著為設立銀行扶助企業公司之成立，並設法請求外匯云。

3 月 29 日　星期四　晴

師友

上午，到劉老莊訪前山東保安處高處長仁紱，高氏現任十戰區臨泉指揮所高級參議，本有至立煌任長官部兵站副監之說，現恐未必能成事實。訪楊存松夫人，渠任保安處合作社經理，刻正出脫存貨中。訪前山東挺進軍總指揮部參謀長尹作翰氏，並詢其介弟作聖赴渝情形，尹氏本人本亦在推薦為十戰區兵站副監之列，但亦恐不成事實矣云。訪前財政廳主任秘書孟石符，不遇。晚，前省黨部書記長潘維芳兄來訪，潘兄係十七、八年以前老同事，始終未晤，現改任教育部蘇魯區督導專員，將設機關於阜陽。在省府招待所遇有吾縣欒家欒儆吾君，與吳光亭有戚誼，其本人在澳洲經商十餘年，係煙台益文學校畢業，於吾魯及南洋商情極諳悉，英語亦熟，可謂當前長才也。

3月30日　星期五　晴

師友

上午，尹參謀長作翰來訪，談及介弟尹作聖已乘飛機赴渝，或充當本省出席全國代表大會之代表云。上午，建設廳前技正現政務廳技術室主任周輔齊君來訪，周君係前次到三塔集時途中相遇，在界首時亦曾相值。今日在省府相遇之友人有省府委員田誼民、政務廳長劉道元，又新相識者有省府委員許星垣、劉參議會秘書長等。下午訪許星垣委員，並遇林鳴九、劉汝浩兩兄，劉兄係以前在泰安時同事，今已十餘年矣。訪李子駿君未遇，李君係德芳好友葉劍華女士之夫婿，余於省府視導處名冊中見有其名，後又遇有金庫出納主任高鏡秋君，亦臨清人，係與李君一同由陝西武功來魯省府者，李君將於不久回魯西北擔任視導工作云。

3月31日　星期六　晴

師友

連日因省府接談由省內來阜開會之代表，故余到阜兩天僅與當局晤面，尚未涉及正事，今日想情形相同，故晨間開便條向牟尚齋兄借用馬匹，出發訪友。計到距趙棚五里之許堂訪潘維芳兄，已於今晨赴臨泉候飛機赴渝，訪田誼民兄，外出未遇，訪參議會劉秘書長，不遇，訪王培祜同學，外出不遇，訪省府委員李郁庭，略談即辭出，訪孔議長繁霨，孔氏對於銀行事頗感興趣，對於過去政府之辦理不善，深為反對，辭出後行八里至武大莊省府政務廳訪劉廳長道元及王主任秘書壽軒、周主任輔齊、馬秘書善交，均在開會，留字辭出後行四里至沈莊訪新近由膠東因戰事失利來阜之林毓祥兄，並遇膠東軍區副司令官王若山，留吃點心，會鳴九兄亦至，並有由萊陽來阜之十一聯中校長杜仁山在座，談頃已下午四時，乃上馬東行至劉老莊赴高處長仁紱之宴會，並見楊存松兄已由三河尖回阜。飯後於暮色蒼茫中歸來，今日行路凡三十里之譜。晨，高仁紱氏前來答訪。總務廳姚君來訪，談省府經費情形甚詳。李子駿兄來訪，久別互不相識，具道年來其夫人葉劍華女士之狀況及其本人回省之抱負，頗有意趣，可謂他鄉遇故知矣。

4月1日　星期日　晴

師友

晨，到牟尚齋兄處，又值開會，適何主席至，余因詢其何時有空，希望詳談，何氏即邀余至其辦公室，先謂本有經濟復員計畫必須草擬，不問其能否實施，繼謂本省境內人民因偽幣價跌，紛紛調成法幣窖藏，而內移無術，本省應撥入境內之軍政各費，正可以此相抵，溝通匯兌，余詢以每年為數若干，承告約萬萬之數，余認為匯兌量不能超過此限度，因超過即無法調款也，何氏旋謂設銀行事已電財部及委員長，尚未奉覆，財部似不甚願意，余提議如認為有所需要，即不候財部同意，先在密通省府所在地之界首及先已遷至並未取消招牌之重慶辦起，匯兌上大可經營，至於省內則更非財部所能干涉矣，何氏即謂容再召集關係人員商談如何實施云，余見其意見始終抽象，故亦未深談，即行辭出。午間余因在牟尚齋兄處候廚房開飯，為何氏所知，邀余共餐，亦未談及公事，余抵此已四天，承事先邀約而來之使命毫無所進，而飲食起居，諸多不便，故情緒大為不佳。又今日何主席相見開口即問余志趣如何，是否與尚齋談過，余聞之茫然，竟不知余之來此係事先有約者然，故僅漫應之而已。劉道元兄來答訪，談及皖行及一般政情。

4月2日　星期一　晴

師友

上午，訪李子駿君，閒談山東近況。萊陽第十一聯中校長杜仁山來談此次十三區對共黨戰事失利後之膠東前途，未可樂觀。原膠東有七、九、十三等專員區，七、九兩區自煙台迄榮城南至海陽均早已完全赤化，現十三區又撤至即墨一隅，日漸侷促，杜君談共黨工作技術在能以掌握民眾為主要點，其所控制區城內戶口田畝均瞭如指掌，政治上又無貪污，相當民主，上下無甚隔閡，命令能貫徹到底，故鬥爭往往勝利，殊不可忽視。又聞其他方面之計算，現在山東全省共黨控制面積約百分之七十，敵偽及政府則僅百分之三十，若就人口而論，則因多向城市集中，雙方約各佔半數，現在政府力量所最感困難者，為漸漸依附敵偽區域而存在，共黨在民間及宣傳饒有力量云。與牟尚齋兄續談民生銀行恢復事，余認為可不必等候財部指示先在界首、重慶及省內成立單位溝通匯兌，設法掌握資金，至於股份自應官股多於商股，將來之企業公司等事目前不必提及，現在應就事論事，期目標單純化，先將銀行基礎奠定再議其他。現在此計畫如認為可能實施，即著手計畫，否則余將先行回三河尖安置家眷，牟君謂仍以先將計畫商定為宜，再行安頓家眷未始不可。又談及在重慶、西安時，山東較有資產之人紛紛欲利用民生銀行招牌以多數商股參加圖牟私利，省府概未予採納，僅允許其入股，但官股仍應佔大半，而行長應由省府派充，董事會決議案則須經省府會議核定始行實施，關於設行地點應為界首等地，牟兄意見亦同，數日來獨以今日所談為較具體。晚飯與何主席共餐，並當面報告已商有輪廓，何氏仍多談其省內匯兌，牟兄則常以企業公司定機器買外匯為言，均遠水不救近火，故余今日始有腳踏實地先行著手之意見云。

4月3日　星期二　微雨、大風

師友

晨，以電話詢知徐軼千教育長已到幹訓團接事，由省府所駐之趙棚到該團所駐之南劉寨不過五、六里，亟宜往訪，以補前數日未能遠行十餘里至政治學院拜訪之缺憾，遂約同李子駿兄陣同前往，途中大風奇冷，瀕至又細雨襲面項，頗為難耐，比至，徐教育長甫入，堅留午飯，但因今日始接，一切似均不就緒，故至三時始開飯，暢飲甚歡，在座尚有幹訓團總務處長于景梁，教務處長吳培申，吳處長乃德芳在女師時之級任教員，時加稱道而久未相識者，據談余等結婚時所發小冊極精美，至今未忘，已十年前事矣。飯後已四時，見雨不降，即辭別而返，徐、吳二人送至寨外。

4月4日　星期三　微雨

工作

今日研討此間山東省府所存僅有之山東省民生銀行卷四宗，同時有牟尚齋兄著總務廳第三科朱科長澤生前來就其所知詳細解釋經過，朱君本為該行同人，頗有見解，對於該行以前之作風亦多批評。余將各卷閱竟後，深感山東財政金融界之無人，致任人宰割，遺患無窮，而省府一再籌劃恢復，卷內計畫方案皆不切實際，主其事者復不得人，屢屢動議，結果仍不免徒託空言，可勝嘆息。即現在省府主持人雖較有決心而顧慮亦多，口頭研討不得要領，故於今日下午草擬「恢復山東省民生銀行意見書」一種，主張不待財部核准，即行著手恢復，然後再報部核備，同時收商股云。

師友

張敏之兄由臨泉長官店山東臨中來趙棚省府接洽公務，今日晤及，承告省府人才缺乏之情形，而又意志不能統一，故前途未可樂觀，至於金融方面，人才更缺，理應有所綢繆云。

4月5日　星期四　陰

工作

晨，到牟尚齋兄處，將所擬之恢復民生銀行意見書面交，請其與主席先行洽商，或即批定辦法，余將先回三河尖照料家眷，牟兄談及此事因已電財政部請求准予銀行復業，故須等候答覆，人事方面準備以余為行長，以現任總務廳金庫主任趙翔林副之，趙仍兼原職，余詢資本必須以官股為主，省府能否撥出，答謂可以，如財部無肯定答覆，即派余搭飛機赴渝請求。又數日內何主席至阜陽城內拜會各機關，因余曾在皖省服務，故希望余陪同前往，俟返三塔集後再行回三河尖安置眷屬，並即準備赴渝云。余以為如此原無不可，為免浪費時間，如何氏日內即往，余當同去，否則亦無甚關係，因城內機關無多，余不往無妨也云。

師友

晨，田誼民兄前來答訪，據談民生銀行事所以議論多而事實少者，即因各方見解均有獨特之立場，而又於金融業務及法令均隔靴搔癢，不能洞中肯綮之故。大體言之，渝方富有之魯籍人士主張僅用舊行名招新股份完全商辦，藉此以經營商業謀利，軍人派如李延年則主張官商合辦，官股不出，俟分紅時再如數提作股份，參議會方面則主張舊行皆為民股，民股不能有著落，決不容許用此招牌再開銀行云。田兄又對於目前凡事諸端之不能腳踏實地，只聞幼稚、批評、詬淬，實非良好現象，前後方率皆如此，可為怨嘆，而魯省數年來無大學、無經濟機關，戰後無人無錢，真大問題也。到老油坊拜會省府委員李漢三、省立醫院王院長讓千。馬善交兄來訪。

4月6日　星期五　陰

工作

牟尚齋兄晨間來談，何主席意仍希余隨其同赴阜陽城內一談，與各機關聯絡後再回三河尖安置家眷，余意盼望何氏早去早回，因余私事早遲處理固無關係，但目前金融需要殷切，遲辦一天即遲一天之收益，此損失不可等閒視之也云。牟兄謂當催其早去，設行期不能早定，余即先行云。

交際

下午，應孟參議石符、尹參謀長作翰及周主任曉東之約在三塔集合作社吃飯，由經濟食堂辦菜，頗為豐盛，在座者有劉廳長道元、徐教育長軼千、朱科長澤生等，飯後步歸，暮色已蒼茫。

師友

上午，楊存松兄來訪，談及其合作社所辦之木材尚未售出，急於辦結，又約於明晨至其寓所吃飯。

體質

連日全係吃麵，而青菜不多，腹內漲悶，大便艱澀，同時有蛔蟲未清，亦是一因，昨晨服死軍子廿五枚，今晨大解排出蛔蟲一條，長約尺許，惟大便帶血太多，痔瘡太甚，不能治療亦苦事也。

4月7日　星期六　陰

工作

晨，與牟尚齋兄續談銀行復業事，牟兄言及何主席意將先設籌備委員會，以余為主任委員，而以在阜陽、西安、重慶等地之魯籍地方人士為委員，最近如財政部再不覆電，即由余以主任委員名義赴渝請求云。余前數日所擬計畫為先發表董事長與總經理，一面籌備，一面即已確定今後負責之人，故對此種委員會認為多此一舉，且認為夜長夢多易起枝節之機構，因各地意見不一，賦以委員身分後任其意見錯綜，將更為不易進行也云。牟兄亦以為然，此事辦理極盡迂緩而不扼要，極不可解。

師友

上午，應楊存松兄約吃飯，在座有高處長仁紱等。數日前託何懋昌副官長赴阜城地行取匯款五萬餘元，曾函張經理請全付五百元券，何輾轉託人，今日始取來，全係五元、十元券，頓時滿桌鈔票，難於處理。晤及金庫主任趙翔林，並由牟兄條飭照辦，但堅持不允，索然而返，此類事真可謂哭笑不得。

4月8日　星期日　陰

旅行

晨，事先應何主席仙槎之囑，隨同至阜陽城內拜客，乃乘架車單獨出發，十一時至，住省府駐阜通訊處，午飯後即出發至城內各處，至十時始返，來客長談，按置行李，直至十二時始就寢。

娛樂

晚間在邑紳董兄家吃飯，飯後有事前排定各家戲院合唱於民眾會場，為曹州梆包公說媒，豫梆三上轎，評戲花為媒，京戲通天犀，其中評戲主角為鮮靈芝，唱作配搭均尚可觀，京戲則以武生藍月春為主角，前曾在界首聽過，以身段擅長，今日戲目極精彩，引人入勝。

4月9日 星期一 陰

交際

上午，騎二軍李鴻慈師長招待在龍泉洗浴，浴後李師長與其軍長廖運澤氏在軍警聯合稽查處招待吃飯，均以何主席為首客。在金一民兄處晚飯，由其太太備水餃，並以張緯為陪。

工作

下午，到地方銀行阜陽分行訪張經理緯及金一民、傅國漢主任等，談及山東省府所欠地行款希望能短期借用一時，備發回省人員旅費，嗣見三、四月份新到之撥款通知亦有一千三百萬左右，可供目前之用，允與省府方面再行商洽，能將借額盡量降低最好，否則銀行方面亦有為難之處云。

師友

下午訪直接稅局局長郭濟岸，不遇。適周伯諴由立煌來，據談為關行長幫忙接事云。

娛樂

晚，應地行同人之約在民眾會場觀劇，為豫梆斬鐵龍，評劇王少案及京戲汾河灣與柴桑關，王少案平平，汾河灣票友之作，亦鮮佳處，最後之柴桑關盧花蕩最精彩，惜僅半小時耳。

4月10日　星期二　晴

交際

上午，在第三區專員公署赴張專員威遐之宴，在座有何主席及廖軍長運澤、省府王委員仲裕等。下午三時，潘善齋、吳秉彝兩老先生在楊宅邀宴，凡兩席。晚，地方銀行阜陽分行全體同人公宴，席間余以閒談方式將數年來本行之成就、個人之抱負，以及本行同人應有之認識與見解等多所發揮與闡釋，飯後又談半小時，情感極為融洽，此為余離行後之極足自慰者。

師友

訪張昭民局長不遇。訪江院長濤聲於福音堂基督醫院。同鄉樊卓齋來訪，託寫片介紹關行長將來在其新機關稅務管理局工作，余即備一片，並寫明不及等候到達趨賀之意。

娛樂

晚，觀劇，為鮮靈芝和睦家庭，到時已終場，次為京戲珠簾寨與鐵公雞，均尚可觀，惜為時太長。

4月11日　星期三　晴

師友

晨，江濤聲院長來答訪，並訪何主席思源。晚間，牟尚齋兄來閒談，余告以明晨赴三河尖安頓家眷，牟兄謂銀行籌備事曾與何主席談過，渠以為余對具體事業所擬步驟自屬合理，但環境不能不加以應付，故仍須先成立籌備委員會，部電未覆即由余赴渝請求，期其必成矣。

交際

中午，何主席思源備宴答謝各界，計凡五桌，余及其餘與魯省有關人士亦參加陪客代表。

旅行

中午由阜陽城內動身回三塔集，因何主席改乘車，余騎其馬，走頗快，僅有搖頭與走偏路之病，余騎術不精，馬跑時覺控制頗用力，但於習慣之後，亦覺頗有興致，下午四時抵趙棚。

4月12日　星期四　晴

旅行

晨，將目前不用之物件裝於鐵公文箱內送牟尚齋兄處代為保管，比留早點，至七時所雇之車到達，乃辭出，牟兄及交際科于科長振海送至大門，牟兄約余速返，設財部無覆電即準備候飛機赴渝，余約以十日後當可回趙棚省府，乃行。經過地點與半月前同，計行四里為小新集，續行十二里為柳溝集，續行十八里為張古廟，再十八里至柳溝口，過淮河，又十里至三河尖，共行六十五里之譜，到三河尖時為下午四點，仍寓明星客棧，德芳已先將應運霍邱保存及隨身物品整好。

4月13日　星期五　晴

師友

晨，三河尖驛運站劉國正君來訪，余當託其覓船赴霍邱，承允照辦，劉君乃沈敬修兄之內弟，談吐甚為和雅，下午余到站訪問，承告船已覓定，係包運至任家溝翻壩入湖，計價三千元云云。比參觀其新站舍，一面辦公，一面為服務所，可以招待旅客居住，辭出後回明星飯店休息。晚飯後劉君復來，自稱自幼年失學，即奔波各處服務，自信係一面工作一面學習始有今日者，又平素做事深信須得人信賴始有發展，故勤懇忠實，不敢或渝，設將來山東省銀行復業，甚願追隨，余見其少年有為，原則上即允所請云。

4月14日　星期六　晴

旅行

上午，日昨劉國正君代雇之船，船戶劉姓來到，即將所帶物件陸續運載，因所住棧房即在寨門之內，而寨門外即係河濱，故頃刻即運訖，九時開船，循淮河東下，劉國正君並來送行，談及此船之管理費已與驛運站站長言明不收。開船後行三十里至南照集，為下午四時，因以下無大集，故即歇泊焉。

師友

到南照集訪楊伯韓君於其寓所，楊君數年前即相識，以前在地行時多有業務關係，談頃即辭出回船，移時來船答訪，余詢其由此至霍邱及由霍回程至三塔集時之路程，承詳告一切。

4 月 15 日　星期日　晴

旅行

侵晨船由南照集啟程，因遇頂風，下水尚須拉縴，故速度甚低，二十里至潤河集，再十里至陳營子，在潤河集未到前有小集曰王節流，曾登岸買菜，魚鮮最廉，由潤河集至趙集及汪集為三十里，黃昏時到達，乃停船焉，趙集與汪集為隔河，相距里許，在來到趙集前，河灣風景極佳，有類湖渚，為之神爽。

師友

中午至陳營子訪立人中學捐產人陳家鼎君，已赴潁上校中，其父接見，承留便飯，余與德芳共兩席，菜餚極盛，因楊伯韓與陳氏為至親，今晨曾派人前來通知，故有準備，飯後參觀立人將來新址後，登舟下駛。

4 月 16 日　星期一　晴

旅行

晨自汪集出發，十時行二十五里抵任家溝，此地為由淮河入霍邱城西湖之口門，建有萬民閘，備湖水漫溢時放引入淮之用，由此須翻壩入湖，換船始能抵霍邱，乃重新雇船，所雇之船為去年由河口集至垂崗集所乘，今重遇之，亦云巧矣。在翻壩之前，德芳因對於霍邱人地生疏，不願前往，堅欲改乘他船至正陽關候便回山東故里一行，以當時無船下駛而罷。回憶今春以來生活始終不定，今山東省行事亦尚須一度折衝始能打開局面，亦為之酸楚不置。下午行，八時宿劉崗子。

4月17日　星期二　晴

旅行

黎明由劉崗子出發，船遇順風，行駛極速，上午七時即行三十里抵霍邱西門外碼頭，余先至地方銀行訪趙賢瑞主任，知一週前所託租屋事尚未談妥，乃將全部行李移至行內，置空屋內，趙君並留在行內暫住，余以已非地行之人，原不肯應，後以無相當旅社，即在行內暫時居住。

師友

到霍後同趙主任往訪縣中教員張介忱君，又至東西湖荒地整理局訪夏局長竹軒，託代為覓屋，夏君不在寓，旋二人先後前來答訪，均對租房事允為設法，二人皆在立時舊友也。

4月18日　星期三　雨

師友

昨聞教育廳汪廳長少倫由阜陽轉來霍邱視察，余在阜時因急於回三塔集，致未晤面，今聞來此，理應一晤，乃於晨間偕地行霍處主任趙賢瑞君往訪之於社會服務處，未值，留字謂來霍邱安頓家屬，聞渠涖霍，特來拜候，如能規定時間一談最佳云云，即偕趙君同至雲路看房一所，見地頗潮濕，而門開為西，但為獨院，擬俟再看兩所後比較決定之。回行後下午趙主任來謂汪廳長派人前來通知請至社會服務處相晤，比相偕至，又悉已至青年團支團部矣，為之納悶不已。

4 月 19 日　星期四　陰

師友

汪廳長少倫來訪，詢余在山東省府接洽情形及名義為何，余謂因財政部尚有若干手續，故恐不免赴渝接洽，在未洽妥前恐須成立民生銀行復業籌備委員會，由余主持云。汪氏前日過潁上來霍，對立人中學頗多批評，並反對秋間移陳營子，曲循捐產人之要求云。朱立余科長來訪，渠係隨汪廳長同出視察，由此將於明日赴壽縣隱賢集，晚余往答訪，不遇，留字而返。

交際

晚，東西湖荒地整理局夏局長竹軒在局請余及德芳又趙主任賢瑞吃飯，菜餚極清新。

4 月 20 日　星期五　晴

師友

霍邱縣銀行會計主任陳允中、出納主任陳新來訪，二人皆立煌財廳縣銀行行員講習班時之門生。

藝事

閒居無俚，就余此次過固始時所購「歷代名臣法帖」二、三、四、六等集加以整理，此帖二集為漢魏吳晉人書，三集為宋齊晉人書，四集為梁陳唐人書，六集為王右軍書，其編次內容與淳化閣帖適相同，至淳化閣帖其他各卷則為一卷帝王書，五卷雜帖，七卷、八卷王右軍書，九卷、十卷王大令書，余所購者無之，無從對照矣。此次整理時參閱汲古閣津逮秘書內法書要錄與東觀餘論兩種，餘論內法帖刊誤上下兩卷即係針對此帖而加以考證，所述真偽，頗有見地，且對於米南宮及其他等古人持論頗有出入，固所謂見仁見智，均備一格。要錄第十卷為右軍、大令法帖書錄，余所藏上帖第六卷皆右軍書，係活頁散亂，排比不易，草書則多不可識，釋文最關重要，乃就要錄所記加以對照蒐查，得十餘帖，其餘或因原帖中有脫落，開端腰斬，不易檢查，或因此帖所集容為要錄所缺，均只得從略矣。又餘論考證多有價值，乃另紙書寫夾於帖內，以備瀏覽時參考，大致王帖偽多真少，餘帖則真偽參半，魚珠混淆矣。

4月21日　星期六　晴

師友

葉家集辦事處行員陳明綱過此赴正陽關，特來晤談，據談近來對淪陷區易貨業務已漸漸困難，所易之貨則僅鹽一種，比例復漸趨不利。又聞金券因淪陷區差價極鉅，反應至於內地，聞在河溜、龍亢一帶，每元可升水一元，而霍邱本城亦可升水百分之五十，又五百元大券價值比十元、五元券亦極高云。

看書

擇讀汲古閣刊津逮秘書內「法書要錄」、「東觀餘論」、「廣川書跋」三書，法書要錄為唐張彥遠集凡十卷，此版本前五卷係刊印，後五卷為鈔本，一至四卷為昔人論書短文，五、六卷為竇臮「述書賦」，七、八、九卷為張懷瓘「書斷」，第十卷則右軍書記、大令書記也。東觀餘論為宋黃伯思著，凡上、下兩卷，上卷包括法書刊誤凡十節，以次則皆短篇書辨論說序跋，多有特殊見地，著者且自負壓倒永叔。廣川書跋為宋董逌著，所題跋者以鼎銘為多，偶涉碑帖。以上三書以法書要錄內容為最賅備，因不侷限於一家之言，可以斟酌去取，參照研討也，三書皆仲崇祐兄所藏，自謂明版，或不假借，惟書中有時裝訂錯誤，或偶遇錯誤，又其中手抄部分雖前後工整如一，但書法惡劣，頗不雅觀，不知是否汲古閣本來面目，又東觀餘論中法帖刊誤部分當指淳化秘閣帖而言，余所得歷代名臣法帖未知是否即係閣帖也。

4 月 22 日　星期日　陰

家事

上午，由趙賢瑞主任介紹到沈、裴兩家看房，沈家係獨院向南，而又與房東毗連，互有照應，甚為合適；裴家院落較大，但院內人家較多，惟建築頗為精雅。二所取捨，俟詢明房價後決定。雇女傭一人，助料瑣事。

采風

霍邱位於東西湖之間，北濱淮河，而正陽關相距甚近，交通堪稱便利，同時地方出產甚豐，魚米之鄉，適於家居，飲食方面則米麥參半，生活情形兼南北兩方之長，糧食魚肉均較立煌低廉不少，僅燃料稍貴，建築物雖不乏精善者，然多因年久失修，且多無地板，潮氣甚重，是其缺點耳。

4 月 23 日　星期一　陰

采風

至各舊貨攤觀看有無可用之物件，凡四、五家，大致均以字畫居多，碑帖極少，其餘則衣服、書籍之類。余購開明英文讀本三本，係抗戰前上海所印，極清楚，價僅高出原價三百倍，視一般書為廉也。又見有胡開文製貢硃一錠，乃同治年間物，此為半兩重之墨，而硃紅可喜，一面製有飛鬫齋字樣，似係曾文正公時物，極可珍愛，此外珊瑚印章之類亦多奇物，蓋此地為科舉時之人物薈萃之鄉，今多敗落，遂致流散也。

師友

訪驛運站梁惠周君，面交劉國正君之信，並面託其代為注意，如有順風王節流鄉船隻即通知。

4月24日　星期二　陰

師友

晨，譚漢東兄夫婦來訪，渠係由渦陽、阜陽經霍邱赴立煌者，因在渦陽已擔任田糧處副處長數年，近今人事變動頻仍，頗覺不安於位，詢余將來之出處問題，余以為如不願幹即作罷論，如仍欲幹下去，即須將皖北駐軍與立煌兩方面之關係各各打通，庶可左右逢源，否則以目前立煌人事之複雜，有時受人暗算，即不值得矣。譚兄此次路過三塔集曾與劉道元廳長談及將來回魯擔任工作事，並囑其先擬田賦復員計畫，又謂魯省人士多疑省行復業能否賺錢，見識殊淺。

4月25日　星期三　陰

看書

讀黃警頑編社會交際學，此書雖多有自行標榜之處，但本其數十年之社交經驗，現身說法，自不無其可參考之價值，全書分「一般規則」，與特別性情氣質之人之交際、年齡同異交際、戚族間之交際、夫婦間之交際、與婦人之交際、朋友間之交際、主僕之交際、主客之交際、恩惠施受之交際、與感情特殊之人之交際、與貴族富豪之交際、與身分卑微者之交際、對學問家藝術家之交際、與種種職業之交際、對動物之道、著述家與讀者之關係、與田舍人之交際等，其中以對富豪之交際一章為最切。

4月26日　星期四　晴

家事

經趙賢瑞主任數日來之設法，決定將南大街馬宅之後正屋租進，今晨將租約底稿擬就，代價為行租每月一千元，押租為一萬五千元，辭屋應於半月前通知。又聞此地盜竊頗多，門戶有時不易謹慎，同時如山東省行在界首復業，仍須接眷同住，暫時不用之物件即託地行趙主任代為保管，故此次移居即準備將此等物件留地行暫存。今日同德芳將行李加以整理，箱內所裝品物立簿登記，另將多箱編列號碼，拴以布條，俾便檢查，計提出箱八個又木器兩件，合成十件準備託存。

4月27日　星期五　晴

家事

余到霍已十日，租房事始有結果，天下事雖細小而未必簡單，下午與德芳到所租馬宅屋商洽移入日期，本欲今日即行接住，因其所置物事須騰挪，故不得不待至明晨矣。

師友

地行行員錢德浩晚請客，在座有縣府教育科楊科長，中心學校裴校長等，余為首座。

4月28日　星期六　晴

家事

晨，先著地行行役將所租之屋掃除塵埃，即雇一短工開始將用物逐漸遷移，並由余先來收數，直至傍晚始行搬清，然尚有一部分衣物寄存地行，遷居真不易事也。此次移居因所帶之姚役貴芳回立煌，地行霍處警役又無一得力，且怠惰不堪，晨間打掃空屋亦僅敷衍了事，至於新居之室內部置則全由余與德芳躬親為之，彼等無人前來協助，殊可慨也。

師友

晚，趙賢瑞主任請客，在座尚有夏竹軒局長及統稅齊主任、直接稅席局長等，余為首座。

4月29日　星期日　雨

采風

余居霍邱十餘日，今日本擬動身赴阜陽，又為雨所阻，不克成行，只好再候天時矣，霍邱地處南北交通之衝，故一切情形，非僻遠城市可比，余曾至縣立民眾教育館蒐集資料，見有叢書集成若干冊，乃商務印書館排印海內之孤本叢書，冊數繁多，架置不過三數十冊，詢之管理人員知係以前遭兵燹遷移遺失，至為可惜。又街市賣舊貨者有時頗有較好字畫與少數書籍，乃中落之大戶鬻以自活者。此外為立煌報紙四天可到，且有分銷者，正陽關商情亦甚靈通焉。

4月30日　星期一　陰

看書

連日利用空暇借讀「廿年目睹怪現狀」，此書余前年曾讀過一部分，係世界書局排印本，嗣因敵竄立煌，遂遭遺失，閱時已久，讀至何處中止已不復省憶矣。此次借來者為廣益書局本，僅有下冊，下冊為自第六十一回起，至全書一百零八回終了止，其中所記官場黑幕，較之六十回前更多令人咋舌，如述苟才之獻媳謀官，苟才之子之毒殺其父以圖謀財產，符彌軒之虐待其祖父，張百萬之受騙謀帝位，言中丞嫁女於曾為像姑之侯總鎮，復移花接木以丫鬟冒充出閣，葉伯芬之老夫人和解子媳因拜妓女為師母之說辭（此段寫來最精彩），江寧藩台因報復蘇州撫台而勾結內廷予以調缺自謀升遷接替，莫可文以弟婦為夫人而復杳如黃鶴，均為駭人聽聞之事，著者生花妙筆寫來，極有意致。余意此類小說對世道人心可有諷刺作用，而未必能有良好影響，因在末俗之下，未必以此為恥也。

師友

下午，霍邱地行辦事處主任趙賢瑞來訪，談及地行人事動態，又謂安徽省稅務管理局自關行長往接後尚無何等動態，聞立煌稅務分局局長吳新濂已奉令看押云。

5月1日 星期二 晴

感想

因等候驛運站通知能否乘風開船，晨間即準備就緒，但該站並未通知，想係風向不順之故，乃利用時間至民眾教育館瀏覽圖書，所見有最近重慶寄到之雜誌如讀書通訊等，又有中學生月刊，余觀其英語欄有一文談英文發音，其中所述韋氏標音法之缺點與國際音標之簡單進步，皆余所不知，足見學問之道，日新月異，余在中學、大學英文程度均不甚低，但極普通之現代語文常識則不知之，固步自封之危險有如此者，可不懼哉。

5月2日 星期三 晴

旅行

晨，候船戶前來通知至早飯後未至，乃親至碼頭察視，適驛運站工役在碼頭，余詢之始知梁會計已代定一船，即日風順可放王節流，乃回寓整裝即發，時已八時矣。船初行尚順風，旋改西風，逆風而進，賴有搭客幫忙點篙，得拉縴至高唐集，甫至郊外，河邊有從軍青年數人，必欲借此船回霍邱，交涉無效，此輩蠻不講理，一般皆視為蛇蠍，「青年軍」至有廬舍為墟之慨，捨舟後步行十五里至薛集陶姓飯店歇宿，今日共行水陸路六十五里。

5月3日　星期四　晴

旅行

昨日捨舟後適有同舟王節流一人代為肩行李，至薛集，今晨仍由渠肩挑送至周集，代雇土車直至三塔集為目的地，所取途徑為由周集至南照集，復至張寨，再至華陀廟張家店子而至焦坡集，由周集至南照集為廿里，至張寨又卅里，張寨至華陀廟八里，又至張家店子亦為八里，更至焦坡集復為八里，故今日共行車路六十四里，加入步行八里由薛集至周集，總計七十里強，其中因車夫飲涼水致疾，徒步亦達三十餘里云。

5月4日　星期五　晴

旅行

晨由焦坡集動身，以車夫染病，而力又不足，余昨已步行二、三十里，不能再耐，故另雇一車，繼續西行，凡十五里至許堂，稍憩後西北行，五里至趙棚山東省政府，仍住交際科辦公室，今日共行二十里。

工作

晤牟尚齋兄，據談關於省銀行復業事已接財部卯微電主緩議，余觀其電文措辭甚活動，似乎不無轉寰餘地，而今晨省務會議亦主續請務達目的而後已，牟兄即謂仍以赴渝面請為宜，余意甚然其說，余為此事已奔走月餘，深知省府不肯獨斷獨行，故亦覺赴渝始可打開也。

5 月 5 日　星期六　晴

工作

上午，謁見何主席仙槎，何氏先在門首與余相遇，其實正出外散步，比歸始談，故似已先行考慮民生銀行之問題，又似乎先與牟尚齋兄已作一度商談，因之劈頭即問不經核准能設行否，余答財部有不准之表示，何能再作故違之舉，但電文頗有轉寰餘地，並未至絕望境地，赴渝面請，或可有成，何氏即謂在渝有省府辦事處，同時裴鳴宇委員亦在，人甚多，何必再往，費用勢達數十萬，余謂電文語焉不詳，以前如銀行事與中央機關凡有交涉皆有隔靴搔癢之感，如仍採此方式，使事態愈趨愈僵，痕跡愈亦顯露，恐非所宜，至用費如航空前往，亦屬有限，在渝除非為達此目的而對財部方面有所應酬，亦絕不需要十萬之多，何氏即謂望與牟秘書長商酌，一面電請，一面辦公文帶往面請云。談後余與尚齋兄商談，仍均以為非去不可，乃由牟兄通知張秘書主任辦稿，同時由余草擬理由要點數項交主管科科長朱潤成兄參照起稿，俟手續辦妥即赴臨泉候飛機云。

師友

下午，牟尚齋兄偕孫化鵬、仲韡堂兩兄來訪，均在南京時舊友，已七、八年不晤矣，孫兄原在中央軍校駐魯幹訓班擔任教官，現該班結束，將轉來省府工作，仲兄曾在魯游擊，現在無線電台工作。

5月6日　星期日　晴

師友

晨，仲韡堂、孫化鵬兩兄來訪，仲兄在無線電總台工作，約今晨到其所住地點吃飯，三人乃一同前往，並作長談，二兄皆直接間接參加部隊中工作，對於各種黑暗現象，知之甚稔，大致軍人而有現代思想者極鮮，復一味剛愎自用，驕而且貪，利用機會經商自肥，固無論矣，甚至戰前一般最普通之軍紀亦不能維持，而其最影響社會乃至民族健康者，厥為性生活之隨便，軍行所至，良家婦女引誘成奸者不可勝數，馴致昔之風氣良好地方，亦皆使婦女視節操如無物，鄉村花柳病盛行，現象至可憂慮。山東數年來所遭受之游擊隊、偽匪軍蹂躪，幾遍全省，今日社會風尚已大非昔比矣。飯後同仲兄至小于莊訪李顧問書忱，不遇，又回趙棚與孫、仲兩兄作縱橫之談，認為現在軍事政治均尚向封建之路倒退，國家曙光尚遠也云。

工作

查閱山東省民生銀行清查委員會卷，並摘錄其要點以備參考，該會之重慶分會工作甚有成效，去年告一段落時曾編成總報告，惜尚未寄到，今春該會結束，房屋則交保管處保管，清查期間所獲成果為前副經理宋福祺匿收債款，經追始交出一部分，後即無人負責矣。

5 月 7 日 星期一 晴

工作

下午，與牟尚齋兄談赴渝應準備之事項，余就思慮所及，條舉數項，留供其參考，並請從速準備，計為：（一）省府致財政部請准恢復民生銀行之公函，（二）省府致駐渝辦事處請速事協助並支援費用之公函，（三）致臨泉指揮所介紹乘坐飛機之公函，（四）同上私函，（五）護照，（六）旅費。

見聞

晚，牟尚齋兄來閒談，在座尚有福山書記長王秋圃、棲霞書記長于永之、十一聯中校長杜仁山等，並向主席處取來美國軍用地圖一種，係用煤製橡皮性人造絲印成，極精美，此人造絲係初次見。

5 月 8 日 星期二 晴

師友

晨，仲韡堂兄來訪，同至小新集趕集，即就集上飯店吃飯，仲君堅持會帳，同時辦就下午菜品，約下午至其住處吃麵，至時前往，在座尚有政務廳張洲三君，係平原人，飯後同仲兄至郊外散步，便中即往訪六里莊居住之李顧問書忱，漫談山東及此間種種，又據仲兄談及山東境內情況，現在局勢日蹙，工作人員來阜者，漸呈流落狀態，政府財政不足開支，所養警備旅紀律不佳，處處表現頹廢色彩，設非德國在歐洲業已投降，東亞戰爭曠日持久，殊不樂觀云。

5月9日　星期三　晴

工作

晨，與牟尚齋兄再度商洽應辦事項，用紙條一一列舉，並將致財政部咨文稿共同核定，即行發繕，余赴渝名義亦正式研定為山東省民生銀行復業籌備委員會主任委員，旋研討旅費數目，余只需由此赴臨泉之數，牟兄謂恐在臨久候延誤，用費較多，謂需五萬元，余領四萬元，以免攜帶太多，不甚安全。又接洽飛機，除致臨泉指揮所公函外，尚須私函致各關係人員，以資便利，惟至晚間為止，除公函及證明書外，尚未繕就送來，只有明晨辦妥再行出發矣。

5月10日　星期四　陰

旅行

晨，將省府所備各公文檢齊，由趙棚出發赴臨泉，前來送行者有總務廳秘書主任孟石符、第三科長朱澤生，送至寨外者為牟秘書長尚齋、第五科前科長于振海、現科長祝廷琳及仲韡棠、卜文熯君等，廿里至柴集早飯，於經過途中十里處伊老閣訪林鳴九兄，不遇，由柴集再行二十里過楊集吃茶，復行十里至歐廟入臨泉境，又廿里到高塘集歇宿，住於大街與鄉公所橫街轉角處之飯店，夜間跳蚤奇多，不堪其擾，半夜聞門外槍聲連續三發，鄉公所良久始往問，知槍殺一紙煙販，想係仇殺也。

5 月 11 日　星期五　晴

旅行

黎明由高塘集出發，十八里過定廟早飯，十二里至邢堂有集市，因須有事接洽，北折至汾灣，訪十五集團軍高參王中民，接洽赴渝飛機事，因該地駐有航空站美國人員也，惜不遇，留介紹信而行。十里至臨泉，住地方銀行內，兩日共行一百廿里，乘坐土車，省府派隨役一人服侍，到臨時即遣返。

工作

將省府致指揮所代電洽飛機事送往，並函何主席請轉達何副長官約時往見，余即在城守候焉。

師友

下午，由徐主任邦翰陪同往訪魯籍人士指揮所總參議韓多峯秀岩氏，此人甚慷爽而有見解。

5 月 12 日　星期六　晴

交際

晚，韓多峯同鄉請客，首座有何主席仙槎，其次為余，此外為十戰區臨泉指揮所黨政處副處長褚道庵、指揮所交際科長蔣進先、直接稅局局長朱仲湘等人，菜餚頗豐，五時散。

看書

讀老舍著五幕劇「歸去來兮」，描寫一家庭，父為商人，子則有死於抗戰者，有志於報國者，結局子均報國，女則為流氓所誘，姨太太隨人逃走，香港淪陷，本人又損失不貲，結果一場春夢。此為一抗戰劇本，宣傳意義上尚有價值，藝術上則較不足道，對話亦有欠鍛鍊處。

5月13日　星期日　晴

交際

上午，應褚副處長道庵之約到指揮所吃飯，首座亦為何主席，飯後同徐主任邦翰到黨政處主任秘書茹錫五及政務科長顧警民處拜訪，又到指揮所秘書處長胡蘋秋處相訪，據談因前次赴渝一批官員乘飛機時，濫帶物件且招搖宣傳，美人大為不滿，呈奉其上級以後不准搭乘，但昨又去電請求，如有希望可以乘坐，即行通知。辭出後往訪交際科長蔣進先，歸時步行進城（去時係乘韓多峯氏之馬同往），傍晚褚道庵副處長等前來答訪。

5月14日　星期一　晴

旅行

因等候臨泉指揮所通知飛機消息，似尚非一、二日可到，乃藉機為界首之行，一以拜訪友好，一以觀察市面。晨由臨泉乘土車出發，循公路北行，但其中有因公路破壞而改易途徑者，沿途無大集，在一飯店食早點，中午抵劉興鎮，凡四十五里，飯後過河，逕至至公街，即住於安徽地方銀行界首辦事處。

體質

今日路中風沙襲人，余衣單又不及添著，抵界首時即覺頭微暈，繼與行內同人談天，即覺精神不支，晚飯雖菜餚甚盛而不能下嚥。晚早眠，夜間腹微痛，不能酣睡，頭痛極劇。

5 月 15 日　星期二　晴

師友

上午，訪戰區指揮所物資封鎖監察處陶處長己任，不遇，留片，以示余已到此，蓋在臨泉時曾託徐邦翰兄打聽消息，如有飛機到達，即行通知，是否美方准予乘坐，亦予通知，其電話即請陶氏轉也。

娛樂

晚，地行購票由行員王鵬飛君陪余至民眾舞台觀河南梆子戲，為田岫玲之殺狗勸妻及關立品之繡鞋記，殺狗勸妻又名曹莊殺妻，余前曾觀徐豔琴演過，田伶演來不相上下，繡鞋記則不曾觀過，聞田、關二伶勢均力敵，壓軸戲逐日輪流為之，大致田以藝勝，關以色勝云。

5 月 16 日　星期三　晴

師友

上午，訪吳耕陽君於安徽企業公司，據談今後易貨業務前途黯淡，到復記貿易信託公司訪詹子慧兄，並訪來界寓該公司之陳鐵、江伯城二人；到鼎泰莊訪陳鼎彝及內寓該莊之盛頌文、張藩國二人；訪金參政員幼翰，渠欲改至立煌候飛機赴渝；訪王站長余農、劉局長景武均不遇。

娛樂

晚，約地行界處全體同人及瑞中公司吳耕陽、劉悅民在民眾舞台觀劇，為關立品之女探山，甚短，田岫玲演「女貞花」，為一瘋瘋女救夫自救之故事，極曲折動人，唱作俱佳，女貞花為劇內曲名。

5月17日　星期四　晴

師友

上午，金參政員幼翰來訪，談昨晚與陳興生、江伯城二人來訪未遇，渠仍決定回立煌等候飛機，余則仍在臨泉等候，雙方機會多少原均不能預料，故相約將兩方面情形互相通知以資聯繫。

交際

晚，安徽地方銀行界首辦事處同仁柏大權（因病由其夫人代）、方正、方受恆、李文達、趙敬椿、王鵬飛、洪時應、蘇國生合請余於行內，被請者尚有天津成興茶莊王雲雁、界處即調霍同人李天和。

娛樂

飯後應約至民眾舞台觀劇，為關立品、田岫玲合演「佛手橘」，情節不完全瞭解，唱作平平。

5 月 18 日 星期五 晴

師友

上午，吳耕陽君來訪，長談數小時，渠於當前軍事政治工作不夠而又諱疾忌醫之現象認為乃嚴重之病根，尤其軍事當局就地營商籌款，干涉行政，幾類以前四川之防區制，最後不免招致失敗，惜呼主其事者不能覺悟也。上午，地行界首辦事處之房東饒進軒君來訪，渠於余去年駐界時常相過從，為人尚謙厚，據談近來東西兩方相處不甚圓滿，一為房租增加不能如彼方之願，二為自去年界處一度撤退後行員即行為漸漸不檢，現除一兩有把握之人尚能自持外，其餘皆有冶遊之惡習，甚且召妓留宿行內，房東為之大不滿意云，按界首風氣奇壞，不有把握，即不免失足，可怕之極。上午，再往第十戰區臨泉指揮所物資封鎖監察處訪處長陶已任，陶工作甚忙，余略談即返。

交際

中午，地行界首主任柏大權兄在行宴客，所請與安徽有關之人員，如新任企業公司協理周通夫、警察局長劉景武、驛運站長王余農、企業公司界首辦事處主任吳君等，柏君病由方會計代陪。

見聞

所在地軍事當局以財政經濟雜糅不清之手段籌款，近情如下：物資封鎖監察處控制運輸工具，對進出貨物一律從價收費百分之五，給證放行，另設有革新運輸公司，代客統運，即由各運輸行承運，運費外加手續費百分之十，此點與驛運站編組伕具及扣一成管理費兩者互相彷彿，故抵觸摩擦，經常不免。此外今春財政部緝私機構與貨運管理處未撤銷前，曾由此方面與湯恩伯、何柱國兩部合組裕源企業聯營股份有限公司，現安徽企業公司又加入，各二千萬，另他股二千萬，共一萬萬，辦理對外易貨，其他經營進出口者必須透過該公司，由該公司扣收百分十五之手續費，惟此點對於大戶如湯方及安徽企業公司未能照辦，所統一者實亦僅若干小戶耳。又華僑興業銀行乃由當局利用招牌所設，並附瓊記貿易信託公司，經營貿易，至實際收益僅知監察處主管上月收入八百餘萬，餘不詳。

5月19日　星期六　晴

看書

讀茅盾著「見聞雜記」，為著者二十九至三十年間由迪化至西南一帶所見公路情形，以及因戰事物價之刺激而發生之頹廢淫靡現象，均足發人深省。關於新疆風土，綴成雜憶一篇，亦頗有趣味，亦唯此篇對筆墨之浪費較少。讀田漢、洪深、夏衍合著四幕劇「風雨歸舟」，以香港尚未淪陷前各種人物在港之活動為主題，刻劃當時各類人物之心理狀態，對話尚甚有刺激性，但故事凌亂，人物太多，不能把握重心與高潮之所在，雖屬三人合著，亦未見成功也。

5月20日　星期日　微雨

交際

中午，天津成興茶莊王雲雁君在希來飯莊宴客，被請皆地行界處行員，另有一經營匯兌之山西雷君，據談現在後方貨價因東路貨不能運往，漲風頗盛，尤以顏料為最，可高過此地三倍之多云。至於王君係調款至立煌買茶，因偽鈔跌落，恐有虧蝕，據稱業已止辦，來款候機會調後方云。

看書

讀味橄著「偷閒絮語」，為小品文集，以「追懷柏鴻先生」、「悼學儀」、「我怎樣學習英文的」、「步行偶感」、「誤解」、「春畫考」等篇為較有趣味，此書中華書局印行，印刷紙張，均臻上乘。

5月21日　星期一　晴、晚微雨

師友

晨，十戰區臨泉指揮所物資封鎖監察處處長陶己任前來答訪，據談前日傍晚之飛機炸彈聲音係轟炸大劉寨飛機場，但我方並無損失，僅牛一頭遇炸云。途遇皖北稅務管理局副局長張昭民，下午即至其所住之天一商行訪問，據談自關子高接任局長後，渠即決意求去，現在局內秘書三人全換，第六科長換張國益，人事室主任換許異我，其餘分局亦略有變動，但以管理局之更動為最多，公費超支每月達四十餘萬。張君又談前日曾至大劉寨飛機場訪友，在附近候搭乘飛機者甚多，聞由此搭機赴渝已屬不易，在渝公畢回程則恐絕無辦法，此點應予考慮云。

看書

讀錢歌川著「英語學習法」，全書分八章，分論發音法、拼字法、句讀法、單字記憶法、文法初步、成語學習法、翻譯法、字典用法，尚屬簡單扼要，發音部分採用國際音標，但惜乎解釋簡略，較精彩者為單字記憶法內所提供之語根、接頭語、接尾語等，將英語固有與由希臘、拉丁、法國等語而來之語根、語頭、語尾均扼要指明，不惟能幫助初學者之識字，且可以闡明英字構成之來源，其次成語部分亦經著者強調其重要性，見解亦甚正確也。

5月22日　星期二　晴

交際

中午，界首警察局劉局長景武及驛運站王站長余農在希來飯莊請客，在座有安徽企業公司協理周通夫、中和醫院院長高繼之、通泰公司吳耕陽、安徽企業公司界首辦事處主任吳慶寅、協呈公司經理何裕如，席間高院長談新藥發明之日新月異，例如硫磺醯製劑為近六年來之創製，初為消發滅定，次為消發皮爾定，再為消發安素，更為消發代因，至今已更進步而有頻士靈，為由汽油提煉而成，目前尚未公開發售，僅為美國軍用，對多數炎症，均能奏特效。

看書

閱張恨水小說「如此江山」，寫一大學生周旋於二女性之間，最後覺悟不應在大好江山浪費光陰談情說愛，而由廬山不告而別，最後來信說明其志趣在赴蘇習航空，以為報國之圖，結局可謂善於布置，但最後又述二女接信後追至上海，甚至湊巧同艙而往，至此又復嘎然而止，則有類蛇足矣。大抵著者寫法仍以歌臺舞榭中人物為最見長，寫學生生活則無論性格描寫以致人物對話，皆與實際不能全合，而故事發展亦恆有陷於單調之缺點。余所知其最失敗者為「似水流年」，此部僅稍勝一籌，以較其所寫春明外史，秦淮世家，啼笑姻緣，則均不如遠甚也。

5月23日　星期三　晴

家事

地行界首辦事處行員李天和君奉調霍邱辦事處會計員，余以德芳住霍，購帶用物，機會難得，乃連日酌量買就若干，昨晚交李君，今晨動身帶往，計有天青色毛質海力蒙長衣一件，係上海來，有九成新，尺寸寬大，極便改用，色澤質料均臻上乘，聞上海價須偽儲備鈔十萬左右，合法幣萬餘，在界六千元得之，殊為不貴，又貝林牌髮油大號一瓶，在內地他處不易購致，又有屈臣氏寶塔糖十四片，為小兒治蛔蟲用，又本月廿一日為紹南生日，贈短襪三雙，做為禮物，此外有德芳用緞鞋面三雙，兩黑色，一絳紫，均為新式繡花圖樣，即在界亦不甚多，另有髮夾兩打，雖係普通貨色，但在他處可購者亦僅此而已，以上除髮油自成一包外，其餘共成壹個包裹，交李君連信乘船經正陽關帶霍邱。

采風

界首余去年春間曾駐此，其時商業情形較現在繁榮，自去年中原戰爭後貨運不暢，東路所來之貨出路不易，已受影響，今春南陽又起戰事，貨運幾於完全斷絕，市面遂大為衰落，惟河溜方面來貨仍未停止，則因淪陷區畏懼盟國飛機轟炸及偽儲備鈔日漸跌價，雖不能將貨即售，亦願運界首圖以待市，至於淪區士女遷居後方過界滯留者亦大有人在也。

5月24日 星期四 晴

交際

中午，應吳耕陽君之約在社會食堂用西餐，閒談安徽政情及界首金融業應循之發展途徑，據談江蘇農民銀行早在此間籌設分行，因時局及省府人事變遷等關係迄今未能成立，同時省府所約之主持人亦似非金融業中人，於業務不能扼要，亦為最大阻礙，而經營淪陷區匯兌又必須有能在淪陷區活動，同時為彼方商民所信賴之人，照此條件，似均非該行所具備者云。晚，第十戰區臨泉指揮所物資封鎖監察處陶處長已任在寓請客，到者有余及安徽企業公司周協理通夫，以次為界首警察局劉局長景武、界首驛運站王站長余農、裕源聯營公司侯英、徐子久及監察處湯、李兩副處長，李字一鳴，山東惠民人，相談甚歡，飯後王君余農同余至地方銀行閒談，談及封鎖監察處對進出物資以收稅其實而代運為名，收取從價千分之十運費並編組伕具事已與驛運站協議互助，彼此均大致可以不相觸犯，至該處所收外加一成之運費原係私弊，業已取締云；又談前次張岳靈君來界與指揮所方面洽談貿易聯繫事，此間對於裕源統制物資收取一成五之舉措不肯放鬆，而監察處所收之千分之十運費亦不允免除，現在始勉強以記帳方式延宕此問題之解決，可謂交涉毫無成效，而張來此時頗有以長官部有權管理皖北之意味對此間君臨之姿態，亦極引起此間之反感，甚至近來有一種口頭禪，謂安徽省府及長官部對指揮所不應有「收復失地」之態度，蓋以前皖北為湯恩伯總部之勢力範圍，自今年十戰區成立，長官部與省政府始形式上將力量達到皖北也云。

看書

讀張恨水小說「歡喜冤家」，主人公為一女伶及其下嫁之低級公務員，此女伶立志脫離色相生涯，嫁一青年，雖清苦自甘，甚至井臼自操，但仍不能改變周圍之歧視目光，其夫婿則官場失意，無以維生，萬般無奈，至令其妻重新登台唱戲，受盡種種辛酸與刺激，只有奮鬥失敗之過程，全書三十二回，幾乎毫無結局，而嘎然終止，故雖描寫曲折細膩，極盡能事，故事發展終不無缺陷也。書中有極諷刺之對話與描述，如謂世界萬事無如做官容易，只須能識字辦公事即可機取金錢享受舒適生活，但一旦失勢，別無一長，云云，可謂一針見血。又謂書中男女主人公既在與環境奮鬥而又與環境妥協，緣是一切痛苦均相因而至，云云，此數語於小資產階級之無勇氣無毅力，亦可謂一語破的，此書尚稱佳作也。

5月25日　星期五　晴

看書

讀「予且短篇小說集」，書中凡收小說八篇，計為雪茄、君子契約、傘、酒、考慮、微波、照相、求婚，作者之筆調以輕鬆飄逸見長，余前曾在新中華雜誌讀其作品，頗有意致，此數篇之作風無異，惟有故作驚人之筆，虛構情節，以致與事實逕庭，反使作品為之減色者，如君子契約及求婚兩篇，世上殆絕無如此荒唐之事，殊不可取也，其餘數篇則均無大疵，僅微波一篇之結尾亦陷同一窠臼，否則應以此篇為最成功，蓋其作風至此已達高峰也。

5月26日　星期六　晴

師友

下午，地行界首辦事處柏主任大權前來商談，渠臥病半月，現始起床，據談此間官方及半官性質之經營商業者，有種種抵觸摩擦之情形，而淪陷區來貨日少，運具日難，易貨業務已成強弩之末矣，至淪陷區移入資產者仍多，此項業務實大有承做之價值。傍晚，皖北稅務管理局張副局長昭民來訪，詳談該局處理直接稅與統稅兩種部門不能劃一之困難，最近部令又將分為直接稅與貨物稅兩種機構，人事如何演變，正未可料，渠對現任局長關某，卸任副局長趙清黎印象均劣。

5月27日　星期日　晴

看書

閱張恨水小說「新斬鬼傳」上冊，因無下冊，且內容失之生澀，故未續閱，此上冊所描寫者為諷刺鴉片鬼、不通新文人、假道學、登徒子、吝嗇人等，遣辭立意，不無可取，惟有時不免牽強耳。

娛樂

晚，應柏大權兄之約到新舞台觀劇，除開場戲外，第一齣為羅蘭芳之京梆岳雷招親，唱做配角均極平常，最後一齣為北平新來老生靳霈亭之打鼓罵曹，靳唱工頗好，惜嗓子嫌窄，說白不清，身段不穩，更加配角無一足觀，劇場秩序嘈雜，故未能滿足觀者之意焉。

5月28日　星期一　晴

師友

晨，安徽財政廳袁秘書興業、田督導員治來訪，二人係因公在臨泉辦理出售省糧事，抽暇來界首一行，袁君將辭去財廳職務改至臨泉指揮所任秘書，因渠係東北人，頗欲將來有機於反攻時回至北方云。去冬起先後託柏大權主任在界首代購零星物品，承其墊款數千元，此次來界又蒙招待一切，頗覺不安，今日送國幣一萬元，謂為還款或贈其最近大病後之營養費，均無不可，但送往後拒不肯收，再送又退，三送又潛回余床頭，終未解決。

5月29日　星期二　晴

師友

上午，到界首警察局答訪寄住之袁秘書興業與田視察治，漫談皖省政情及此間對敵經濟動態，現在淪陷區所謂華中情形因受盟機轟炸而陷於紊亂，偽幣跌落，物價奇昂，且物資漸漸缺乏，故正陽關方面進出口日見困難，歸德方面為敵區所謂華北，尚有鹽布等進口貨，換取內地物資如漆、桐油、麻等，惟此類物品非皖北所產，尚須由淮南收購，此間對出口設立聯營公司統一訂約辦理，係以十戰區臨泉指揮所為秉承，立煌方面統制出口物資係以十戰區長官部及皖省府為秉承，雖同一戰區，而有分庭抗禮之勢。今日並晤及劉局長景武，頗主張如企業公司有貨不能出口，又顧全面子不能受此地聯營之統制，毋寧將貨以其他商人之名義交聯營公司出口之為愈，實則此類事如政令統一，根本不致發生問題，徒因大利所在，立煌、臨泉兩方均為本身謀利起見，一以生產輸出統制為手段，一以貨物過境統制為手段，相持不下，形成此種怪現象，尚無術可以解決。昨送柏主任大權一萬元，余見其堅持不收，亦即未再送往，至所欠人情，只好待以後有適當機會再為彌補矣。

5月30日　星期三　午暴雨

交際

中午，鼎泰莊主要人員陳鼎彝、徐子久、王竹夫、侯英、王俊丞在該莊請客，以余為首座，其次為界首地行柏主任大權、三河尖驛運站余站長璋、此間驛運站王站長余農及其他客人陳醒明、楊家濟、吳東璧，又該莊金仲剛等，席間能飲者不多，余成為目標之一，稍有逾量，後當切戒。

看書

閱李燃犀小說「津門豔迹」，凡十五回，以天津下層社會之種種矛盾，如勢力範圍之爭奪，娼寮內爭風吃醋之奇形怪狀，以及鬥蟋蟀、通尼姑等，均為書中穿插，行文全用天津白話，寫來頗有意致。

5月31日　星期四　晴

娛樂

晚，應柏大權君之邀觀河南梆子戲，為關立品、田岫玲合演之平楊膽，以關為主角，唱工頗繁重，故事為樊梨花與其小姑之爭奪，情節類似京戲樊江關，而曲折較多，關伶唱作俱佳。

采風

界首在豫皖交界之地，風土近似中原，見有迎娶者以兩組吹手對吹，且吹且行，行走極慢，觀者為堵，所吹則與梆子戲同調，雖有失婚禮之隆重性，但悠揚入耳，頗有意趣。市面小票充斥，購貨者均挾大捆於腋下，銀行不能盡量吸收存款，票據不易流通，大應改進也。

6月1日　星期五　晴

看書

讀周作人著「書房一角」，為作者之筆記，計收舊書回想記廿八則、桑下叢談四十四則、看書偶記六十一則、看書餘記五十八則，所記皆有關書籍版本及內容評價等，文章蘊藉雋永，仍其廿年前之作風，余中學時喜讀當時刊行之語絲，作者即其中主幹，今日讀之，猶為其細膩滋潤所動，而於作者涉獵圖書之廣博，尤覺如得未曾有也。閱井坂錦江著、孫世瀚譯「水滸傳新考證」，計分政治、思想、宗教、社會、習俗、性情、學藝、衣食住、經濟、法律、武藝、植物、動物等章，後附水滸傳梗概，係將本書故事分回敘述，所本則一百廿回本，余十餘年前曾閱水滸傳係七十回本，故事已不能全憶，而七十一回之後，則根本毫無影像，今見梗概內所記，此部分偏重宋江招安後之武功的描寫，勝敗往往涉之神力，與前七十回截然不同，始知以前考證此書者多謂七十回以後非施耐庵原著，大有道理，此冊新考證係由書中故事記述分析當時文物制度，乃至中國人特有之民族性，雖稍嫌枯燥無味，但其所用功夫，實未可等閒視之，蓋有心人也。

娛樂

晚應柏大權夫婦之約到新舞台觀劇，為靳霈亭失街亭、空城計、斬馬謖，尚佳。

6月2日　星期六　晴

交際

下午三時，協成公司經理何裕如在寓宴客，在座皆鼎泰莊等處人，席間有對蝦，云是由海州帶來，乃八年來所未嚐到，又其床上居然有鴉片燈槍，亦為現在所不經見者。晚，地行界首辦事處同人公請余及該處調升潁上辦事處主任之方正君，主方凡八人，有數人飲酒逾量，晚間未能觀劇者。

娛樂

晚，約地行全體同人在民眾舞台觀河南梆子戲，因飯後出發稍遲，到時田岫玲所演「老北京」已近尾聲，最後為關立品之「蘭花山」，故事為韓湘子出家，演來唱作均甚可觀。

6月3日　星期日　晴

師友

訪驛運站站長王余農君，託其代雇船隻，因余在界等候已廿餘日，飛機毫無音訊，立煌有人來電謂由立搭乘機會較多，與其守株待兔，不如改弦易轍也，王君答謂如小輪放正陽關，可隨小輪較速，否則改民船，余擬明日如適順風，即行動身。柏大權主任來談其本人志趣，以為在此任辦事處主任已久，將來發展機會並不甚多，深願另圖發展，甚至如能至後方升學，則有數年光陰，學歷可與經歷相與配合，希望較大，銀行界人有此志氣者可謂難得矣。

6 月 4 日　星期一　晴

看書

讀蔣伯潛、蔣祖怡合著「經與經學」，全書分二十章，解釋經之意義、今古文之區別、十三經之內容概要、六經之傳授、今古文之分合、經學之衰落與中興、今文學之復活、文字學，全書不過十餘萬字，而內容包括材料極為精審扼要，且有若干見解，與近數年所發現之新資料可以互相印證，此作堪稱難得，至於作者之立場，由全文觀之，大體能保持客觀與批判之態度，惟於今古文之伸抑，則似乎極推崇今文學家，於古文派則多抨擊也。

娛樂

晚，應柏主任邀至民眾舞台觀劇，為關立品、田岫玲合演「玉虎墜」前部，自入庵起，至遇劫被送下山止，計兩小時，情節動人，唱作均佳，說白又盡細膩之致，可謂珠聯璧合，為豫梆傑作，此劇余前年曾看過關伶與另一陪角演過，所飾角色不同，而均能勝任愉快，今日係將主角讓之田伶，田於若干小節亦有其特長之處，惟田伶唱做以河南地方性為較重，關伶則風格自成耳。

6 月 5 日　星期二　晴

旅行

晨，地行著人與驛運站接洽雇船赴潁上轉立煌候飛機，旋船戶來，屛擋就緒即於八時上船，柏主任大權送至碼頭，開船行甫三里，大風即作，因逆風難行，在岸暫泊，直至下午一時半風勢稍歇，乃繼續前行，至五時半到舊縣集停泊，凡行五十里，此船王姓，潁上人，與余去年所乘之王姓船亦相識，一路招待，尚稱周到，沿途見鄉人在場打麥者極多，有時揚起麩糠，飄至船上，頗富鄉趣。又據船戶云，昨日東下終日順風，如昨日動身，當日即可到阜陽，余始知前日託驛運站雇船，根本即未代辦，初以為昨日逆風故未來告知者誤矣。

6月6日　星期三　晴

旅行

黎明，船由舊縣集發下駛，仍為逆風，至上劉集，凡行四十五里，風愈大，乃就河濱停避，直至午飯後始繼續前行，落暮時抵阜陽下游廿五里之袁寨，今日共行一百零五里，亦可謂速，此河水流甚急，風力不能與水力相抵，而余所乘之船，長僅兩丈，桅杆卸倒，風力阻礙甚小，故仍日行百里也。

見聞

聞之船家云，現在商貨運輸仍不能暢，如統稅縮小範圍，直接稅不收行商，雖已見諸中央法令，而下級並未實行，故運貨一船，仍必須分完各稅，有時留難重徵，實際勒索陋規，至若非稅收機關之驛運站亦按貨價收費，軍警稽查機關亦勒索小費始准通行，種種黑暗情形不一而足也。

6月7日　星期四　晴

旅行

晨，由袁寨（即中流村）出發，不久即又起東風，舟逆風難行，旋行旋止，或搖櫓，或拉縴，均不能使速度加增，至河流有彎曲時往往風浪特大，船身顛簸最甚，故遇此等河道，即須傍岸等候風浪較平時續行，在等候之時，船上恆全家登岸拔麥收後所遺之麥根，以為船上燃料，烈日如蒸，遍山為收穫及拾草之人，農村生活苦楚，覺安坐舟中，直有天上人間之判，余所乘船為年餘之新船，極整潔，船家招待客人亦復周到，晚間睡眠暢適，絕無蚊蚤，亦快事也。

6月8日　星期五　晴

旅行

昨晚宿新集，今晨仍逆風續行，經過江口集、新廟灣等地至潁上，其時不過下午二時，因風大不能續進，今日行五十五里，昨、今兩日共行不過百里，進度殊屬遲緩，然亦無可奈何也。

師友

下午至潁上城內立人中學訪韓學玉兄，並參觀學校，連帶晤及者有訓育主任馬逢伯、教員門靜濤等，事務主任陳家鼎則赴陳營子籌建新校舍，比承韓君留用晚飯，飯後余即回舟歇宿，韓兄踵至答訪，談本學期情形似尚不能完全協調，談至夜深留船共宿。

6月9日　星期六　晴

旅行

晨，自潁上與韓學玉兄分手後原舟東下，二十里至三道沖，此地距劉集十里，距垂崗集八里，而由劉集至垂崗集則為十二里，乃由此下船，由船戶代雇挑夫陸路至垂崗集，到時先至對河之湖邊詢問有無去霍邱船隻，船雖有而逆風難行，恐耽誤時間，乃雇土車一輛，十時出發，循淮河北岸下行，至張台子過河，過河後再乘渡船過湖，尚係順風，過湖後至黃家廟，凡二十里，水陸各半，由黃家廟經絨花樹、陳家埠至霍邱，已黃昏時分，此三十里甚長。

6月10日　星期日　晴

師友

上午，同德芳到北門裡探望住鄰布店店東孫老先生之病，係肺病，年逾七十，恐甚纏綿，余因德芳住霍多蒙照料，故贈糕餅兩色。地方銀行辦事處趙主任賢瑞及李會計員天和偕來訪談，二人係聞行役云余回霍，此行役適來余處代買燒柴，余與之相值，歸告二人云。

家事

德芳客居霍邱，率紹南、紹雄兩女與俱，以前所雇女傭已解雇，一切家事均率親操持，紹雄則有時由鄰人代為抱持，如此終日毫無暇晷，凡事井然有序，余及鄰人均為讚嘆也。

6 月 11 日　星期一　晴

師友

上午，同德芳往訪夏局長竹軒，不遇，僅與其夫人略談，並贈香椿兩簍及緞鞋面兩雙。又訪衛生院馮院長治及仲崇祐夫人，仲係最近由上海回霍，據談仍有未料理之事項，須赴滬一行，仲兄係在隆昌行醫，余告以即候飛機赴渝，如有信件可以託帶云。訪張介忱君於其縣中附近住所，下午張君前來答訪，談其本人志趣在水利與工業等，戰事結束仍當致力於此云。到地方銀行訪趙主任賢瑞及會計員李天和君，順便支取匯款。

6 月 12 日　星期二　陰、小雨

師友

下午，地方銀行行員錢德浩及另一吳君來訪，談及該行現在待遇，薪俸而外，生活補助費基本數為三千元，按薪俸加成部分為二百五十成，故如百元薪者為生活補助費五千五百元，另公糧照年齡支給，如滿三十歲者為米一市斗，照市價折合約為三千元，再加膳費霍邱為一千五百元，可得萬元之譜。又合作社取消，改辦福利社後，今年端節過節費為一萬至三千元不等，以職務高下而為不同，

照此待遇，已不比政府機關為優，蓋所多者僅膳費一項，在支薪多數十元者即可申算千餘元云。

6月13日　星期三　陰

家事

紹雄已十七個月，生齒十枚，在床上可以行走，地下則須扶物，或由人率領其手，語言僅能發單音字，但能了解者則比能發出者為多，終日飲食均幾與大人相同，葷腥亦進，而消化力可以勝任，夜間睡眠甚安，日間有時亦睡一次或兩次，無論日夜，均不啼哭，有時大人無暇，以小櫈令當地自坐，亦安靜無譁，其性情正與余幼年酷似。此外則最令大人娛悅者，即可以自行站立，念念有詞，兩首搖舉，謂之跳舞。余此次回霍，初尚不識，數分鐘後即成極熟，天性多智慧也。

6月14日　星期四　雨

師友

上午，霍邱地方銀行趙主任賢瑞來訪，閒談政情，聞本省省政府有改組消息，中央擬議之人選與現在駐軍無甚關係，現當局為求折衷辦法，已保薦皖籍而與之略有關係之劉和鼎氏接充云。

采風

今日為舊曆端午節，霍邱風俗大致亦與他處相似，家家自備角黍，初春醃製之鹹蛋，亦在此時告成，此二者為必須有之食品，其餘則豐嗇因人而異矣。余家情形亦同，但因昨日趙賢瑞君及前地行總行行員裴陸一君送贈粽、蛋之類，覺有數量太多，一家三、四口難以消耗完盡之感焉。

6 月 15 日　星期五　雨

家事

余安眷霍邱，內外一切全由德芳一人操持，此間係一僻城，雇用女工，生活性情、習慣、言語諸者均格格不入，而飲食起居方面所連帶發生之不便，以及物質上之種種浪費消耗，精神上之種種不快，恐尚不足抵償所能獲得之幫助，緣是即決定未用幫工，然以德芳一人既須在室灑掃，復須入廚烹調，紹南則學校歸來，夜課動賴指引監督，紹雄則尚未斷乳，雖極解人意，不輕聞其啼聲，然孩提幼弱，日夜不能有片刻之鬆懈，如此瑣碎繁雜，實非常人所能也。

6 月 16 日　星期六　雨

家事

連日大雨，本欲繼續行程赴立煌接洽飛機，因亦不能成行，雨中每感無聊，但因係家居，破除岑寂不少，紹南在霍邱中心小學就讀，今日因校內教員多未到校，故僅晨起一度到校，此後即未再往，僅在家練習大字，其所採用之帖，係余為之選定者，即有正書局印本九成宮醴泉銘，已臨寫云數月，形象間有頗似者，至為可喜，余今日將其應臨之字，就帖上一一圈定，又余見其筆姿甚好，乃挽其手示以用筆著力之方法，信其可以獲益不少也。

6月17日　星期日　雨

師友

晨，前地方銀行總行行員裴陸一君來訪，談前次託余函關前行長子高現任皖北稅務管理局局長在該局設法位置，已接覆函，謂可以前往工作，但現在該局自財部另分設豫鄂區貨物稅、直接稅兩稅局後，勢須歸併，在此風雨飄搖之頃，彼已不願再往，擬不久仍至立煌地行要求復職，又裴君亦談及安徽省府有改組訊息，立煌來人亦談及李主席赴渝似與此事有關云。

體質

連日苦雨，精神極為不振，日間無所事事，飽食終日，閱書自遣，時覺漲悶，喉亦微痛。

6月18日　星期一　晴

家事

紹雄學步已久，但必須略扶物件，或由人牽領，而在床上則敢自行行走，因床上平坦，且跌倒時往往靠近大人也，今日下午在室外廊前忽自己離櫈行走散步，自此即數數自己行走，自五、六步至十餘步不等，又飲食方面凡大人可食者亦皆能食，消化力尚強，惜終未斷乳耳。

采風

雨後城西湖水漲，打魚者收穫極大，今晨放晴，霍邱城內處處叫賣魚鮝之聲，菜市歸來者人人手提魚尾，價低至每斤廿元，僅四兩肉價，或三雞蛋價，亦此地之特別風光也。

6 月 19 日　星期二　陰

師友

晨，地方銀行送來許餞儂兄由立煌來電一件，因錯字太多，適地行錢德浩、李天和兩君在，乃託錢君赴電台查詢，稍有眉目，錢、李二人來意為聞錢君調臨泉辦事處任會計員，因家屬太多，遷動不易，有意改調李君，即由錢在霍接李事，託余赴立便中與總行主管方面轉達其苦衷云。

旅行

上午，動身赴立煌等候赴渝便機，由河濱乘船南行，因風勢大致尚順，速度尚可，半日行四十里至張集，由此即入河口，曲折甚多，至河口集僅廿里，黃昏始到，住橋頭一飯店內。

6 月 20 日　星期三　晴

旅行

侵晨即由河口集乘土車南行，因所乘之車係車行所有，推車者所租用，極破，輪軸復年久磨損放大，行時不受支配，而車面之木板又有殘缺之處，乘坐至不舒適，路中又時遇鄉下人插秧放水將路面挖斷，車輪難過，有時且須下車助拉，故一路極為煩瑣，車夫則貧民又不能擅長此道，情可憫而跡則可惡，行十二里在陸崗集早飯，復廿八里在新店子午飯，有蒸雞蛋、鹹鴨蛋等，極清潔簡單，飯後續行四十里至葉集，宿安安旅館。

6月21日　星期四　陰、下午雨

旅行

黎明由葉家集乘轎出發，預定當日行抵立煌，行前將行李配備妥當，趕即登程，過柳樹店後渡史河，岸上有霍邱縣國民兵團隊兵兩名，扼住渡口，不准行人過河，聞係該縣清查戶口，斷絕交通，但前兩日所過亦係霍邱境，則無此留難，向其說明後續進，但岸上菜販、雞販等則仍被阻，過河至小南京早飯，亦遇同樣情形，各飯店為被阻之小販住滿，痛苦萬狀，續行十里在一小集鎮又遇一道，至王店子亦一道，此現象殊奇特，中午抵楊灘用飯，因大雨不能前行留宿焉。

6月22日　星期五　陰、下午晴

記屑

昨夜大雨通宵，晨間雨止，欲過楊灘之小河，而山洪爆發，水深沒頂，交通困難，又復折返，水勢漲至中午時始漸漸下落，然渡過仍不易，只得再行逗留一天，較預定行程超過兩天，殊出意外。余昨由葉集購帶桃子百餘枚，係前晚購就包裝，備至立煌為餽贈之用，此等鮮貨最畏密封兩天發熱霉爛，昨晚打開已爛十餘枚，其餘今晨裝就，迨由河畔折返，又復打開陰晾，爛者又五、六枚，候行程無所事事，如此工作有類運甓，亦苦趣也。

6月23日　星期六　晴

旅行

晨，由楊灘出發，沿途大河邊道路之稍低者沒於水中，須由山上繞行，亦有水甫退落，淤泥滑不能行之處，所經村落有水沒室內深達數尺者，具見此次大雨之猛。八里在勒石店早飯，五十里在塔子河午飯，下午一時到立煌，至社會服務處，住劉芳松兄代為預定之房間，甚為寬敞。

師友

在社會服務處及民眾食堂不期而遇之友人有趙百源、李孟仙、蔣元卿諸兄，以電話約晤而來者有鄧光烈兄，聞訊來訪者有楊一飛、韓逸雲二君，途適者有朱興良兄，晚餐由趙百源兄在民眾茶社約吃廣東菜，在座者為鄧光烈與朱興良兩兄，晚間來訪談至深夜者有李孟仙、劉芳松兩兄，余以山東省府介紹余來長官部接洽搭機之公文恐尚未到，諸兄建議明日往詢董參謀長英斌氏，今晚即先以電話與之約定時間，為明晨八時往訪云。

6月24日　星期日　晴

師友

晨，蘇景泉兄來訪，約同至中心飯店早點，余以須至長官部接洽公務，未終而辭。上午，訪周天固兄，並同至朱興良兄處應其邀宴，在座者皆在立校友。午後訪勸儲分會張學騫兄，知該會業務停辦，不久即須結束。晚，應劉芳松兄之約至其寓所吃飯，為陪者皆旅立同鄉，凡七、八人。今日先後來訪者有李孟仙同鄉及地行同人張樹人、劉綏維、鄧光烈，又友人倪裕驥、胡必果、趙百源等。

職務

晨往長官部見參謀長董英斌氏，首代何主席面致新任之賀忱，繼詢關於余乘機事，魯省府電報到否，董氏謂電報未到，余出在臨泉時何副長官柱國復余之函謂有機即搭者，交董氏，渠即謂不必等電報，即以此為依據交辦，辦妥通知，繼談北方政情約一小時，此人極直爽和藹。

6月25日　星期一　晴

師友

晨，張景博兄來，約至民眾食堂早點，臨時聞余至來訪而參加者為陸嘉書兄。飯後至省府各廳處與相識者互道契闊，計晤見者有代理秘書長朱佛定、財政廳長桂鏡秋、建設廳長儲應時、會計長王和，未遇者為教育廳長汪少倫。訪基督醫院龔維蓉醫師，謁劉覺凡師，又至保安司令部訪李孟仙代副司令，據談寧保昌之釋放，乃保安司令部自動之措施云。午應鄧光烈、周天固、楊子位、王子蘋、謝大烈五兄之約在鄧兄處午飯，飯後同魏北鯤兄往訪田糧處楊處長月生，並陪其至省立醫院訪劉夢九院長，約明晚吃飯。晚飯在陳子英處。劉綏維君來訪。

6月26日　星期二　晴

師友

上午，到龍井溝陳宅弔陳冶青氏之喪，至則業已出靈，行禮後訪耿鶚生老先生晤談，耿氏與陳氏有交誼，悲思逾於其家人，耿氏與余相識甚晚，據談渠在立煌認為可效法之官方人物僅有陳維沂與吾氏及余，素常且勸後輩習余之榜樣，因余知求進步，一般則皆退步也云。余謂僅志在追隨有學問有道德之前輩，不自甘暴棄而已，若云可以為人效法則言重矣。耿氏旋談及志高之反面為與環境隔閡，如不能居泥淖之中，則徒懷凌雲之志，成功仍屬甚難云，此語對余之症，余從心底覺到聞過之喜悅，非相知者不能有此真情流露也。午在劉綏維兄處便飯，飯後訪程達峯主任，代錢德浩疏通不由霍邱調臨泉以減低其家累事，程君以為不可破例，但兩、三月後一定調回，望轉知不必攜眷云。又訪丁雲翔科長，告代許副處長餞儂代買衣料由界處墊款事。訪農民銀行徐主任善甫、李副主任傳珪。訪鹽務分局趙局長誠義，談及將來合作事，並訪鍾支局長班侯。晚，應魏北鯤兄之約在陳子英寓所吃飯，在座皆留立同學，其中有沈玉明兄，係月前與女中劉女士訂婚者，劉女士為省立醫院劉院長之女，日昨商訂請劉院長夫婦及其女公子一同參加，並於日昨由余與黃彥平兄陪同魏兄親往邀請，今日果四人全到，殊不易也。本日來訪者有朱興良、黃彥平、龔維蓉醫師，均未遇。劉夢九院長前來答訪，亦不遇。李孟仙、蔣元卿二同鄉深夜來訪，恐日間不遇也。沈敬修君來訪，途中相遇，據談地方銀行用人冗爛，升遷無序，極思設法他就，並願隨余至山東省銀行界服務云。

6月27日　星期三　晴

師友

晨，黃彥平兄來訪，並在民眾食堂早點，到者五、六人。訪財廳袁、竇兩秘書及會計處王喬鶴主任。訪蔣元卿館長，參觀其所拓戲鴻堂法帖。午應楊處長月生及王主任喬鶴兩處宴會。訪劉序功兄，託其轉其簡玉華女士由霍邱家中託帶來之款。晚應陸嘉書兄及汪少倫廳長兩處飯局。

職務

謝大烈兄轉來許餞儂兄由吳家店來電話，謂今明有飛機來，催余速往，余趕往長官部向董參謀長催手續，董謂本無問題，因參謀處簽註須候魯省府電，彼方接事，不便相強，望稍候，並與參謀處一談，乃訪該處馬處長展鴻，所答不著邊際，此種留難慣常有之，故亦不以為異也。

娛樂

晚應宋金階兄約觀劇，為楊洪英、鄧子堅之全本秦香蓮鍘美案，演來甚佳，以鄧為較出色。

6 月 28 日　星期四　晴

職務

上午，到兵站總監部訪總監鍾紀，不遇，僅遇副監林紹裘，互道契闊，並託其代向鍾氏致意並協助搭機事。將乘機必須有省府來電一節電呈何主席，請速來電，電由保安司令部發。李孟仙氏至長官部代余向參謀處馬展鴻處長疏通，歸亦謂須候山東省政府電到。此次來立，因本身所任職務關係曾至中央銀行訪馮達璋經理，並訪地方銀行正、副行長、襄理，馮君曾來答訪，又中國農民銀行徐主任德充、李副主任傳珪曾來先訪，余往訪後徐君又來答訪一次。

師友

中午，陳子英兄請日昨來立之周龍淵軍長，余亦前往參加，便中談及搭機飛渝事，周氏允往為余催詢。訪姜司令漢卿，留早點。今日來訪之友人有朱興良、周天固、宋金階、袁興業、陸嘉書等。晚，應企業公司李成蔭之約在社會食堂吃飯。廖院長梓琴派員前來問候，余以電話約明日往訪。

6月29日　星期五　晴、晚雨

師友

同魏北鯤兄到楊橋高等法院訪廖院長梓琴，談及關於吳新濂案，朱興良專員希望秉公處理，廖氏謂不必顧慮。飯後至王家灣訪朱興良、朱興華昆仲，均不遇，訪廣仁醫院胡院長容光及盛清沂同鄉，渠甫由魯省回皖，談張里元失敗情形甚詳，可為惋惜。訪趙百源兄不遇留字。訪鄧光烈、謝大烈兩兄，又胡必果君新婚，余未致賀，亦前往一訪。周虎青君來訪不遇。晚，友人朱興良、朱興華、鄧光烈、謝大烈、吳文源、黃彥平、魏北鯤、陸嘉書、周天固、楊子位、宋金階、王之蘋諸君及朱、鄧、陸、周四兄之夫人約同在鄧君寓所外攝影紀念，並承鄧君於事後留飯，飯後閒談甚歡，周君處境最為苦悶，據談其所希望為調中央組織部或學校研究部，凡四項，又談及近來所受有意無意之奚落冷遇，多有令人不能忍受者。

6月30日　星期六　大雨

師友

晨，送周軍長龍淵啟程回商城，周氏談關於余搭機事，曾與長官部及兵站總監部人員晤談，仍須候山東省府之電，周氏回商城後當代致何主席一電催詢云，余並將此事告知其隨從李希賢君，請其回軍部後代辦。張學騫兄來訪，留早點。昨日託人通知周虎青君，約今日往龍井溝拜訪，冒雨行至紅石岩河邊，不得渡，折返。訪學騫兄為象棋、跳棋之戲，並留午晚兩餐。朱興良兄來談立中事。姚鑛兄來訪。

娛樂

晚，觀社會服務處晚會京戲，伊克明、蔡子文之連環套甚緊張，劉豔霞六月雪代法場，唱工頗重，均甚精彩。

7月1日　星期日　雨

師友

上午，蘇景泉兄及兵站總監部秘書劉光瓊君在大觀園召飲，在座有劉副議長震東及中國農民銀行某君與省府婁綺文君。到王家灣訪朱興華、興良昆仲，本係日昨約定中飯，余飯後往，故又改留晚飯，所備水餃極精美，又有自製雪醋，據稱方法甚簡，用雪水十斤、高粱酒一斤、白糖半斤裝缸封固，待至小滿即成。趙榮孝兄昨日約今晚飯，余飯後到達，業已飯過，僅在庭前乘涼清談，在座尚有李孟仙、劉芳松、范秀山、劉序功、蔣元卿等，皆山東同鄉。王之蘋、劉綏維二兄來訪不遇。

交際

此次來立，對友朋間之有友情餽贈往還者，帶送零星物件已分別面交如次：計張景博兄女襪三雙、鞋面一雙、桃若干，鄧光烈兄女襪一雙、童襪二雙，朱興華、興良昆仲汗衫兩件、女襪一雙、鞋面一雙，周天固兄女襪一雙、鞋面一雙，劉綏維兄女襪一雙、短女襪二雙、短童襪二雙、鞋面一雙，趙百源兄男襪二雙，陸嘉書兄女襪一雙，李孟仙兄女襪一雙，劉序功兄女襪一雙、童帽一頂，龔維蓉醫師男襪二雙、桃若干，劉芳松兄女襪一雙、桃若干，因人多猶覺未能普遍，而來此後朱興良兄又贈前門煙四百枝，盛意彌可感激也。

7 月 2 日　星期一　雨

師友

上午，陸嘉書兄來訪，約晚飯。張景博兄來訪，閒談。劉子旌兄來訪，談在高院服務處境困難。黃建華、潘世楨二君來訪，閒談。丁雲翔兄來訪，談將來山東民生銀行業務之方向，所見大致相似，目前以匯兌為主，復員時則協助中央推行法幣便利稅收與庫政。趙百源兄來訪，閒談。晚，陸嘉書兄召飲，在座有鄧光烈兄及安徽學院本屆畢業生洪鳳儀女士，在雷雨中暢飲，飯後雨不止，鄧兄提議竹戰，余不諳此道，而在座諸人則興致均高，終以未借到馬將及雨止可以歸來而罷，及返已十一時半矣。

7 月 3 日　星期二　雨

師友

上午，到財政部專員辦事處訪宋金階、陸嘉書、倪裕驥諸兄，閒談。中午，應蔣元卿兄之約在社會食堂吃飯，在座者有李司令孟仙、劉主任芳松等，飯後同至忠烈祠後看李孟仙氏新購之屋，歸後即在余房間閒談上下古今，參加者並有趙百源兄，滿座生風，下午仍在社會食堂吃飯，由李司令孟仙招待。謝大烈、陸嘉書兩兄來訪，因值余另有應酹，故稍坐即去，未及長談。

娛樂

楊子位兄招待觀劇，主戲凡三齣，一為楊旭東之行路訓子，唱工極好，二為劉豔霞、張菊隱之春香鬧學，劉以活潑見長，張則老練過人，三為楊洪英之十三妹，雖身段略差而做來甚好。

7月4日　星期三　晴

師友

晨，韓逸雲、趙畯田二君來訪。晨，趙百源兄來訪，留早點，中午潢川稅務分局局長彭浩一同學來訪，余即約其午飯，在座尚有趙百源、劉芳松及臨時邀入之蔡方與李春舫兩君。彭浩一兄贈余茶葉及香菸各四件。下午，高仁紱處長由阜陽來立，閒談山東政情。盛清沂兄來訪，約明晚便飯。下午，李孟仙氏來訪，留晚飯。下午，鄧光烈、謝大烈兩兄請客，在座尚有彭浩一兄、趙百源兄、宋金階兄、沈玉明兄（下午曾來訪），菜餚極佳美，鄧太太指揮者也。

娛樂

晚，應趙百源兄約觀劇，到時已至第三齣，為票友某君之黃鶴樓關張觀書，飾張飛多過火之處，但已不易，最後為張菊隱、楊洪英、劉豔霞之御碑亭，尚有可觀，以張較見長。

7月5日　星期四　晴、有陣雨

師友

中午，陳子英兄請客，在座有臨泉指揮所及江蘇省政府黃、朱兩參議員及在立各機關人員。下午，訪省臨時參議會劉副議長及黃彥平、沈玉明、高亨庸諸兄，除高兄外均相值，黃兄現任參議員無所事事，意欲在省黨部得一委員缺，如省局有變動，則省府方面，亦所希望。晚應廣仁醫院胡院長容光及夫人盛晚峯及盛清沂兄之約在該院吃飯，在座有高處長仁紱及劉芳松及趙百源兩兄，胡太太量洪，飲酒頗多，余亦在十盃以外。晚，答訪彭浩一同學於中央旅社，渠定於後日返潢川。晚，張學騫兄及夫人來訪，閒談。魏北鯤兄來訪，談如黨部有變動，頗可擔任實際任務，否則以皖南方面局部責任為比較適宜云。晨，劉子旌兄來訪，談處境困難，有意回魯，又約定於後日至其寓所便飯，余留其早點後去。

7月6日　星期五　有陣雨

師友

上午，劉芳松兄在民眾茶社招待早點，在座有劉秘書光普、高處長仁紱、蔣館長元卿、趙專員百源。上午，朱興良兄來訪，即日動身赴皖北視察。上午朱興華、高亨庸、黃建華等兄來訪。下午陸嘉書、謝大烈兄來訪。晚飯在民眾茶社招待高仁紱、劉光普兩氏，並以李孟浩、蔣元卿二氏為陪。

娛樂

晚，趙百源兄贈票觀劇，首為楊桂英之罵殿，尚好，次為蔡子文之牧虎關，平平，三為劉豔霞之打花鼓，身段甚好，僅揚州白口不甚流利，是其小疵，且猥褻處亦太顯露，四為劉豔華、劉俊華之虹霓關，頗精彩，最後為楊洪英、張菊隱之桑園會，唱做均佳，尤以張為能恰到好處。

7月7日　星期六　晴、有陣雨

師友

晨，阜陽第三監獄李典獄長康濂來訪。晨，高亨庸同學來訪，承約至民眾茶社早點，早點後同至周天固兄處探視其病症，即留午飯，飯後余至龍井溝訪周虎青秘書，初擬由紅石岩轉往，途遇一長官部士兵，為余引路經過該部內最近之路，如此熱情之桂籍士兵洵罕見也，越嶺後不幸迷路，復為兩小學生誤引，浪費精力不小，至則又知其明午請吃飯，如早知之，今日可先不來也。談一小時餘經紅石岩到楊橋法院附近應劉子旌兄之請晚飯，在座皆法院中人，余去時所經之路，全係山徑，曲折極多，且行且問，恐亦不免欲近反遠也，歸時乘肩輿。

7月8日　星期日　晴

師友

晨，同高仁紱、劉光普、趙榮孝諸君同到忠烈祠後訪李孟仙處長，賀其喬遷，辭出後又同到省立圖書館訪蔣元卿館長，及返，知鄧光烈、謝大烈兩兄曾來訪，約同赴龍井溝應周虎青之宴約，並留信一封，約余過彼等寓所陣同前往，比余趕至，二人又已先行，乃急步相追，循紅石岩山咀前進，將近到達始行望見，汗流浹背，為狀至苦，飯後就竹床小憩，漫談醫藥，至三時始上歸程。陳子英、魏北鯤兩兄來訪。潘宏臧、徐應麒夫婦來訪，談及省立醫院有護士姜小姐，威海衛人，尚未字人，頗有意為謝大烈或韓學玉兄介紹婚事，余亦頗以為應加注意云。

娛樂

晚，應張景博兄約至立煌劇團觀劇，係全班合演「董小宛」，費時三時半，並無特別精彩。

7月9日　星期一　晴

體質

自昨晚起即感不爽，劇院散戲又遲，勉強支持至半夜，歸途即不勝其疲倦，今晨起床後尚佳，早餐食油條兩根，中午食湯粉，本向民眾茶社叫一大盌，食至一半即不能下嚥，傍晚訪勸儲分會張景博兄，就食稀飯，凡兩盌，另燒餅一枚，即覺胃納不佳，歸程過基督醫院，就診於龔維蓉醫師，承詳加診斷，謂肺部健全，腹脹而舌苔厚黃兼脈象所表現皆為傷食之徵，溫度三十九度，頗燒，經配給藥兩種，一為硫酸鎂一兩，分三次服，每兩小時一次，二為小蘇打與其他藥劑之合劑，皆為白色，俟明日再服，歸後即將硫酸鎂如法服用，但竟宵未瀉，夜間頭痛欲裂，時睡時醒，不能寧靜，其情形與以前在立煌所患之一次腸病相似。

師友

晚間劉序功兄來訪，據談前託其轉交簡玉華家中託余帶來交簡之款業已交到云。

7月10日　星期二　晴

體質

燒熱未退，腹內因昨日所服之藥今晨發生效力，瀉肚三次，略覺鬆舒，頭痛略輕，但亦未止，俯仰時輒暈眩，眼球轉動時亦然，且感痛疼，竟日在室內休息，有時臥睡，飲食方面全採流質，僅晨間食餅乾數片，午晚由張景博兄代備稀飯送來，不佔點菜，差堪自適。

師友

今日先後來訪或探病者有李孟仙司令、鄧光烈、謝大烈、陸嘉書諸兄，又有地方銀行金鏡人君，尤可感者，張景博兄之夫人下午前來探視，詢是否至省立醫院就診，因該院內科主任韓宏厚氏與張兄為同鄉也，余因已見痊可不少，兼以炎熱中不便相煩，故婉謝未往。魏北鯤、劉子旌兄來訪。

7月11日　星期三　晴、下午雨

師友

中午，高處長仁紱宴客，余在被請之列，但因病前往稍陪即辭出。李成蔭君來訪。

體質

下午張景博兄來訪，即同往省立醫院就診於韓宏厚醫師，承處方用藥水二百CC，其中為硫酸鎂、碳酸鎂及薄荷等三味，今日開始服兩次，共計為二日六次量，在醫院試體溫為三十七度五，頭痛幾已全止，僅眼球轉動時略有不適，惟腹內仍脹，略痛，舌苔仍厚。

感想

客中患病，身旁無親人者，十數年來為第一次，所幸病情不重，飲食方面又有張景博與陸嘉書兩兄不避煩瑣代為照料，病中彌多親切之感。又余今日至省立醫院醫師宿舍，其山後即前年紹立兒病亡該院埋身之所，至今恐不但荒草已深，且無土可加，早已夷為平地矣，念及不勝傷感。本欲前往一探，張景博兄同行加以勸阻，余亦覺不必徒增煩惱，然歸後仍難自釋也。

7月12日　星期四　大雨

體質

病勢大致無變化，亦未發燒，僅腹內仍覺略脹，舌苔頗厚，頭本已不痛，下午趙百源兄為雨阻於余處，對象棋兩局，雖不肯用腦，兩盤皆輸，但事後即頭目暈眩，自二時起頭痛欲裂，頭部略一俯仰，幾即昏厥，眼球轉動時，全腦發漲，其實並覺熱度甚高，用冷濕布敷額部，略覺寬舒，惟與健康人之頭部相較，似又不燒，斯亦奇矣，服昨日藥三次，水瀉三次，氣體甚多，晨食稀飯（陸嘉書兄所送），午餅乾，晚饃兩枚，胃口尚佳，僅食後有短時的過多之感，又張景博兄處今日整日未送稀飯，亦未通知，不知有何意外，病中為之大感不便也。

師友

上午，陸嘉書、鄧光烈兩兄來訪。晚，周平、黃季英、周雨農、蘇誠宜兩夫婦宴客，余以病謝。

7月13日　星期五　雨

體質

今日覺漸舒暢，但腹內於飯後仍覺微脹，口內生鵝口瘡兩處，其中一處且在舌尖，對飲食頗為不便，頭痛全日未發，晨間服完前日之藥，食餅乾數片，出外理髮，及返知陸嘉書兄曾派人來送稀飯，彼此相左，交臂失之，晚間睡眠尚佳，僅因藥力關係，腸蠕動較速，稍有不寧耳。

師友

上午，鄧光烈兄來訪，余正以午飯無適當食物為苦，乃偕至其寓所請煮清湯掛麵一盤果腹，謝大烈兄欲買明日社會服務處戲票觀劇，已寫信待發，信係遵余囑即代辦，余謂如能買到前排，當以之相贈，歸後果以特別方法購到二排六張，其時魏壽永、楊子位兩兄在此，即送二張，並請魏兄轉一張與陳子英兄，其餘三張即函送謝君及鄧君夫婦。

7月14日　星期六　陰、偶有陣雨

體質

體氣仍未完全恢復，下午又發作頭痛之疾，至夜不癒，惟程度上較輕耳。口腔內鵝口瘡亦未癒，左頰內且多起一處，今日改服中藥四消飲，服後頗覺舒適。飲食方面，晨食稀飯，係陸嘉書兄所送，午在鄧光烈兄處吃麵，食一小盌，但為余特備蘿白干貝湯，極可貴而適口，故食頗多，晚間仍由光烈兄送稀飯及饃，並有張景博兄送雞與雞湯，未敢食多，晚間睡眠尚佳。

師友

上午，鄧光烈兄來訪。下午，先後來訪者有楊一飛、劉君弟、楊子位、魏北鯤諸君及劉忠山等。

7月15日　星期日　晴、下午雨

體質

今日已覺漸漸復原，腹內亦不覺脹，所餘之症候僅為口內鵝口瘡數處，又舌苔尚現黃色，此外面部頗為清癯耳，今日行路約十里，體力感不濟，乃數日來僅食流質飲食之當然現象，而稍一行動，汗流如注，內衣外衣皆為透濕，亦虛弱之象也。晨食稀飯，午食肚子及湯，又肉餡水餃數枚，尚無不能消化之徵，又食西瓜兩次，共七片，嚥水吐渣，食後亦無不適。至睡眠方面，因昨晚未能熟睡，今午又將午睡時間在應酬中錯過，故晚間沐浴早睡，尚安適。

師友

晨，李處長孟仙來訪，約今午便飯，旋趙百源兄亦來訪，略談即去。

昨日周天固兄曾約到其寓所吃飯，其所約者因有數人，且係在鄧光烈兄吃飯席上，衡度輕重，不便固卻，今日奇熱，本欲不往，乃到鄧光烈、謝大烈兩兄處託其帶信致意，乃二人亦不欲往，於是只有親往，二人亦偕至，余未及用飯即辭出，到李孟仙處長家吃飯，今日奔走兩家，行路十里，實未得一飽也。

7 月 16 日　星期一　陰、有陣雨

師友

上午，劉覺凡先生來訪，談擬不日召飲，余因甫到之時即謂將行，迄今兼旬，猶逗留此間，曾謝絕劉師之邀請一次，似涉虛浮，故此次雖不敢斷言何日可以動身，亦只有承諾之一法也。上午，陸嘉書兄來，閒談。下午，訪張景博兄，為翻轉棋與跳棋之戲，又談及十二日余所記停送稀飯事，渠謂係工役歸報余囑勿送，實無其事，但余以事過境遷，亦不便言明，想係工役飾詞偷懶之故。派人送龔維蓉醫師國幣貳千元，為上週診療及藥費，拒不肯收，盛情至可感篆也。晚，歸時，高仁紱處長、劉光普秘書告余，李孟仙處長曾經來訪，為長官部已接山東省府請准余搭乘飛機之電報，望余明日到長官部有所接洽，並請董參謀長以電話向機場人員介紹。

體質

病已漸袪，飲食日復，僅未開葷，消化甚佳，糞便亦暢，但舌苔仍黃，下午續服四消飲一付。

7 月 17 日　星期二　雨

師友

上午，本擬至長官部接洽乘機事，乃大雨如注，至午不止，鄧光烈兄赴城內辦公，行至門前遇雨，並遇陸嘉書君，二人相率至余處閒談，午飯留之在社會食堂便飯。下午黃建華君來訪，贈蛋糕等。傍晚，劉綏維、歐陽純二君來訪，漫談地方銀行近今人事動態，聞將有少數人離行改就中央銀行職務，又現在附帶經商成為上下普遍風氣，無可糾正云。傍晚，陳子英兄來訪，談及驛運管理處改組為運輸管理處，仍屬建廳，類似過去之省公路局，著重將來復員工作。

7 月 18 日　星期三　陰

職務

晨，到長官部見董參謀長英斌，董氏首先即告何主席電報已到，經批交參謀處，余詢參謀處是否尚有其他意見，董氏答無其他意見，繼即閒談飛機之一般情形，據談渠由渝來立，候機凡三個月，委員長且曾手諭，座位為五個，但結果又成三個，同機者見有女性兩人，或許即係為人擅移亦未可知，中國事往往如此。至此間搭機事，長官部之原則為能推則推，且深不願外間人士與機場美國人員直接辦理云云。余與辭後即訪參謀處長馬展臨，值用餐，由第二課莫汝耀科長代見，謂此事已於兩日前由馬處長交彼辦理，須詢問美軍方面有無搭乘機會，再行通知，余即告以等候過久，盼能詢明只須有一分可能，余即早赴機場等候，莫君甚和藹，未知是否推諉之詞。

師友

上午，訪張景博兄於勸儲分會，為象棋、跳棋等戲，並留午飯及晚飯，余已不甚忌口，服四消飲。

7月19日　星期四　晴

職務

今日劉芳松兄曾往訪長官部參謀處莫汝耀科長，談余搭機事，仍無具體結果，但謂日內皖省赴渝人員即返，仍以早日到機場等候為是，下午五時許莫科長突來電話，謂望於明日下午一時前趕到飛機場，遂計畫連夜啟程，但因劉芳松兄晚間聞驛運管理處馬一民處長云，似無把握，且另有謝君文輝亦決定稍遲動身，余乃亦決定明晨再起早趲行，晚間除整理物件外並到鄧光烈、謝大烈兩兄處稍談，比歸，先後前來，另有張學騫兄及蘇景泉、劉光瓊等君先後前來，直至中夜始漸漸散去，余已疲倦不堪矣，遂急急就寢。

7月20日　星期五　晴

旅行

未明即醒，呼伕役，酣睡不應，無已，稍事休息並盥洗，即已黎明，動身即已五時，同行者有臨時結伴前進之空軍烈士遺族章月芳女士及其弟，因渡河兩次，頗費時間，至十一時始行四十里至李家集午飯，飯後再行，已過午食畈，即聞飛機之聲，其時已下午三時餘，而距機場尚有十餘里，此次已趕不及矣，及到飛機場即已五時，往訪在此辦公之長官部參謀處何課長榮先，即先見李司令長官品仙與韋永成廳長，蘇民、楊績蓀兩委員均在，即本日下機回立者也。晚飯後即向李氏報告來此候機赴渝之任務，李氏稱在渝曾晤山東省黨部書記長（似係潘維芳），提及余將赴渝事，坐在此等候可也云云。晚宿招待所，對山臨流，頗饒山居樂趣，晚就溪邊洗浴，為之神爽，今日誤機原因一為昨晚未能動身，二為今晨動身太遲，三為今日途中轎夫行路太慢，致只差一小時之時間，未能趕上，鑄成大錯。晚間在招待所，韋永成廳長談渝情頗詳。

7月21日　星期六　晴

飛行

晨，訪十戰區派駐吳家店機場之和榮光科長，據談日內必有美機，當經向美人孔中尉面為介紹，余即回招待所等候。旋接和君通知，謂本日中國運輸機仍來，望準備，乃於飯後至機場等候，三時半航運217號機降落，係送現鈔而來，遂即登機，數分鐘後起飛，此乃余首次航行，在經驗上頗屬新穎，凡座位廿六，但同行僅另有空軍遺族章月芳女士姊弟二人，極寬舒，所感不適者為高度降低時與機聲震耳而已。越秦嶺全為大山，極雄壯，至四川盆地則青翠宜人，河流映帶如鏡，七時半至成都太平寺降落，在航空站檢查後就近至簇橋懋國旅館下塌。

7月22日　星期日　晴、晚雷雨

職務

晨，辦一便函至空軍第三路司令部，謂日昨來蓉而最後目的地為重慶，希望另搭便機，即至紅牌樓面晤該部羅司令，承之即批定下星期二班機，並謂余在淪陷區工作，如此類幫忙實屬分內，此語為余到蓉後最感可以自慰者，而軍人中之素昧平生能如此赤誠相待者，余亦初次得見。又日昨降機後在航空站亦蒙優待，准搭其小汽車至簇橋，亦可感也。

師友

上午，至望江樓雷神廟後訪劉芳松兄之姨妹，面投劉兄所寫準備余至渝代為投郵之信件，路過華西大學內齊魯研究所時，便訪桂鏡秋廳長之女公子瓊英，惜不遇。至四川大學訪友，久久不遇，後遇一學生，承百般查詢，始知有陳秉鉞同學在校任總務長，乃往訪，承代為雇車至仁厚街訪王仕悌同學，又往北門武聖街訪胡次威先生，晚飯即在王兄處。晚間到黃瓦街45 號訪周蒸然兄，粥點後又同至陝西街鄧志強醫師處訪新近任潼南縣長交卸回蓉之高注東兄。以上諸師友皆七、八年未晤，見面備極親切，晚宿高兄處。

7 月 23 日　星期一　晴

師友

上午，同高注東兄至金牛壩訪謁吳挹峯先生，數年未晤，備承款待，折回至茶店子到民政廳訪王仕悌、楊美霖、張紹先諸同學，時已中午，乃回至城內訪周燕然兄不遇，至少城公園游覽，又至仁厚街赴吳德鎔同學之宴會，在座者有張旭、王仕悌等兄，極為歡洽。

職務

下午至太平寺機場詢明日可否搭機去渝，答因名單未奉司令部送到，不能確定，余即守候其送到，見單內皆空軍方面本身之人員，知雖昨日批定，今日又被圈落矣。

7 月 24 日　星期二　晴

職務

晨至三路司令部訪羅司令不遇，據稱渠今日赴渝，乃由副官處介紹見一科陶參謀，示余以圈定名單，謂今日因空軍人員自走，甚為抱歉，但下星期二或以前有機時當准儘先搭乘。

游覽

至武侯祠、昭烈祠游覽飲茶，景物宜人，殊多佳趣。前日曾遊望江樓、薛濤井，僅一碑一井耳。

參觀

觀豐子愷畫展，亦有書法，但不如畫，最有意味者為一幅貧女對鏡，題「貧女如花僅鏡知」。

娛樂

觀春熙戲院「百老匯三女性」，又應鄧志強醫師約觀中央戲院「野薔薇」，均平平，但尚清晰耳。

師友

途遇高注東兄，託其隨時以電話詢飛機，並託胡次威廳長轉來電話，因余住簇橋無電話也。

7月25日　星期三　晴

師友

下午，到陝西街訪高注東兄，不遇，遂至東御街郵局將此次由臨泉、立煌等地友人託帶之信件及余所寫之信，分別投郵，並至春熙路購成都青城游覽指南，意欲抽暇為青城山灌縣之游也。及晚再訪注東兄，遇有現在空軍機械方面服務之山東無棣同鄉于永、康安生君，據談今日注東已託其電話第三路空軍司令部詢余搭乘飛機事，尚未得到答覆，晚宿高兄處。

采風

成都數年來蔚為後方重鎮，人口集中商業繁盛，春熙路一帶店肆布置，都市意味極重，用品花樣眾多，過於中貨集中地之界首，女性服飾時髦，不亞京滬一帶，十數年前有寫旅蓉遊記者，已有記述，今日殆尤過之，一般言之，燙髮口紅，幾於盡人皆然，皮鞋式樣新奇複雜，亦其他城市所無，抗戰前之南京不足過之，又布類以淪陷區來之士林布最貴，美國貨物應市頗多，原版雜誌多就街旁設夜市出售，美軍人時有發現，亦有攜華女者，酒吧間亦多異國情調。

7 月 26 日　星期四　晴、下午大雨

師友

昨晚由于永康君探知十數年不見之先志老同學劉超然兄刻供職於成都空軍參謀學校總務處長，大喜若狂，今晨急急往訪，劉兄出大門相迎，互道契闊，回首前塵，恍同隔世，人生不相見，動如參與商，不禁喜悅感慨之交集矣。在劉兄處並識研究委員丁善明光照君及本屆畢業生傅瑞瑗君，皆山東同鄉，同至明湖春吃飯，備極歡洽，飯後並至超然兄沙河埠寓所與其夫人一談，余即乘其車同回，至水警教練所訪惠晉同學，不遇，留字，又至華西壩齊魯研究所訪桂鏡秋廳長之女公子瓊英，代達平安之意。進城至公園洗澡，晚鄧志強醫師請客，皆其中學時之同學，晚即留宿。今日在參校超然兄恐余旅途染疫，由校醫為余注射霍亂針一C.C.。

7月27日　星期五　晴曇

師友

早午兩餐均在鄧志強醫師處，午飯後同汪東兄到中央影院觀「回巢春燕」，無甚意思，觀畢同至黃瓦街訪周蒸然兄，託其代鄧光烈兄出售託余帶渝之士林布一匹，因聞蓉價尤高也。晚到南台應傅瑞瑗同鄉之約吃飯，飲蘇聯白蘭地，極佳，在座皆同鄉，有劉超然兄與何仙槎主席之少君及藝專同事姜君。飯後同超然兄回參謀學校，晚間即宿其辦公室內，聯床話舊，深夜始寢，又今日超然兄特贈小照一幀，今日情緒極感愉快。

7月28日　星期六　晴

娛樂

上午到青年會觀電影「歌場魅影」，無意思，但附片「聯合新聞」一大本則較有興趣。

師友

下午，由空軍參謀學校乘該校便車同教務處趙副處長至第三路司令部交涉搭飛機事，持超然函至一科主管之黃參謀克亮，黃君謂已特加注意，下星期二班機當儘先搭乘，並立即報告其胡副司令與參謀長，亦無異辭，余即回簇橋，又將來由渝回立煌時，超然兄亦為余備函介紹航委會主管之羅參謀副處長，並謂一月後其主管之六科長當為參校學生云。

7 月 29 日　星期日　晴

采風

今日因天熱及連日疲憊不堪，故在簇橋之旅社內休息一天，寫信、讀書、看報以自遣，並有時外出觀察風土人情，其中有與外省頗異者，為普通交通工具為雞公車，形似北方土車，但輪大而乘坐之處須弓腿，據謂可以上山，昔諸葛武侯曾用之。又成都蚊蟲極多而大，日間有黑斑者嚙人，冒死進攻，打之不去。又婚禮新婦尚戴簡單之珠冠，行禮後入席前新人跪拜謝客，客各給予。喪事送禮有抬大木料者，又飯館稱餛飩為抄手，不解何意，但極有趣。

7 月 30 日　星期一　晴

師友

下午，往訪空軍參謀學校劉超然兄，據談明日定可搭機，已接三路司令部通知，經分別通知城內及簇橋，惜因余進城，未能送達。又傅瑞瑗兄為余寫信介紹重慶九龍坡空軍站劉站長，請予以到達後之交通上之便利，盛意至為可感。又超然因其夫人小產，明日不能相送，由傅兄明晨一併來機場送行。

娛樂

在春熙路戲院觀影，為蔡楚生編導「再會吧香港」，凡兩小時映畢，描述香港淪陷前之紙迷金醉與從事救國工作者之英勇可風，最後一部分回內地抗戰，情節尚緊張，惟發音不清。

7 月 31 日　星期二　晴

飛行

　　晨，到太平寺空軍廿四站搭乘飛機，途遇傅瑞瑗兄以汽車來送，乃到站，先登記領搭乘便機證，再到過磅處稱人與行李之重量，雖限行李十五公斤，但不嚴格，八時上機起飛，九時十分到九龍坡空軍站降落，乘該站卡車至兩路口，改乘人力車到陝西街，即住於安徽地方銀行。

師友

　　在皖地方銀行晤及吳先培、陳長興兩兄，又遇楊孝先氏，楊氏對余事極關切。中午在行便餐，晚應長興兄約到宿舍吃飯，並晤其新夫人，德光弟夫婦亦住該處，今日相晤，其小侄玲瓏可愛，已三歲。

8 月 1 日　星期三　晴

師友

晨，由吳經理、陳副理兩人約至點心館吃豆漿，在座尚有朱子帆秘書長。晚在陳副理家吃飯，來訪者有于文章、于誠德，不期而遇者有馬懷璋夫婦，旋回余所住之地行樓上與兩于續談事一小時，十一時始去。下午，往訪省府辦事處孔處長其中，初聞其地在守備街，至則見貼有聲明移至南岸彈子石，乃過江前往，知又移保節院街，但來往奔波，精神已感不濟矣。數月來精神每有不能灌注之情形，記憶力尤其薄弱，恆有友人姓名經數次之強記而結果仍無印象者，勉哉。

8 月 2 日　星期四　晴

師友

上午，到領事巷八號訪崔唯吾先生，所談皆山東民生銀行事與此間工商界種種活動情形，氏對政治極悲觀，認為無可奈何之出路為從事經濟，故向來對於魯省在川之聯繫工作十分注意，民生銀行事以官商合辦為最宜，且曾數度與財政部接洽，格於新公布之省銀行條例，財部不願參加商股，故以前願對此行投資者，現在預備另謀出路，即組織一統馭公司，有相當之工業上的投資機會即予以投資。又關於民生銀行復業事之對財政部交涉，本係由何主席電李延年氏請向委員長請示，結果批交財部，其時財部已復省府，即主張恢復前須整理舊帳並似以復員後再行恢復為宜，崔氏曾對此意見代李氏提出補救辦法數項，財部方面似尚不無斟酌餘地，僅商股一點比較困難云。到保節院訪山東省府辦事處處長孔其中，不遇，又到民國路一一五號訪何澄宇君，亦不遇。中央銀行行員韋啟先來訪，余為其介紹朱秘書長子帆帶皖信件，因韋君安徽人，久無家信，而明日朱氏回立煌也。

8月3日　星期五　晴

師友

上午，周蒸然兄來訪，談係上月三十一日到渝，余在蓉致函未及收到，現正準備參加糧政督導工作。吳先培兄談及，此間友人所恃以為生者多半為美金公債儲蓄券及黃金存款等，而又半係無意得之，如美金公債儲券初發之時每元合法幣廿元，現漲至二千餘元，故有五千元者即有千萬家私，均出預料所及也。（因最近黃金存款發現，獻金百分之四十，恐將來意有抽獻可能。）

體質

昨夜忽冷忽熱，體氣不爽，似係瘧疾，又難斷定，睡眠不足，終日精神恍惚，兩足行路不數里即酸痛，晨昏均食稀飯，中午吃餅與稀飯，不甚爽適，情形類似上月在立煌之病。

8 月 4 日　星期六　雨

師友

上午，仲崇祐兄來訪，係昨日由隆昌石燕橋乘義大煤礦公司便車來此訪余者，據談擬設法通知其夫人毋庸再赴上海，又約余至留法比瑞同學會餐廳吃西餐，余因腸胃不佳，點素菜湯、炸魚、煎馬鈴薯、牛奶各一，食後頗舒展，余有瘧疾現象，同時連日痔瘡出血甚劇，仲兄陪余至藥房取來奎寧丸九片與消痔寧坐藥六支，堅不索費，待人忠厚周到，至為可感。飯後余將訪附近居住之友人，承仲兄陪同至馬懷璋兄寓所，閒談移時，馬兄又陪余至茂華銀行訪陳子彰兄，不遇，又在馬兄處時，適有同住之徐世長兄，從前安徽地方銀行同事。晚，于錫川、于誠德、于文章假宿舍請吃飯，係特製素餃，極佳，飯後漫談魯省狀況甚詳。

8 月 5 日　星期日　晴

師友

上午，到合作會堂訪尹樹生兄，不遇，謂已到南溫泉。訪章乃器氏於遷川之工廠聯合會，亦不遇，據稱已赴蘭州。中午，參加鍾樹楠、吳邦霞二人訂婚宴於勝利大廈，證明者楊憶祖，介紹人陳長興。下午，由陳長興兄為嚮導，同至各處訪友，先至協合里訪其岳丈趙老先生，趙氏在兵役部服務，係軍醫界名宿，以前玉祥弟在軍醫學校患病時曾蒙轉請學校當局予以特殊關照，極為可感，故表示登門道謝之意。再度訪孔其中處長，用款十萬元，據談何主席似已回魯。訪皖省府辦事處儲賢卿處長、黃紀勛秘書。訪政校同學會重慶辦事處，主持人呂廣恩兄公出，與其夫人略談，另有辦事同學劉耀文兄，聞友人通訊地點多處。訪仲崇祐兄約其晚飯，不遇，與長興兄二人在留德同學會吃西餐，遇國貨公司周承模兄會帳。

8月6日　星期一　雨

師友

上午，到義大公司訪仲崇祐兄，稍候始返，即約其吃飯觀影，出戲院時大雨，即雇車分返。晚飯，陳長興兄招待，有其內兄一戰區長官部經理處副處長趙掄元（士魁）在座，甫由陝來。

娛樂

下午，同仲崇祐兄在唯一電影院觀美國影片「七海雄風」，為軍事背景而穿插以戀愛故事者，不出向來之陳套，僅在色彩服裝與攝影技術上取勝耳。晚，同吳先培兄到國泰看蘇聯紀錄片「會師柏林」，係配音片，攝影技術雖稍遜，而饒有歷史價值，正片前有「莫斯科運動會」一本，記錄該會之實地表演與成績，英勇精神使人奮發。

8月7日　星期二　晴

師友

上午，到江蘇省農民銀行訪楊志瑩同學，渠仍任總行營業科長，在行已十餘年矣，頗有設法回湘之意，余與談此來使命，承將所抄之財政部新公布省銀行條例實施辦法贈余一份。上午，訪中國工鑛銀行總經理翟溫橋，翟君曲阜人，談此間同鄉對於本省省行之恢復均抱有極大希望，惜一誤再誤，而法令又多有變遷，坐失時機，不一而足，又余提及當初如根本不做復業之公事請求，逕行在阜陽或山東先復，現在反可免交涉之繁，因當初既未報停業，現在即無所謂復業也，但現在既已向部請示，即不能改途易轍矣。蕭繼宗兄來訪未遇，渠現任浙蘇皖邊區挺進總部機要室主任駐渝。

8月8日　星期三　晴、下午有小雨

師友

下午，劉支藩、楊書家、楊志瑩三兄來訪，劉兄現任福建稅務管理局局長，自新局制度改變後交卸，刻尚未定任何職務，楊兄留學美國八年，現任交通銀行總管理處專員，談頃約俟各同學在此聚齊稍多時即舉行聚餐，余認為必要。

記屑

晨，欲至新橋訪孔令燦參政員，乃趁早至七星崗汽車站，照手續先領得號碼，再俟車開前叫號買票上車，上午連開車兩部，未呼至余之號數，中午出站用飯，飯後回站，候至一時半班車，呼號時又無此號，謂余已錯過，守候半日，結果廢然而返，行路之難如此。

8月9日　星期四　晴

職務

上午，到國府路建設路訪李總司令延年，余到時已八點，謂尚未起床，乃至客廳與張秘書煒（字仲臨）閒談，又有李處長蔭堂參加，所涉及者有民生銀行事，並承李君將李氏對委員長簽呈稿交余帶回，至十二時李氏出，謂省銀行新公布法規不收商股，只須省府能出資，財部方面可邀核准云。午飯後余辭出，至就近軍事參議院訪謁于學忠孝侯氏不遇，留字請約時間，又至中央黨部訪王專門委員立哉，不遇留片。到春森路14 號訪龐處長鏡塘，亦不遇，留片。今日所訪者皆魯籍在渝有聲望之人士，請其協助省行復業者也。

師友

訪謁楊孝先氏於中四路六十號十戰區駐渝辦事處，因楊氏離皖後對余事亦甚關切也。訪王慕曾、夏忠群兩兄於曾家岩四十七號侍從室第三處辦事處，互道契闊。

8月10日　星期五　晴

師友

上午，到兩路口社會服務處訪潘維芳、胡文郁兩兄，潘兄不久設法回皖北，仍擔任教部專員事。到中央黨部組織部訪龐處長鏡塘，談銀行恢復事，渠極熱心，在該處並遇王子愚與丁基實兩同鄉。到國庫署訪各同學及友人，計遇者有董成器、姜柏如、謝人偉、陳少書、王復華、劉善、杜守先諸兄，未遇者有郭祥之、佟志伸等。下午，到兩浮支路訪石光鉅兄，談朱興良兄在皖北之事恐須維持現狀，目前皖北成立新局既不可能，增加經費亦有困難，魯次長如此表示云。訪葛挹純、劉巨全夫婦，葛氏已發表青島市黨部主任委員，但何時前往尚未能定，二人對於現在局面之苦悶均極深沉。到大川實業公司訪總經理丁致中，丁君萊陽人，在渝經營實業，尚著成效，對於民生銀行向來亦係主張官費商辦，與一般商界作風相同，與龐鏡塘等立場則不同，好在目前有新條例公布，此事已不容再事爭辯矣。丁君處來客有財政部主任秘書周雍能，余向其順便提及，彼仍認為現在委員長不准設新銀行，如欲恢復，必須聯合山東同鄉先在上層打通，否則僅財部實不便開例，況有若干不准之先例，如此曾開罪於黨國元老，在部方亦不能厚此薄彼云云。其所談乃指商業銀行而言，至於省銀行固不能在此範圍以內也，今日有停戰消息，復員期內省銀行之准予復業早已有部令為據，則此事之交涉又當另有重點矣。

時事

晚八時街市鞭炮聲大作，聞係日本投降，至半夜有報紙號外發行，報僅索值一百元，實則僅數十字，為日本已提出接受波茨坦宣告，無條件投降，八年抗戰，至此已與盟國共獲大勝。

8月11日　星期六　晴

師友

上午，蕭繼宗同學來訪，並約同至一四川飯店午飯，蕭兄自余三十年冬在屯溪相晤，業已四年睽違，戰時時光推移，使人不覺也。下午，事先金戒塵兄來電話約晤，余以其兩足不利於行，故允即往訪，乃於下午二時到財政部國庫署秘書室羅專門委員介邱處，至則羅、金二人均已先在，金兄現任國庫署專員，並不逐日辦公，謂聞余來渝籌備恢復山東省銀行，頗欲在渝為余主持分行云。復員在即，此事已無必要矣，旋同至中四路壹壹零號訪楚湘匯兄，六、七、八年不晤矣，現經營廢機油煉機油工作，頗為發達。晚飯承約至老魁順吃飯，飯後乘公共汽車返。

8月12日　星期日　晴

師友

晨，于錫川兄來約至大三元吃廣東早點，在座尚有德光弟婦。楚湘匯氏前來答訪，略談即辭出。于誠德女士來訪，談日本投降後，本省事業重要，余此時籌備設立民生銀行，實最為適時。上午，崔唯吾來電話約到其寓所晚飯，並同往訪于孝侯氏，下午往，閒談恢復省行與設立企業公司兩事，前者既已不能召募商股，準備投資之人應將目標轉移於成立一持股公司，以投資事業為主，此公司當官商合辦，以省府之力提倡之，並於中央各種特權可以享受，以商股之力穩定之，使基礎可以不搖動，此事可謂極有見地。晚飯同至七星崗候公共汽車到軍參院訪于孝侯氏，因未能登車而作罷。

8月13日　星期一　晴

職務

晨，到軍事參議院訪謁于孝侯氏，報告此次來渝任務及面遞高仁紱氏託帶之信，于氏以百戰名將，而謙沖雍容，藹然仁者，予余之第一印象極為深刻，臨行並謂如有事須詳談，下午再來，親切有加，良屬難得也。到財政部由石鍊之兄陪同往見魯次長佩璋，報告此來任務，請指示一切。魯氏發表其個人感想認為過去各省銀行均有遺患地方之歷史，山東亦然，此次務須慎重，望到財部查錢幣司卷，並與該司商量，再行從長計議，如須設立，似以全部中央股或商股為宜，余詢及商股已為此次省行新條例所取消，渠又茫然不知，蓋技術問題不能商之於政務官也。見李次長儻，報告此來任務，李氏表示只須與規定相符，無不贊助，余知仲崇祐兄之岳父與李氏有舊，故略微提及其在滬情況，李氏頗為注意。訪晤財政部周主任秘書雍能，因前已晤過，此次到部相見，亦只形式而已，據談最好策動山東中委及各機關有力人士出而呼籲，則可以加速成功，現在山東復員在即，不容再行浪費時間云。訪參政員王立哉於中央黨部，不遇，訪傅斯年於中央研究院，亦不遇，訪孔靜庵於管家巷及國民參政會，亦不遇，在參政會並訪王仲裕與趙雪峰及安徽參政員金幼翰，亦均不遇，僅遇馬景常參政員與劉道行君。

師友

到中央研究院訪劉參政員次蕭，詳談在渝接洽情形，請予協助。訪范予遂參政員於社會服務處，並訪潘維芳、胡文郁兩兄。訪徐君佩兄於重慶村。訪劉支藩兄於天一醫院，不遇。

8月14日　星期二　晴

職務

上午，到財政部請董成器兄陪同往訪錢幣司第四科科長沈長泰兄，沈君乃高等科同學，余提出民生銀行復業事，財部指示本謂係復員時辦理，現在時機已至，可無問題。談次即將省府公事交閱，沈君認為此公事已無必要，直接了當辦法為依據新頒之省銀行條例請部准予設立，舊民生銀行由省府負責清理，余認為如此亦屬最好，過去所以必須以復業方式出之者，乃顧慮中央不准設新銀行之法令也。沈君談日昨李參事毓萬談及此事，亦照此答覆，殆亦實事求是之辦法。辭出後訪戴司長立庵，因渠亦曾與李參事談過，故答余之話亦相同，余並告以從前在安徽地方銀行自程行長主持時即與役其事，戴氏固與程氏有舊，故亦頗為注意。訪李參事毓萬於財部參事廳，李氏對民生行事極關切，昨已自動與財部主管方面接洽，余即將所洽情形報告，再請協助一切，李氏與于範亭師為老友，故余自認後輩云。訪趙太侔司長於教育部不遇。訪稅務署關署長佩蘅，面遞牟尚齋兄之介紹信，請對銀行復業事從旁協助一切。

師友

訪潘澤筠、王秀春兩兄於中央調查統計局，不遇。訪劉桂兄於該局訓練委會，十餘年暌違，不勝今昔之感。下午訪楊志瑩兄於農行，並同至交通銀行訪謁趙總經理棣華，值開會，留片。晚，仲崇祐兄來訪，談將作回山東之計，望協助，回皖並託帶信致其夫人。

集會

中午在工礦銀行參加山東工商聯誼會之理監事例會，到者有翟溫橋、尹致中、崔唯吾、朱寶珍、柳景海、張樂古、何冰如、遲鏡海、呂益之、孫仲瑜、鍾啟宇、于希禹、宋同福等人，余為來賓，飯後開會，首請余報告，余即將此次來渝前何主席主張籌設省行官商合辦及到渝後財部有新條例公布不收商股一節公開報告，但認為省行之宗旨在於發展地方經濟，雖無工商界參與股份，但仍有密切關係，何主席對於後方從事工商業之同鄉極表推崇，將來希望回省發展實業，如有此類發起，亦極歡迎云。旋由崔唯吾先生致詞，望助余將省行設立事助成，其方式為呼籲財部撥資云。繼即討論發起籌設山東官商合辦興業公司事，認為外省人士均已對山東實業復員虎視眈眈，決不容再行蹉跎，意思均極激昂而統一，旋決定推人起草，並由余電何主席請發起云。

8月15日　星期三　晴、有陣雨

師友

中午，訪崔唯吾先生於領事巷，談省行進行與企業公司籌辦兩事，並將余所草之陳何主席電兩件稿請其斟酌，當略加修正，即託崔氏轉較速之電台發出，尚準備託省府渝處代發，以期妥慎。訪孔祥勉士勸於領事巷，於此次中央對淪陷區偽鈔決計宣布無效不予整理一節，極表憤慨，余亦同感，聞此事已經決定，恐難變更，北方人民無噍類矣。到新都招待所訪尹希民兄，因尚未出醫院，致未能相值，僅將高仁紱氏託帶之信一件留置。

交際

晚，中國工礦銀行翟總經理溫橋召飲，在座有航政局周局長，談交通復員問題，航業上問題正多，首要者為設法掃除水雷工作，全在於海軍總部之能否迅速完成云。

8月16日　星期四　晴

師友

午，訪四聯總處儲蓄科陳科長冠球，代張景博兄遞送信件，並託其將劉秘書長攻芸一件代為轉交，並代約會晤時間。到中央組織部訪華壽崧同學，並託其引見副部長余井塘先生，承垂詢安徽同學情形甚詳，余並報告當前急需解決工作問題者有魏壽永、周天固、高成書、莫寒竹諸人，當將名單開文華兄，又余氏對山東現政局極為關心，不主張有任何之更動云。訪裴委員鳴宇於巴中45號，承告此間同鄉間之矛盾衝突情形甚詳，省參議會改組問題即在此情形下始終未能解決云。訪謁楊綿仲氏於其私邸不遇，晚間前來答訪，熱情洋溢，有如家人，楊公待人仁厚而有古風，令人感奮起敬，彼極關心高希正兄事，謂將以國庫署秘書任用，逕由皖至南京。晚間途遇劉肅卿同鄉，至中法比瑞同學會吃飯，承會帳，又同訪仲崇祐兄不遇，至建源公司識張商忱同鄉，又同訪亞西銀行協理王勵華同鄉。

8 月 17 日　星期五　晴

師友

晨，到中央銀行經濟研究處訪宋同福兄，並同至川鹽一樓經濟部索到經濟建設季刊二卷四期一冊。到四聯總處訪劉攻芸秘書長，請以後多所聯繫，並詢張景博兄之分會為何結束，據談此批人均將續用，望勿焦灼。到軍政部招待所訪謁孫長官仿魯，不遇。到糧食部田賦署訪隋玠夫兄，據談方始就職，即感厭倦。到國庫署訪董成器、石鍊之諸兄，又訪金戒塵兄，金兄重提赴山東為余幫忙事，談次同至老北風吃飯。訪潘維芳兄不遇。訪胡文郁委員。

8 月 18 日　星期六　晴

師友

下午，訪圖書雜誌審查會韓兆岐兄，並至合作事業管理局訪壽勉成先生，據談合作金庫因陳果夫先生病未痊癒，致又延緩成立云。下午四時，渝行吳經理邦護、陳副理長興宴客，以全體行員為陪，席間余致詞表示過去各同人在數年來艱苦支持中能完成戰事金融之一環之任務，今果全面勝利來臨，殊堪自慰，余在行九年，現雖另有任務，但目標相同，魯、皖之間經濟關係甚為密切，此後由建設上共同努力之處正多，望以此互勉云。晚，應國庫署楊署長綿仲之約在該署吃飯，在座有中央銀行國庫局夏局長、軍需署副署長趙志垚、皖人端木愷、行政院陳盛蘭、聚興誠銀行李經理、劉支藩兄等，飯後余將在此籌備山東省行復業事向楊氏報告並請求協助。訪青島副市長葛覃氏，託帶信至阜陽牟尚齋兄。

8月19日　星期日　晴

師友

上午，蕭繼宗兄來訪，談居住發生問題，已移寓同學會重慶辦事處，余約其午飯，飯後並至商場理髮，事畢後余至戴家巷浙省府辦事處訪朱參政員惠清，不遇，又至兵役部訪秦次長德純，亦不遇，由該處至中國國貨公司訪周經理承模，周君乃在界首相識者，晤談甚歡，余並飲牛奶一杯，辭出後訪尹希民兄於新都招待所，尹兄今日方始出院，據談山東政局並分析在渝人士之各種立場，極為詳盡，而於重慶魯籍人士之不能有一中心，極為惋惜云。途遇于雲亭兄，渠在金堂任商業學校校長，現在來渝準備設法回魯，余與之已十年不見矣。

8月20日　星期一　晴

師友

下午，到四川美豐銀行訪鄭宗鑑君，不遇。到同生福錢莊訪王啟華同學，並詢林樹藝同學之地址，在該莊遇交通銀行服務之吳柏芳兄，據談交行各管轄行之分行經理已經派定，不久即行前往，其本人頗有分行副理或支行經理希望，余頗慫恿其進行濟南支行，但據談該行因有宗派關係，恐難成事實。到外交部訪人事處長鄭震宇同學、科長斯頌熙同學及專員劉博崑同學，均未值，留字而別。在同生福錢莊遇金平歐同學，略談。

體質

月來生活動盪不定，余極不習慣，尤其睡眠為市聲所擾，飲食必就飯館，最為煩惱，連日消化不甚良好，而睡眠亦極不足，今晨早飯後臥床睡四小時，此情形乃向來所無。

8月21日　星期二　晴

師友

晨，到李子壩中央銀行訪劉鐸山先生，不遇，留字，並將所贈絲襪二雙、徽墨兩錠交門房呂姓代遞。到化龍橋訪交通銀行吳柏芳、楊書家、李鴻漢三兄，即在該行午飯，並到中國農民銀行訪張子揚、駱美中兩兄，不遇，留片。到行政院會計處訪胡善恆先生，談山東省行請國庫撥付資本問題，胡氏允與協助，但以二千萬為較相宜，因各省行資本均無特別多者，山東重新恢復，情形自較他省不同，開業之初需要較切，自屬多多益善，但如再多，恐不易批准也。至手續則由省府電呈政院，政院當由會計處與財政部兩方辦理，即由國庫送撥，毋庸列入明年預算，今年追加手續可由院辦理之云。

8月22日　星期三　晴

師友

上午，周蒸然、于雲亭兩兄來訪，周兄已在糧政督導人員訓練所畢業，即由糧食部派回成都工作，于兄原任金堂縣商校校長，現正設法回魯云。許餞儂夫人來訪，新近由江津來渝，將轉巴東，因許兄已不回渝，余將由皖帶來許兄信全數面交帶往。

體質

自昨日起即感不爽，現象為口乾、便結、腿瘦、不耐勞頓，昨下午由外間勉強回行時即已不能支持，臨睡服卡斯卡拉三片，至今日未生效力，今日病狀為發高熱（昨日上午為三十八度，猶在炎暑下奔馳）、劇咳、有黃痰，昨晚本疑為瘧疾，服奎寧丸三片，今日觀察情形，恐非是，故即停服，下午體力益感不支，遂臥床發汗，頭暈腹脹，終夜如此。

8月23日　星期四　晴

師友

上午，韓兆岐兄來訪，談曾聞學校當局召集在校同學徵求意見，希望能多到北方工作云云，其本人亦頗願回魯，日內至小溫泉一行，余託其將汪少倫託帶交陳盛清之小包一件帶往。許餞儂夫人與其弟鄭宗鑑君來訪。晚，劉世璞兄來訪，渠現在中央政校任庶務科長，閒談校內情形甚詳。今日來客絡繹，對於病體實未甚適宜。

體質

今日繼續發燒、咳嗽、頭暈、胃口不佳、腹內發脹、大便秘結，余見熱不退，且咳嗽頗劇，乃斷定為重傷風，昨日本曾發汗一次，因事後未能避免吹風，今日未覺有效，下午續發汗一次，並將門窗關閉，汗發後覺輕鬆甚多，惟仍不退燒耳。

8月24日　星期五　晴

師友

晨，潘學德兄來訪，渠現任教於政校，無意於回北方做政治活動云。晚，財政部服務同學石光鉅、董成器、杜守先、姜柏如、謝人偉、郭祥芝、馬懷璋，江蘇農民銀行服務同學楊志瑩，安徽地方銀行服務同學吳邦護、陳長興聯合請客，被請者有余及劉支藩、劉大柏、劉家傑等同學，席後並約定後日由余與支藩、大柏三人回請一次（此係明日事）。

體質

仍臥床終日，但有時可稍起坐，上午發燒漸退，就診於李士希醫師，服瀉鹽一劑，並取來藥兩種，一種為可代因止咳小片，日服三次，另一種備再發燒頭痛時用，渠亦斷為傷風，今日共洩四次，腹內漸舒，但氣多，不斷蠕動至肛門排出，食物以流質為主，胃口亦漸漸正常，僅傍晚略感不適，而晨間咳嗽較劇耳，今晚睡眠較好。

師友（二）

中學同學王渭川兄來訪，渠現在川經營火柴業，極有成效，正籌謀回青島接收其淪敵之舊廠，據談山東工商界人共同回省發展實業合組公司事已呈人言龐雜之象云。

8月25日　星期六　晴

師友

上午，鄭宗鑑兄來訪，代表許餞儂夫人詢余有無時間外出吃飯，余因病未癒，謝卻之，許君去時帶去余在界首代許兄所買之華達呢與華達呢西裝料各一套，轉往巴東。

體質

今日未發燒，僅咳嗽未痊，續服昨日取來之咳藥，又數日來有時用蜂蜜沖水飲用，食物仍以流質為主，間用掛麵、馬鈴薯之類，此次病中飲食種種，全賴德光弟之夫人代為照料一切，因所住即在比鄰，而其本人亦細心不繁，對人復周到誠懇也，彌覺可感。

8 月 26 日　星期日　晴

師友

中午，應胡先生善恆之約至曾家岩吃飯，在座有劉支藩、劉大柏、劉家傑、嚴毅沈、謝人偉、趙鴻德等同學，多半為湖南人，嚴君主管政院會計處省市預算一科，余將山東省行請撥資本一事向其說明，請至時幫忙。晚，虞永福同學來訪，因其本人為安徽人，故頗思乘此復員之機會回皖工作，余之觀察則以為如安徽政局不變動，縱能前往亦難發展，虞兄刻在校服務。

體質

今日身體已漸復原，僅大便不暢與口內鵝口瘡起四、五處，此二者尚應調整，咳嗽自服藥後即甚見效，除早晨外已極輕，今日吃稀飯豆漿等，飯小量，夜間並恢復洗浴。

8 月 27 日　星期一　晴、夜微雨

師友

傍晚，崔唯吾先生來訪，談及南通紡織業李星伯曾函託發起接收青島日本紗廠，預定李方擔任三分之一，其餘三分之二由魯省人士擔任，共集資本金三萬萬元，此項紗廠之所有權接收後自應為國家所有，但現在生產局有委託經營辦法，現在即依據此項辦法與主管官署接洽，如能洽妥，此青島紡織公司即可成立，否則此名義不能用出，為便於接頭計，擬即將擬議中之山東企業公司與此事發生

聯繫，即由山東企業公司出面云。晚，與劉支藩、劉大柏二兄合請財部及其他機關服務之同學，到者董成器、杜守先、姜柏如、楊志瑩、劉家傑、楊書家、吳邦護、陳長興、蘇夷士、郭祥芝、謝人偉等。

8月28日　星期二　晴

集會

下午一時，山東旅渝工商聯誼會在工礦銀行會議室開理監事常會，余事先接通知請參加，乃如時而往。今日所討論者為山東企業公司章程與營業形式進行程式等問題，大致係將採持股公司之形式，在舉辦事業時先行另組公司，但此點意見似乎不完全集中，有主張直接設廠經營者，有主張相反者，亦有主張雙方兼顧者，最後並無結論，進行程序與號召發起人事則推籌備員九人，直至下午五時始散會。

師友

下午訪許餞儂夫人於中央造紙廠營業處，渠日內即赴巴東許兄之任所云。晨，巴東豫鄂區貨物稅局局長汪茂慶兄來訪，渠甫由巴東來渝，請示今後方針者。

8月29日　星期三　晴

職務

上午，到兵役部訪秦次長紹文（德純），請以同鄉資格對山東省行復業事多所指教，秦氏雖為一前輩軍人，而藹然儒者風度，較之稍掌兵符輒傲岸自大不可嚮邇者，直有天淵之別，然於其身分固無所損也。到勝利大廈訪何杜國副長官，由其張處長代見，略談即辭。

師友

晨，到合作會堂訪尹樹生兄，不遇，留片。到遷川工廠聯合會訪章乃器氏，不遇，留字。

體質

病後體弱已極，十時外出，至下午三時即已不可支持，疲倦而無神。今日又略有下墜現象，糞便不暢，又飲食最感痛苦者為口腔有鵝口瘡，遍布牙齦內外四周，擦明礬末及以鹽水漱口，亦不見大效，又重慶連日特熱，稍一行動，汗流如注，衣衫如浸，惟余出汗特多，亦體虛之徵也。

8 月 30 日　星期四　晴

師友

上午，許餞儂兄之夫人來談下午即上船至巴東許兄之任所，並欲訪汪茂慶兄一談，因渠新由巴東來渝也，但汪兄不在寓，迨下午汪兄來行，余即告以經過，渠乃往訪許夫人，余以體力不支，未同往。

瑣記

渝市金價已由廿餘萬跌至八萬左右，去年底立煌匿名假借地行墊款購金係期貨，聞已於本月中取到現貨，計六百兩，惟財部規定須獻金四成，實餘六成，每兩購價二萬四，現可賣四、五萬，中經半年餘，已不能發其大財，真心勞日拙也。又渝行買時須作為代個人辦，臨時用關行長與余名義，令人啼笑皆非。

8月31日　星期五　晴

體質

口瘡尚未癒，飲食作痛，不時以明礬末擦之，稍覺舒適，又自兩月來時常生病，體氣為之大損，余十數年不感冒，現則行後微風略吹，即噴嚏流涕，未知何以竟至如此脆弱也。

看書

連日看完李宗武「厚黑學」、「我的思想統系」及「心理與力學」，著者以厚黑學名世，其實不過將社會上之一種風氣直言道破，言人之所不肯言，固未足認為一種發明也，居今之世而能存在者無非面厚心黑之輩，其以聖賢之心為心者，絕無立足之地，著者殆亦傷心人也。

9月1日　星期六　陰

師友

晚，汪茂慶、汪友明兩同學來訪，茂慶談及皖北稅務歸其鄂豫區稅務局兼辦，其本人恐終不免前往一行，余為之談及皖北稅收機關之黑暗情形，汪兄聞之亦為咋舌，不久辭去。

采風

渝市自勝利消息到後，半月來百貨及黃金、美鈔無不狂跌，各銀行週轉不靈，全賴此其時財政部之飲鴆止渴式之救濟（已貸款兩次四十萬萬），存戶因此提款頻數，各行因而無現款可付，頭寸軋缺無法補進，因而交換票據發生困難者日多，且有因停止交換而倒閉者。

9月2日　星期日　晴曇

師友

上午，韓兆岐兄來訪，乃同至舊書店蒐羅法規，途遇一同鄉王紫宸君，韓兄約同至五芳齋午飯，飯後至米亭子一帶買舊書，苦無當意者，而索價則奇高。晚，任象杓兄來訪，乃十年不見之同班同學，晤見之下備覺親切，渠現任中國紙廠會計處處長，廠在宜賓，自云對於實業及金融頗有興趣，而於仕途則極淡薄，又據談抗戰八年因物價高漲而逐利於市不擇手段，或甚至貪污自肥之同學大有人在，為之欷噓不置。

9月3日　星期一　晴

師友

上午，陳開泗兄來訪，渠現任南充區行政督察專員，此來為水電廠工程而來，屈指已十年不見矣。上午到領事巷視崔唯吾先生病，承告今午孔其中處長請客，係來油印通知為討論民生銀行一切事宜，余所接者則僅為孔君與裴鳴宇、龐鏡塘合具之請柬，事前亦絕不知有何民生銀行事，蓋涉及此事不能不事先與余談及也。比中午余到，始知係討論以前民生銀行副理宋福祺款項不清之法律問題，此事余固不接頭，孔君因係省府辦事處長，責無旁貸，乃約有關人員會商，惜呼因今日慶祝勝利，途為人塞，車輛不通，兩江水漲，輪渡停駛，到者竟僅有裴鳴宇、何冰如、尹致中、翟溫橋等人，關於宋案希望軍法總監部能移山東辦理。晚，武文同學來訪，談日內即仍回成都。

9月4日　星期二　晴

師友

上午，蕭繼宗兄來訪，略談即去。上午，尹作聖兄來訪，談其本人仍有意回任山東財政廳長，但渠先詢余大可回省以財廳長兼省行長，蓋恐余亦在活動也。余告以本身為省行之使命而來，決不三心兩意，但為業務發展順利，兼一省府委員則頗有必要，尹兄亦然余說，彼此並均認為財政金融互相配合之重要，應彼此協力互助其成。尹兄日內往謁陳果夫先生，託余備函報告，余即繕一函聲明兩點，一為希望尹兄回任財政廳長，二為希望余能在省府委員內備位，並寫明山東省府恢復舊制，吾校師生應充分注意，此外並電牟尚齋、劉道元兩兄亦表此點云。

9 月 5 日　星期三　晴

師友

上午，蕭繼宗兄來訪，承贈所著「如此我云」一冊，此書余曾見過，但未能細閱，今偶翻閱三、五則，其內容殊多過人之智慧，午飯後辭去，據談不久即回屯溪，將來有意在報業發展云。下午，到復華銀行訪陳開泗兄，閽者云今日下午將回南充，刻已外出恐不返，余留片。

感想

下午，到商務印書館所辦東方圖書館重慶分館查閱經濟資料，為時間所限，僅涉獵書二種，一為民國四年重修山東通志，二為民國廿七年出版李香潔著「膠萊運河」，見所集資料均為余所應知而夙昔竟不之知者，可見學無止境，一刻鬆懈不得。有人多謂余手不釋卷，其實進境甚鮮，今將回省負經濟責任，自覺如此空虛，殊深惶愧也。

9 月 6 日　星期四　晴

師友

晨，到財政部訪李參事青選不遇，遇佟志伸同學，據談此次東北雖劃為九省，而吾校同學乃至有關係之人員竟無參加之機會，殊深扼腕。到重慶村訪徐君佩夫人，據談君佩已於上月廿日到立煌，似乎不久將赴安慶云。訪第三處張占陸秘書，據談收復區農貸正在計擬之中，彼已電省府何主席請來電要求八、九萬萬云。在重慶村第三處遇劉振東先生，余告即赴李子壩晉見，今竟無意中獲見，極為難得，劉氏亟道數年來因應付人事未能周到而受到之打擊，余見其所受刺激極深，尤其一部分追隨服務之同學營私肥己為最說不過去云云。訪武文同學於學田灣中央組織部宿舍，據談不日回成都，又訪梁醒黃兄，不遇，訪石鍾琇兄亦不遇。到蒲草田六號訪宋志先兄，渠甫由蘭州來，將奉派至山東接收公路云。

9月7日　星期五　晴

師友

晨，陳長興兄談不久將動身赴津，就市府會計長職。下午，任象杓兄來訪，值余外出。晚，呂廣恩兄夫婦來訪，呂兄係最近由貴陽回渝，頗有意回山東發展事業，而又頗有意於新聞界，同時對於吾校同學之應回魯積極發展工作，彼此亦均認為十分急切，而衡以現在時局大勢，內外已成政學系支配之天地，僅有山東情形尚屬不同，仍為適宜發展之地方，此點應建議學校當局密切注視，以期開展收復區之工作，並將定期聚餐為集體談商。

9月8日　星期六　晴

師友

尹作聖兄來訪，談正在積極進行山東財政廳廳長事，又同往訪張樂古君，渠乃青島市國民參政員。到中央宣傳部訪馬星野同學，據談安徽中央日報社長出缺，尚未定人，擬於蕭繼宗、周天固兩兄中擇一往接，其方式須由其他無關係之方面電保，以免部中當局另有疑心，余即以電話通知蕭兄至中央宣傳部面洽，晚蕭兄來訪，謂已談過，詢余意見如何，余告以此事不容放棄，望迅速進行云。訪靳鶴聲同鄉於國防最高委員會，為普通拜會。訪監察院蔡委員自聲，不遇。訪中央黨部宋宜山、鄒志奮兩同學。訪中央組織部龐鏡塘處長，談銀行籌備事。訪張靜愚同鄉於羅家灣九號，不遇。魏壽永、王秀春兩兄來訪不遇。晚，渝皖地行全體同人公宴陳長興兄餞行，余被邀作陪，計共兩席，至九時始散。

9月9日　星期日　晴曇

師友

晨，到國民參政會訪金參政員幼翰及趙參政員雪峯，並承趙君邀約早點。

到管家巷訪孔參政員令燦，談以前民生銀行清理事，並在該處遇王立哉、張丕介諸同鄉。晚，到蒲草田六號宋志先兄處談政校回魯工作事，欲將明日同學聚餐之應準備事項準備完成，並將討論主題先行交換意見。晚，吳先培兄夫婦請客，係為最近即將離渝之友人送行，到者有陳長興夫婦、馬懷璋夫婦及梁登高同學等，惟彼等並無動身確期。

集會

到實驗劇院參加山東旅渝同鄉會成立大會，此會主要工作為選舉理事、監事，又討論提案時有反對沈鴻烈圖謀山東政權（未明指）一案，全體通過，會場秩序不佳，發言者各有立場，中飯係以餅餌果腹，散會後由實驗劇院演四郎探母助興，自十時至四時，凡歷六小時之久。

9月10日　星期一　陰雨

師友

上午，尹作聖兄來訪，談及今晚開山東籍政校同學會希望能提起大家注意之事項，又因其本人近來周轉困難，借去國幣五萬元。下午訪任象杓兄於中國紙廠，又不遇，歸後聞渠亦來相訪，竟彼此相左。晚，在寬仁醫院合作社舉行在渝政校山東同學聚餐，到廿餘人，為談話便利起見，推定余與呂涵生兄為主席，全場發言誠懇而情緒和諧，令人極為興奮，結果為希望目前在魯之同學及即將回魯已有路線之同學應集體支持其不動成功，未往者或仍留中央或即亦願回魯，均填明表格，明日由余與呂兄整理並簽呈學校，後日由代表六人攜往面呈，又為希望山東當局印象加強，全體列名電何仙槎主席致敬，九時半會畢，於熱烈空氣中散歸。

9月11日 星期二 雨

師友

上午，陳天表同學來訪，談渠已脫離中央銀行，現在自行經營保險事業。上午，史紹周同學來訪，渠萊陽人，本習經濟，現在外事局服務，志願回省銀行工作，余表示接受，具體工作容章程草訂通過後再行計議。下午，到會府街呂廣恩兄處草擬山東同學對陳果夫先生之共同意見簽呈稿，並附一志願表，在該處不期而遇者有韓兆岐、尹作聖及本日甫由成都到渝之高注東諸同學，即留晚飯，食發麵包子，極佳，飯後同至新都招待所訪尹作聖同學，臨時遇隋玠夫同學於途，亦同往，閒談至九時返。同學會為答謝勸募中正堂捐，贈余井塘書立軸一幅。

9月12日 星期三 雨

師友

上午，張秀峯兄來訪，談將回濟南市政府擔任工務局長，渠原在國立廿二中任教，今春來渝，為人協助辦理公路工程，以展其所習，張君又談及將來山東工作人員如何樹立新作風以消除過去共產黨之毒素，實屬當前急務，惜乎有此認識者不多耳。晚，張兄又偕宋玉亭、邢希孟、谷彥昭三同鄉來訪，宋君在沿海漁業頗有基礎，邢君在一公司服務，谷君則朝大經濟系學生。下午到中央黨部訪明少華兄，互道契闊，並約稍後至山洞寓所。訪魏北鯤兄不遇。

9月13日　星期四　陰

師友

晨至儲奇門碼頭過江，由海棠溪車站乘校車至小溫泉母校，事前約集者有呂廣恩、高登海、郭福培三兄，凡十六公里到達，過花灘溪入校，先到同學會，一面休息拜訪負責人，一面參觀「獻修中正堂實錄」，移時前往侍從室第三處洽請陳果夫先生接見之郭福培兄接電話，謂仲肇湘秘書告即刻接見，乃與福培、注東、廣恩三兄同往（本有尹樹生、張中堂二人因臨時通知不及作罷），陳氏臥病數月，現始漸癒，但仍臥床不起，惟精神甚佳耳。致慰後即陳述來意，為一部分同學希望回山東工作，目前政治環境較他省為優，望能予以指示，並面遞前日所備之簽呈，陳氏對所陳均表贊同，對余以前在皖情形亦甚關切，蒙垂詢甚詳，惟對同學將來應注意之點，特別提出工作表現均優於他人，應付政治不及他人一點，希望今後多多改善，須多方運用關係始可減少開展途程中之障礙，至於此次各人所要求者均當設法。余即提出重點主義一點，即上層機會掌握得住，下層同學自可援引，余回魯主持省行，下層幹部即將全用同學，陳氏即謂此甚扼要，但除大學部而外，高等科亦甚重要，因彼等係高考及格者，本在其他大學卒業，社會關係有時較大學部為多，不妨藉以運用也云云。旋對列見各同學略加一一詢問，余等即聯袂辭出，歷時半小時餘，而陳氏精神愉快，親切有加，在座者皆有置身春風之感，聞其今日本未見客，余等到校乃其端。中午，在郭福培兄處吃飯，酒肴可口，下午分訪之同學有藍思勉、陳勝清、羅志淵、朱建民、虞小福、虎嘯口尹樹生，又白鶴林研究部與立人中學賈宗浚、馬大英、潘學德、江士傑、陳飛麟及同鄉李光夏教授，晚飯在張中堂兄家，晚宿於仁學樓李光夏教授隔壁，承李氏與劉世璞兄設備精緻，山中環境幽靜，睡眠恬適。

9 月 14 日　星期五　晴

師友

上午，訪劉世璞、張金鑑、王進珊諸同學，僅張兄未遇，又往探徐志明同學之病，並未談話。到安居訪劉鐸山先生，適將外出，乃於下山時閒談，渠於善後救濟總署山東分署頗有往就之意，但如何產生，能否產生，尚有待於進行，余將先探丁惟汾先生方面之意見。訪金戒塵夫人與太夫人於民間二路四號。訪梁中權、王明欽同學於第二辦公廳，僅遇梁兄。訪舒嗣芬同學於審核委員會。午飯余招待呂廣恩、高登海兩兄於南溫泉冠生園，下午乘校車由海棠溪輪渡過江，訪韓兆岐兄於圖審會，並由高登海同學招待於國慶樓晚飯。晚尹希民兄來訪，明日將赴小溫泉積極進行財廳事，余將兩日來情形告知，渠談魯、青均已保人云。

游覽

兩日來在小溫泉、南溫泉間風景區遨遊，極為暢快，並在學校溫泉及南溫泉各就浴一次，俗塵頓消，就中虎嘯口之雄壯、仙女洞之幽清、花灘溪之深邃，均足怡人，以視渝市塵囂，別有天地。

9月15日　星期六　晴

師友

下午，到四聯總處訪農貸科長陳以靜兄，陳兄為山東同鄉，合作學院同學，所談甚為親切，並承檢給章則，又遇鄭仲陶兄，承允檢給金融月刊，改日送來。下午到中央黨部訪明少華兄，準備同赴山洞訪友，至則中央黨部赴山洞汽車業已待發，明兄亦先上車，余乃急急登車，其間幾已不能容髮，開車後經化龍橋、小龍坎新橋，約一小時至山洞，其地地勢極高，下車後由張家大灣越嶺至明兄之居處，其夫人林毓芳女士已十餘年不見，相見之下，驚為不速之客，晚飯飲酒，備極歡快，惜明兄居僅一室，臨時在室內添床就寢感不安耳。

9月16日　星期日　晴

師友

晨起同明少華兄越嶺至新開寺國府主席官邸後謁先進丁惟汾先生，至則已外出，乃與丁夫人及其少君立全閒談，同時又有趙季琳君來訪，候至中午始返，即留午飯，丁氏對余籌備省行事垂詢甚詳，並謂應以地方人民為著眼之點，余亦表明財政金融之不可混，及在皖九年終於離去之原因即在有此抱負，丁氏深以為然。丁氏為余在校時之教育長，故以師禮事之。飯後欲至游龍山訪丁荃實，遇其夫人於丁寓，留片作罷，乃與明兄仍越山回其寓所，晚飯菜餚特豐，蓋一為款待余之來訪，二為明兄提前度中秋佳節也，晚留宿。

9 月 17 日　星期一　晴

師友

拂曉與明少華兄赴新橋搭中央黨部汽車回重慶市內，凡步行十餘里，均係山路，饒有意致，至上清寺下車約明兄早點而別。訪楊德榮、林樹藝兩兄於春森路十二號中央訓練團高級班招待處，在該處並遇周子亞兄。訪魏壽永兄於中央組織部不遇。晚，應儲賢卿、吳先培之約在地行吃飯，在座有新由立煌來渝之汪少倫、朱佛定、劉振東諸氏及在渝皖籍人士劉真如、奚倫、陳訪先、劉啟瑞諸人，席間暢談甚歡，屢訪未遇之魏北鯤兄亦在座。

娛樂

下午約呂廣恩兄夫婦及黃懋材兄至民眾戲院觀影劇，正片為國產「紅女伶大血案」係偵探片，無甚意思，僅發音特別清晰是其特色，加映日本投降我軍接收上海新聞，甚好。

9 月 18 日　星期二　晴

師友

上午，蕭繼宗兄來訪，談回屯溪尚有待。上午，卞志鴻同學持羅志淵同學介紹信來訪，有意至山東省行工作，渠原在農民銀行服務，經驗尚豐，余因註冊手續尚未辦理，故答俟一月後余回魯時決定。下午，張心鑑同學來訪，有意回皖任高分院或地院院長，託余函廖院長梓琴介紹，當即照辦。晚，為陳長興兄在留俄同學會餞行赴津就市府會計長職，同時請吳先培、尹樹生、蕭繼宗諸兄吃飯。晚，應約至李子壩劉振東先生處談救濟善後分署事，至則未在，而先余而至之高注東、呂廣恩諸兄亦未晤，留片於其案上，此係上週之約恐遺忘矣。

9月19日　星期三　晴

師友

上午，張秀峯兄來訪，正設法回濟接事中，今日報載青島市各局局長均已發表，大半相識云，又託匯款至毛毯廠其家屬，余轉託德光弟以行員資格託皖地行霍山辦事處解交，免收匯水。尹作聖兄託銷肥皂，但現在百貨跌價，地行方面無意購用，余已以電話通知無能為力。

體質

自上月下旬病後，近半個月已逐漸恢復，但晨起喉內咳痰甚劇，皆黃色鼻涕狀，每日皆然，不知何時可以根絕，食量已復原，有時應酬場中酒食稍逾量亦無妨，惟酷嗜素食，對肉類不甚感興趣，恐將來與日俱增，睡眠甚安，但時間決不可少，有時因夜間晏睡，午飯後稍加補足，即不免昏睡至落暮，此亦為向來所無，又余十年前夏季出汗甚少，即行動時亦然，今年稍一走路，即汗流浹背，余認為係虛弱之證，但亦無其他病象，殊納悶也。

9月20日　星期四　晴

師友

上午，蕭繼宗兄來訪，漫談詩詞，惜余於格律未通耳。呂涵生兄來訪，談對於回魯工作事進行方式，聞何主席對廳委人選已向中央保舉，其中並無牟尚齋兄，此事殊不公道，理應力爭。余於中午到呂兄處代表此間魯籍同學起稿，向果夫先生處建議請向中央提出，簽名者有高登海兄及呂兄與余，此外遇者皆可簽名，此函明晨由呂兄到小溫泉面遞。高登海兄電話約來訪，余約其下午二時在呂廣恩兄處會面，至時據談將請中央組織部給以名義回魯工作。上午到中央組織部訪華壽崧同學，詢上次余開列名單請介紹收復區工作辦理情形，據談僅周天固兄事已由余井塘先生電王主席薦充縣長，高成書、莫寒竹二人則尚未有表示。下午，訪周子亞同學於中國外交政策協會，談今後同學發展益臻困難，渠對學校一向謹慎作風表示不滿，而庶政黑暗與日俱增，無論國家、個人前途均極悲觀。訪謁章乃器先生於冉家巷年廬，談鋒之健如昔，認為政府已成官僚集團，勝利後無論政治、經濟均表現束手無策，而又眼光偏狹，所見頗透澈。章氏滿面春風，極其念舊，垂詢在皖情形甚詳。晚參加皖地行同人中秋宴會。

9月21日　星期五　晴

師友

到重慶飯店訪宋玉亭君，不遇，聞已遷居兩路口準備搭機回魯。于錫川君談及青島市設立市銀行，主持人選未定，頗有意為高希正兄活動，余亦甚同意，準備不日向市政當局建議。

交際

晚，重慶國貨公司經理周承模邀宴，在座除尹致中君外，餘均為京滬一帶之人員。

看書

在東方圖書館重慶分館閱廿七年出版之「中國實業誌」，係楊大金編，分製造業與礦冶業兩部，材料尚豐富，惟農商資料缺如耳，其中有關山東之記載，余自作大綱備查。

9月22日　星期六　晴

師友

上午，尹作聖兄來訪，不久呂廣恩兄亦至，談及何主席已將山東省府各廳處長名單電保，牟尚齋兄似不在內，財廳則為趙季勳，渠極憤激，當是商定由余與呂兄等再向陳立夫、余井塘先生呼籲，下午余在呂兄處起稿，主留牟而尹亦復財廳職。仲崇祐兄來訪，託設法活動山東救濟分屬衛生組，余於晚間訪葛副市長覃，不值，向其夫人留名單請轉向延署長國符提出，並請將呂廣恩兄一併介紹，又薦高希正兄為青市銀行長。史紹周君來訪。晚參加吳邦霞、鍾樹楠之婚禮於百齡餐廳。

9 月 23 日　星期日　晴

師友

上午，訪崔唯吾先生於領事巷八號，詢山東企業公司與發動接收青島紗廠情形，談甚多，承留午飯，又託代為介紹高希正兄籌辦青島市銀行，介紹仲崇祐兄至救濟總署山東分署工作。

娛樂

晚，參觀凱旋劇社公演「黃金潮」於青年館，主演者趙韞如、陽華、錢千里、丁然、虞靜子、董霖、萬一羣等，編劇徐昌霖，內容在描寫投機市場之得失，題材最為現實，此其成功處，但其劇藝本身，無論就表現方法與人物刻畫上言之，均不具備永久性之價值，此其缺點。

9 月 24 日　星期一　陰

師友

上午，仲崇祐、高注東兩兄先後來訪，仲兄擬活動善後救濟總署山東分署衛生組主任，余昨日曾託崔唯吾先生寫信介紹，今晨著役至領事巷取來，即交仲兄持往面遞，惟風聞其分署人選似已全定，茲則姑妄試之而已。高兄則有意先在中央謀一職位，俟機回省，又談及何主席思源來電保薦廳委人選，龐鏡塘曾持往徵求果夫先生意見，據稱曾表示無意見，然則旬前所遞之集體簽呈殆已石沉大海矣云，留二人午飯後去。

9月25日　星期二　晴曇

師友

晨，訪孔其中處長於山東省府辦事處，因不值，將所擬呈何主席復電一件留字交其家人轉請譯發。訪捍衛路勝利新村三號遲鏡海君，因係先志同學也，值於路口，即未至家坐，余即轉告崔唯吾先生意，請其前往一談山東企業公司與青島紗廠接收事。訪高注東兄，同往訪張果為於財政部直接稅署，為聯絡之意，又同訪糧食部王兆新、隋釗兩同學，午飯共餐。

看書

到東方圖書館閱「中國通郵地方物產誌」，並就山東部分之重要記載，撮舉摘要。

9月26日　星期三　雨

師友

晨，蕭繼宗兄來訪，談其所進行之安徽中央日報事，已至中央宣傳部查詢，李品仙主席推薦之電業已到達，而上海副市長吳紹澍處並已另去航空信請其推薦，或可有成云。晚，汪茂慶兄在地行請客，在座有王德溥先生，其餘皆為同學，計有徐實圃、劉支藩、王鴻儒、陳長興、吳邦護、趙蓮福、孫春寧、梁登高等，席間備極歡洽，飯後與汪、陳兩兄續談天至十一時，其中有涉及將來事業方面者，余意未來十年欲切實立定基礎，不宜過偏行政，應在事業方面致力云。

9 月 27 日　星期四　晴曇

師友

上午，任象杓兄來談，暫時不回宜賓中國紙廠，在渝休養若干日再行動身云，任兄對於仕途絕對無意插足，謂小官想升大官，無官圖謀做官，丟官復思有官，一生在謀事之中，在戰場之中，殊失人生本義，所見極為透澈。晚，陳長興兄宴客，在座者為吳邦護兄之太夫人、夫人、姊妹親戚等，此外為黃紀勛、李士希醫師夫婦與汪茂慶兄，汪兄飯後與余又作長談，其本人自知辦理稅務只能作為暫局，故頗有意回江蘇為財廳長或主持農行云。

9 月 28 日　星期五　陰

師友

下午，到九尺坎中國紙廠訪任象杓兄，不遇。晚，黃紀勛秘書在久華源菜館宴客，在座有楊孝先夫婦、儲賢卿及吳先培夫婦等。晚，呂廣恩兄來訪，談及前次請果夫先生向山東推薦之同學名單聞正在辦電報介紹，惟希望恐仍不大，又青島市方面直無可以參加之機會，例如隋玠夫兄與葛挹純副市長本極有舊，且係中學同學，此次布置市府人選，隋兄一再採取急進態度，結果葛尚堅閉固拒，其他更不必論矣，情勢如此，將徒喚奈何耳。

9月29日　星期六　雨

師友

上午，蕭繼宗兄談接辦安徽中央日報事業已經中央宣傳部核定，實際發生作用者乃皖省李主席之電薦也。崔唯吾先生來電話，謂何冰如日內搭機回濟南，如有信件望託其帶往，余即備妥下午送至馬蹄街九十三號，何君不在，交其家人。到新都飯店訪新由阜陽來渝之孔議長繁霨，不遇，與其秘書王雲浦略談。下午，到呂涵生兄處晚飯，據告陳果夫先生致何思源主席介紹魯籍同學之電已刊稿，其中為尹作聖、高登海、尹樹生、逄化文及呂君五人，此係總名單面呈以前單獨請求者云。

9月30日　星期日　雨

師友

晨，呂涵生兄來談昨日所記果夫先生電魯推薦同學事，該電決定託中央黨部代發，至於日前面呈之總名單，聞係批登記二字，已擱置矣，又從名單（五人）內容推想，最初余所經辦與尹作聖二人所呈之簽呈，似乎未蒙照辦。晚呂兄又來談及前曾與志先兄約定利用其空運機會先行回魯，現接通知辦理手續，頗費躊躇，謀之於余，余認為仍以不放棄機會為要著，回魯定有辦法云。

娛樂

晚，到民眾戲院與德光弟夫婦觀影，為美國官方之戰鬥紀錄片「戰鬥夫人」，乃航空母艦實況。

10月1日　星期一　雨

參觀

到羅漢寺參觀佛學會主辦之佛教、印度、錫蘭、緬甸、暹羅文物展覽會，係廿九年太虛訪問團所取回之各種紀念品，較名貴者為舍利珠貝葉經，其餘有玉佛、銀亭、象牙、金塔、書畫等件，至於太虛每到一處佛徒及華僑所贈照片錦旗及精印之歡迎詞等更不計其數，其中有若干印度、錫蘭之佛教印刷品彩畫，婦女多半裸，亦極特殊，至舍利子為余初次見到，係白色，如豌豆大，自非最大者，因置於一小塔內，未能詳加審視，陳列品中之純屬應酬性物品，實係濫竽，故實際上精品亦不多也。

娛樂

赴唯一影戲院觀影，為廿世紀福斯公司出品「歌舞天堂」（Songs of the Islands），為一標準之美國歌舞片，故事簡單無奇，而外景及歌舞場面則極為動人，其中歌曲多至十餘，而海濱為背景之草裙舞舞女除一乳罩外全身恐無其他織物，一純粹之軟性作品也。

10月2日　星期二　晴

工作

起草山東省銀行章程，初稿凡九章五十條，原則上完全依據省銀行條例之規定，條例所未規定者為銀行本身之組織，則完全依余過去運用之經驗，故可謂為創作者僅此章也。起草時參考資料為中央銀行經濟研究處之金融法規續編所載十餘省銀行章程，其中取材最多者為湖北省銀行章程，因其修正條文為民國卅年，在各章程中為最新也。又山東省民生銀行為將來省銀行之前身，其條文之可容納處亦儘量採取，惟舊條文強半為公司組織中之各種機構之權限規定，與新行之全為官股者完全異趣，故可取之處不多。此外各行章程亦經略加比較，擇其優點一併加入焉。

師友

中午，財政部會計處服務同學馬榮山君來訪，余託其代為蒐集各省行章則與報告等。

10 月 3 日 星期三 晴曇

師友

上午蕭繼宗兄來訪，安徽中央日報事尚未完全決定，因內部手續尚在進行云。上午，郭福培兄來訪，約定晚間合請呂涵生兄為其餞行赴魯。呂涵生、柴學忱兩兄來訪，余以用費不繼而向省政府辦事處支取款項迄尚未到，適呂兄前來換取大票備回山東，乃臨時借用一萬元。中午，同學孫春寧在留俄同學會宴客，除主人夫婦外，為汪茂慶、徐實圃兩兄，飯後至均益地產公司訪談，據告其所營業務與其個人今後計畫甚詳。到鹽政局宿舍訪趙誠義局長不遇。晚，與郭福培兄在同慶樓合請呂涵生兄便飯，呂兄並面交余代向母校取回之畢業證明書與服務證件。

10月4日　星期四　晴曇

師友

訪蕭繼宗兄於蒼坪新村，據談關於安徽中央日報事自中間發生波折，恐將歸結於維持舊任，此事勢須暫行擱置云。晚飯有數同學為呂涵生兄夫婦餞行，其事本係日昨韓兆岐與王紫忱二人所發起，王有意請客，韓則主張聚餐，後因呂兄即將成行，改為聚餐外代呂兄餞行，計參加者尚有高注東、隋玠夫兩兄，飯間余託華珽兄代轉致郭福培兄之函，請代向教務處改正發余畢業證明書之誤填年月。晚，到時代旅社訪劉玉德兄，並遇董彬謙兄，亦十年暌違者。

10月5日　星期五　雨

師友

虞永福兄來訪，談擬回皖為縣長，已請陳果夫先生電李主席推薦，並研討進一步方式，決再託財政部次長皖人魯佩璋電薦，旋即去財部面洽，歸謂魯氏對此事甚同情。汪茂慶兄來訪，談及各省稅務機構，決定一省一貨物稅局、一直接稅局，刻已全部發表，皖省朱興良兄已落空，而其專員辦事處不久恐亦取消。因談及官場中之絕無道理，汪兄謂人稱做官為「水簾上之人物」，實貼切之至，現在雖百端待理，需才孔多，而野有遺賢，朝無正氣，名為戰勝國，實應自愧，瞻望前途，殊覺國運黯淡也。又風傳共產黨在談判中索河北、山東地盤甚急，未必無達到目的之可能，在此情形下，山東將無一事可以預事籌畫者。余留渝兩月餘，山東尚無電來，殊覺焦灼，但政局之大前提果有此種演變，則留渝靜觀亦有必要，在此風雨飄搖中，人力、財力、精力之浪費，洵不可以數計也。

10 月 6 日　星期六　晴

師友

上午，崔心田同學來訪，渠在合川火柴廠服務，因事來渝，十年以上不見之老友也，中午約其小酌於同慶樓，並請于錫川兄參加，亦中學之校友也。下午，訪呂廣恩兄於政校同學會重慶辦事處，見其臥病未起，僅與其夫人略談，晚飯承留食蒸包，飯後見電燈停電，急急歸住處。下午，到水市巷訪安徽省政府辦事處儲處長賢卿，並詢汪少倫廳長，值外出，留片，並託儲兄轉達於其回皖時代捎函件，儲兄於皖省有關人員如羅園仙及關子高，至今不無微詞，渠蓋深受此二人之打擊者也。晨訪孔議長繁霨，不遇。

采風

渝市自勝利來臨，長江交通恢復有望，於是物價大跌，而急急作歸計者則多出售衣物，因而地攤大盛，夫子池新運服務所周圍排列至於三、四行，肩摩踵接，皆謂「買相應」，亦奇觀也。

10月7日　星期日　陰

師友

晨，訪山東省臨時參議會孔議長雲生於行都飯店，告以省銀行有新條例公布，完全公家經營，渠認為合理，並仍堅持反對以前一部分後方同鄉欲假用招牌復業發財之舉，但此事已成過去矣。孔氏對於政府仍流露一種不合作之態度，余表示意見認為從前山東人民之力量往往自相抵消，現在省內金融工鑛事業如不急起直追，勢將為外省人所奪，故現在人民與人民之間，以及政府與人民之間立場必須單純而一致，決不容許已極微薄之力量，再有自沖自消之虞，至於實際經營為如何情形，應由積極方面扶植並控制之，因噎廢食，非所取也云。

娛樂

觀新中國劇社演「風雪夜歸人」，吳祖光編劇，主演者路曦、項堃等，此劇頗富詩意，由一伶人之廿年起落，映襯時光對於人生之洗鍊，在第三幕時伶人與四姨奶偕奔之事不成，伶人被逐出境，四姨奶交友人領去（此點係在尾聲補入），本已可作一收場，比較耐人尋味，迨至尾聲時又拖長一大段，寫明伶人曾在野班客串，又四姨奶回家至門首又復不告而別，實屬畫蛇添足也。但由整個言之，實不失為一趣味較高之作品，演來最成功者為四姨奶之路曦，陪角中亦均健全，僅飾大官者台詞較為生硬耳。晚，觀中國藝術劇社演茅盾作「清明前後」，寫一工業家在抗戰後期不景氣中受脅迫誘惑而參與黃金投機，失敗後不變初衷之動搖轉變經過，題材甚佳，但因作者初次從事劇作，處理技巧不甚純熟，故沉悶時異常沉悶，高潮時又有類開會演說，其中穿插若干故事均有頭無尾，使觀眾竟不能從此劇中得到十分深刻之印象，實大缺點也。至於演員以秦怡、顧而已、夏天、黃宛蘇、趙韞如、趙丹為主角，陣容頗強，布景方面第三、四幕之江邊暮景與月景設計極為動人，則為演出生色不少也。

10月8日　星期一　晴

師友

午間馬榮山同學來訪，代為在財政部索到省銀行條例與省銀行條例實施辦法各四份，以備必要時之用，馬君談及不久隨青島市有關人員赴青，係財政局長孔福民約其為視察云。晚間，楊署長綿仲來訪，詢余何時可以返濟，余謂一因省府之電迄今未到，二因國共團結談判對於山東影響至鉅，亦須等候水落石出。旋談及現在政治上之民主呼聲，楊氏謂現有人云，有黨有派者與無黨無派者均將在民主聲浪中想到辦法，唯吾等有黨無派者反無辦法云，此語真一針見血也。

10月9日　星期二　晴

娛樂

下午，應陳長興兄之約至新川電影院觀影，正片為美國拍拉蒙歌舞片「海國嬋娟」（The Fleet's In），其中穿插歌舞場面極多，而滑稽舞蹈尤饒意趣，在此類影片中不可多得。副片為美國聯合新聞（United News）兩本，第一本為日本投降，自珍珠港戰役回溯起始，並插有我國以劣勢裝備抵抗日本之堅苦鏡頭，第二本為原子彈與雷達之發明經過，其所映入者雖僅表象，但已多不易瞭解，至其重要之秘密則更無論矣。可見科學發明之偉績對於民族關係之重大，我國向以落後遺嘲於世，觀此益覺發人深省，初不能僅以娛樂目之也。

10月10日　星期三　晴

師友

晨，崔範五兄來訪，渠現在服務於復興商業公司。上午，尹希民兄來訪，談其所進行之山東財政廳長事，陳果夫先生未予簽請委員長，亦未向何主席仙槎電薦，其本人曾託人將希望轉陳於委員長，並曾面謁陳述，蒙條諭行政院如山東省政府改組時仍以尹充財政廳長為宜云云，則此事尚有甚大之希望，惟何主席所提整個名單尚未上達，其所保財政廳長為趙季勳，提院會時務須不使其與此條諭脫節耳。史紹周同學來訪，談及其叔史逸民不久將赴青島，擔任籌備市銀行事，但聞對於財政部方面並未進行任何手續，係因此次約其前往者為葛副市長，未知李市長有無其他布署之故。又該行前身為青島農工銀行，抗戰後經敵偽改組為大孚銀行，尚須辦理一度接收云。中農行助理稽核曹廷榮來訪，不遇。

10月11日　星期四　晴

交際

晚飯，中央黨部普通黨務處龐處長鏡塘、山東省府裴委員鳴宇及省府辦事處處長孔其中在留德同學會聯合宴客，到者凡十餘人，其中頗有以前未晤面者，茲就記憶所及，到者有廿八集團軍李總司令仙洲，救濟善後總署山東分署署長延國符、副署長梁傳琴，新任山東省政府會計長張敦鏞，山東貨物稅局局長靳鶴聲，十一戰區前進指揮所張雪山，兵役部次長秦德純，總匯銀號經理欒仙渠，大川實業公司總經理尹致中等，宴客意義殆在於送往迎來，因其中頗多新由山東來者，亦甚多正欲赴魯即將成行者。

體質

近來體魄甚健，食量米飯三盌，菜則葷素不拘，僅晨起之咳嗽吐痰尚未告癒。

10月12日　星期五　晴

師友

上午，訪尹希民兄於新都招待所，不遇。下午，訪魏壽永兄於中央黨部組織部，不遇，留字並附轉周天固、莫寒竹兩兄之來信，請通電話，以便作復，又在組織部遇華壽崧兄，詢其關於莫、周兩人事，據談均已電江蘇省王主席介紹充縣長，大致可無問題，聞現在蘇省縣長人選標準甚低，中學畢業者大有人在云。訪明少華兄於中央黨部，不遇，留贈徽墨兩錠。晚飯應梁醒黃兄之約至上清寺老魁順便飯，在座者尚有前山東省黨委李文齋，新任青島市政府秘書長姜可訓，財政部山東區貨物稅局局長靳鶴聲，又青島貨物稅局局長李伯平，又梁兄之介弟叔訓，將來亦至青島任職，梁兄本人因經費未定故未能短時期東返云。

10月13日　星期六　微雨

師友

上午，尹希民兄來訪，談及山東省府有何主席辭職之說，同時昨日蔣主席召請于學忠氏參加官邸會報，未知有無蛛絲馬跡，頗為值得研究云，余聞之似覺不倫，因何氏並無辭職之原因也。

看書

讀張默生先生著「異行傳」，前有敘文，寫明寫作之特別著眼點在於作者「態學」之發揮，欲一打破古來傳記文學之單調與貧乏，正文包括苗老爺傳、瘋九傳、鳥王張傳、異僕傳、宋伯莊先生傳、義丐武訓傳、新瞽瞍傳，記怪詩人徐玉諾、現代學術界怪傑吳秋輝先生、推行民眾讀物的先驅宋老先生，共十篇，文白兼而有之，最長者武訓傳，但缺少精采，最生動者則徐玉諾一篇，令人捧腹不已，此作在學術界為空前，作者筆墨純熟，較余受業時為尤有進也。

10月14日　星期日　微雨

師友

午後，高注東兄來訪，留晚飯，渠在渝月餘，所事尚無眉目，擬回遂寧寄寓，候機而動，商之於余，余以為如此刻離去，則月餘光陰不免化於虛擲，仍以再行等候為是，其目標仍為省黨部委員或省政府委員，絕不降格以求，而山東省政局目前似無發動之象，故不耐久候。又聞在渝一般與何主席相矛盾之同鄉有醞釀改造省政者，此事雖未必成功，而為一般失意者所為，或不免為外力所利用，得漁翁之利，此點大堪注意云。隋玠夫兄來訪，談準備趁出差京滬之便回魯工作云。

體質

自昨日起，腹內微痛，略略下贅，大便三數次，皆係糞質，但仍恐有痢疾之可能，今日上午空腹時服瀉鹽一劑，凡瀉兩次，略覺舒暢，夜間睡眠因腹內蠕動而不能十分酣適。

10月15日　星期一　晴有微雨

師友

中午，靳鶴聲局長來訪，談及財政部所屬稅務機構之腐敗，已成積重難返之勢，其本人雖知難挽狂瀾，但以本省人辦理本省事務，所備條件較優，或可不致受此難言之苦，渠分析貨物稅與直接稅之不合理情形極為詳盡，部內人事複雜不齊，視察人員訛詐分肥，均成無可救藥，甚至部、次長之聽差亦可矇蔽操縱，無所不用其極云云，靳氏乃有心人也。楚湘匯來訪，言其本人志趣在非不得已不進官場，即進亦不過作為過渡，蓋深知官場中做不出事，徒然浪費精力也，余於其言早有同感。渠有意到北方或東北從事小範圍之實業發展，並因聞及陳果夫先生即將接充中國農民銀行董事長，慫恿余設法參加，余以為現在魯事尚未能脫身，設能脫身，自當另圖。楚氏於北方局面不抱樂觀，認為山東恐終不免為共產黨所奪取，希望余對此點有所警覺云。晚，吳先培兄備酒為陳長興兄餞行，因陳兄明日首途經南京赴天津也，酒酣後余並至陳兄處談天，表示惜別。

10月16日　星期二　雨

師友

晨，因陳長興兄首途赴南京轉天津就任市政府會計長職，特往珊瑚壩飛機場送行，因秩序不佳及手續不熟等關係，歷時四小時始行起飛，歸時已十時矣，陳兄為人誠懇，本欲約其同至山東服務，乃以此而作罷，深為可憾。下午，訪梁醒黃兄於中央黨部組織部招待所，據談其任務早已確定，只因中央黨部秘書處有所異議，以經費無著為理由，延宕至今，猶未決定出發日期，梁兄甚至憤而謂此刻黨政機關竟不如北洋時代，非苞苴不能辦事，而又恥於如此走投無路，是真大可浩歎也。到春森路十二號訪高注東兄，渠回魯尚無具體途徑，日內將加緊進行。

職務

中午，接省府辦事處孔處長其中電話，謂何主席仙槎已到渝，望來一晤，余即到春森路十四號龐鏡塘處長寓所，適值其飯後欲出，乃略談數語，余尚未開口，何氏即謂省行已成立，派余為行長，趙翔林為副行長，望余日內即隨其同返。余即報告省行已經財部准設，只待辦理手續，請撥資本，似可趁主席在渝，予以解決，言下即將草擬之章程陳閱，恐其無暇詳閱，故於晚飯前與龐處長詳談經過，希望其能轉達，提起何氏注意，何氏對有關報告，不能詳閱，亦不能傾聽，余在阜陽時即已深感此種苦痛，今日午晚見面兩次，亦復如是，辦事真不易也。

10月17日　星期三　陰

師友

上午，到中國工鑛銀行訪翟總經理溫橋，告以何主席來渝之消息，並詢該行將來方針，據稱頗以不能回山東開展營業為苦，但聞財部表示現在限制商業之辦法殆屬暫時，但時效已失之後，恐法令縱有變更亦無濟於事矣。訪總匯銀號欒經理仙渠，據談彼不日將設法赴青島籌劃紗業事，因幣制在動盪不定，幣值尤其變動莫測，此刻金融業實不易經營，況部令限制設行甚嚴。到領事巷訪崔唯吾先生，談余因何主席來渝相告省行職務已發表並促同行返濟，故恐在渝不能久留，將來手續只得留交孔其中處長代辦矣，氏亦以為然，並謂將來對於董監事人選一節特別應加注意，以免受政潮起伏之影響。渠對於偽幣折合率問題極注意，謂華北聯營券發行不過千餘億，較華中儲備券不及十之一，且與日圓聯繫，故不應折合太低，重累百姓，現省府訂過渡辦法法幣一比聯銀十，有背事實，將見全省人民重入水深火熱之飢饉狀態，為政者不應如此。余意政府之定率過低，全係財政問題，不易為理智克服也，氏對於中央銀行濟行仍在進行之中，尚無成議云。薄暮辭出，與崔範五君同至天津飯館小酌，渠堅持會帳。

10 月 18 日　星期四　晴

職務

上午，到中央組織部見何主席仙槎，孔其中處長云已赴程子鳴診所看病，良久未歸，乃同至程氏診所，旋又同至龐鏡塘公館，余乘便向其建議務應向財政部提出催中央銀行速在濟南復業，並發表與地方有關之人士為經理，此即可以間接促成崔唯吾先生之事也。何氏已晉謁委員長，請其批訂飛機座位五個，除其本人及隨從外，只有余一人及其他方面一人之位，故余在此所約之人員無法同行。又余向何氏陳明此次回魯時間促迫，關於註冊手續，短時內辦不到，只好待就緒後再憑公事接洽，如其時政府已移南京，接洽當可更較便利云。

師友

到財政部訪董成器兄，探詢部內科秘階層之人較有關係者，準備宴請聯絡，關於次長與司署長則因何主席到達，由余出面反不鄭重，由何氏出面又不能僅請財部，遍請則又非時間所許，故此事大費周章。訪羅介邱先生於財政部國庫署，渠曾在魯辦理財政，承告部內山東較優秀人員數人。晚，尹希民兄來訪，據談山東財廳長一席，何仙槎主席原未保其擔任，但委員長已交下，財廳屬伊，至於是否因何氏之來而有變更，一、二日內即見分曉云。

10 月 19 日　星期五　晴

師友

晨，于文章君來訪，談不久將隨中農行赴青島，有至煙台籌設辦事處之可能，余甚贊成其事，于君曾讀滬江大學夜班，將取得大學畢業資格，有志青年也，于談該行新任濟南分行經理程迺豐（江蘇人）、青島分行經理戴翹霖擬晉謁何主席取得聯繫，詢如何約定時間，余即寫一卡片介紹于君於何主席，請其約定時間，並於約定後與余以電話聯絡，余亦往與洽談。上午，羅介邱專員介紹山東籍財政界服務之王綿慶、翟作廉二人來晤，均係有志回魯工作者，余允其在財政廳長發表後設法，因二人均無金融經驗也。訪劉子班先生及李總司令仙洲於管家巷廿八集團軍辦事處，告以不日隨何主席回濟，李氏對人甚和藹。訪同鄉由其民於財政部財政研究委員會，因知其以前曾在民生銀行服務也，惜未遇。

集會

晚，參加政校同學會重慶辦事處召集之歡送程教育長天放、羅校務委員家倫赴美出席聯合國教育文化會議茶會，僅程氏到會，同學到者近百人，由程氏報告此次出席之目的及將來為學校宣傳之計畫，以及乘便為學校增加設備之辦法，末由同學提出若干意見，十時散。

10月20日　星期六　晴

師友

晨，汪茂慶兄來訪，不久回巴東將局址移漢口。訪財部李參事毓萬辭行，不遇。訪石光鉅、董成器、朱銳諸同學於國庫署。訪隋玠夫同學於糧食部田賦署，並同至兩路口用午餐。在社會服務處遇曹啟文同學，渠現任甘肅參議會副議長。在田賦署遇吳錦文同學及張重羽君略談。史紹周同學來訪，洽回魯事。于文章君來訪，代濟南中農行程經理與余約定明晨往謁山東何主席。訪陳以靜兄於四聯總處，承約同晚飯。張中堂兄來訪，不遇，留字謂明日回校。

職務

到國庫署向楊署長綿仲辭行，談及省行將先復業，楊氏即以電話與錢幣司戴司長說明，立即約余至該司談話，當時主管科長沈長泰兄亦至，商定民生行不妨先復業，一面清理一面進行依法改組，並先報部備案，戴氏亦認為重新組織恐費時間，如此可以兩顧，後與楊慶春幫辦談及，亦以為如此較妥，然則此次回省已先取得先行營業之依據，伸縮較大，自可因應裕如矣。又由沈科長之介分訪董總稽核肖蘇及鄭科長若谷等，約後日宴會，並到田賦署繕請柬。

照相

在兩路口虹光照相館拍攝二寸半身照一幀，備辦理考試院高考會計師檢覈之用。

10月21日　星期日　晴

職務

晨，中國農民銀行濟南分行程迺豐字慶芝經理，偕襄理周國杰及于文章、徐升高兩君來訪，約同至中央組織部拜謁何主席仙槎，會談山東農貸事，在座同談者尚有社會部青濟特派員秦亦文，均希望中央銀行人選速定，以便調撥頭寸，並由省府請求收復區農貸，數額愈大愈佳，程經理並請協助尋覓行址。隨余赴濟之人員，將來乘船前往，余已與省府辦事處接洽協助手續。

師友

訪隋玠夫兄於糧食部田賦署，候其兄石孚由歌樂山來渝，但未到，乃至九如齋便飯。到曹家庵訪呂廣恩兄之夫人，因渠晨間來行余值外出未能接談，但余亦未遇。尹希民兄兩度來訪，談何主席仙槎堅決反對其回魯任財廳長，惟其所提名單委員長仍未批准，如何呈二院今可分曉云。途值任象杓兄，余託其詢問六月公布之新會計師法，以便參證考試院之檢覈須知辦理檢覈手續，旋任兄來訪，留其食晚點。託于文章君蒐集中農行總務章則，尚未答覆。

10月22日　星期一　晴

師友

上午，任象杓兄來訪，代為借來會計師法全文，余見其檢覈資格之規定與在此法頒布前考選委員會所定大同小異，但增加第四項審計人員則為檢覈須知所無者，自當以公布在後之會計師法為有效也。高鴻鈞來訪，談及其夫人將同行至魯，余允其參加事後水行人員內。下午，訪高登海兄，據談其本人事尚有回魯希望，大約為省黨部委員云。訪明少華、吳若愚兩兄於中央黨部，吳兄新由永川卸校長職來渝，將來工作尚未定云。訪姜柏如兄於國庫署，請其為檢覈會計師之保證人。

職務

上午，前民生銀行總稽核張樹棻由北碚來訪，係事前由孔其中處長函召來渝者，詳談其數年來在北碚保管帳卷與回籠券之經過，及目前應可掌握之舊民生銀行在魯不動產與沒收押品及參加偽組織不肖分子之情形，余並囑其再開一資產目錄交余攜回，以便有概括之注意。又回籠券不能運濟南，擬在渝銷毀，余與財政部楊幫辦及主管科晚間談及，可以呈請並免抄號碼，甚至可交中央造紙廠打漿，且有代價云。張君忠貞為行，不可多得，余約其將來回省幫忙。

交際

晚，在中美文化協會西餐廳，請財政部有關人員餐敘，計到錢幣司楊幫辦慶春、薛專員溱舲、第一科鄭科長若谷、第四科沈科長長泰、國庫署石鍊之、董成器兩兄及朱科長子霑，未到者董總稽核肖蘇。楊幫辦字幼賡，在魯任事多年，相談甚歡，散席後至曾家岩訪楚湘匯氏。

10 月 23 日　星期二　陰雨

交際

中午，中國工鑛銀行翟溫橋、大川實業公司尹致中及總匯銀號欒仙渠聯合公宴何主席仙槎於留德同學會，被請作陪者多為後方實業金融界中魯籍人士，其中政界人士不多，蓋以所請者似限於與何氏無矛盾之部分，若干較重要人員如中委、國民參政員等，則方在開會集議為種種反對何氏之舉也，席間向何氏首先提出，希望後方實業界中人愈多愈速回魯接收敵偽工鑛，旋由崔唯吾先生提出所擬山東企業公司緣起與組織章程草案，希望政府予以提倡，各方同鄉予以贊助，以期有成，嗣即隨意談話，未做具體決定，尚待以後開會詳商。

職務

此次何主席來渝，定後日回魯，所事除人事接洽外為領軍政用費，其中政費部分有復員費第一次一萬萬，其他經常費七千萬餘，均係由阜陽支庫撥付，因省府入魯退回，今日省府欲至中央銀行國庫局領取，因改撥手續未齊，致有困難，下午余至財部訪朱科長銳，坐待其將致國庫局公函辦出，攜回交孔其中處長明晨洽領，又在渝撥款一萬三千餘萬亦希望迅速領到，適國庫局會計科焦主任在署，朱兄即為余介紹，焦君允回行準備明晨來領。

10月24日 星期三 陰雨

交際

晚，吳先培兄為余餞行，所請陪客有楚湘匯、石鍊之、董成器、謝人偉諸兄，本約楊署長綿公亦來，渠因事不果，菜餚除普通者外，有吳兄友人所贈上海空運來渝之螃蟹四隻，洵為珍品。中午，德光弟為余餞行，作陪者有于錫川君，又有臨時來訪之楚湘匯氏，菜餚由德光夫人手備。

師友

晚，隋玠夫兄來電話詢何日成行，並告何主席有將此次省府改組名單內秘書長人選改為張占陸之說，如此對牟尚齋兄無信義至為不平，此事果如所傳，亦極為無理，應策動在渝同學為牟兄聲援。晚，崔範五等二人來訪，並攜來崔唯吾先生託帶之件。吳先培兄來作長談，表示惜別，余與之研討短期內魯省行與渝地通匯，一以便利山東人士，一以博取高額匯水之方式，余本欲與此間商業銀行如中國工鑛等訂約代理，但因該行頭寸奇緊，恐在渝匯出者多，必要時不易調撥回濟，故頗欲由此次約回山東工作暫難成行之人員，在渝不設門市作一種不需開支之經營，必要時可以利用安徽地方銀行給予種種便利，例如庫房及對外信用宣傳擔保之類，吳兄對此亦極表贊同。余遂囑于錫川、崔藩五二人詳細籌畫調運之方式，一有辦法即開始聯絡云。

10月25日　星期四　晴（秦嶺南有細雨）

飛行

上午十點請吳先培代借汽車至九龍坡第九十二空軍站，搭乘送何主席及載運鈔券之運輸機由渝回濟，至機場送行者有吳先培、于錫川及劉德光三人，於下午一時半起飛，秦嶺南在雨霧瀰漫之中，但飛機在雲層之上飛行，上則長空一碧，下則雲海蒼茫，景色之奇絕，黃山泰嶽所見雲海不足彷彿其萬一，同行者十二人多係初次乘坐，余為第三次，過秦嶺後即漸現晴朗，至西安大地一目了然，天空無片雲，氣候亦覺乾爽明朗，一日之間，有此懸殊，殊為奇趣。降落後至城內寓歐亞飯店，以所租之被褥勉強度夜，晚飯係在陝同鄉及十一戰區辦事處人員公宴何氏。

師友

晨，到財政部與綿公署長辭行，彼此均甚為惜別，楊氏為省府領款事並再以電話向中央行國庫局叮囑。晨，尹希民兄來訪，對其財政廳事仍將堅持到底，不肯放鬆並託余便中向何主席解釋一切。民生銀行保管總稽核張少鶚來訪，表示希望能早日將舊帳表契據攜回濟南，余告以亦屬同感。晚至西安東九府街46號訪王玉忱、張秀峯兩兄，與王兄已十餘年不見，據談現正設法趕速回濟，目標仍為經營書業，至是否參加省銀行則俟回濟後再行詳商云。

10月26日　星期五　晴

飛行

晨六時半至西安機場，七時起飛，長空一碧，山河在目，越陝豫冀魯交界處至濟南降落，為上午十時，時前方接到消息，各機關均到機場歡迎何主席，降落後余即乘新任省會警察局長林建五兄之汽車至省政府，地為大布政司街民政廳舊址，沿途經過經二路、估衣市街、西門大街等街道，見此十年前舊遊之地依然如昔，不禁感想萬千，晚間即暫住於省府秘書長寢室。

師友

午間林建五兄請吃飯，飲余所帶之茅台酒，均為之稱讚不置，在座者有林鳴九、許星園、張景文及中央通訊社特派員劉向渠等，飯後並同許、林與徐軼千、張景文同出洗浴，浴塘設備精雅，較之十年前不可同日而語。下午同牟尚齋兄至偽魯興銀行舊址現省銀行籌備處與趙翔林君晤面，略談即同出晚餐，飯後仍回省府住牟兄處。牟尚齋兄此次因省府改組而發生之人事波動，余與之談及，渠謂何主席到後即告以請其讓出省府委員專任秘書長，渠立即表示消極，後何主席立即電行政院請仍維持其原職云。晚，劉道元廳長來訪，據談現在接收情形並詢後方各種動態甚詳。晚，林鳴九兄來託為滕梅五事請與牟尚齋兄推薦縣缺，惜無效。

10 月 27 日　星期六　晴

職務

上午，訪趙總務廳長季勳，詳談現在中央財政金融措施概況，並將民生銀行在後方保管之待決問題如財政廳庫券之處理、前平市官錢局帳卷之處理、民生銀行回籠舊輔券之銷毀辦法等，向其鄭重提出，容再考慮解決辦法。下午，到十一戰區副長官部訪副官處李處長蔭堂、張秘書仲臨、參謀處呂處長振方，又訪李副長官吉甫及梁參謀長，均因開會未遇，留片容改日再訪。訪劉道元兄於政務廳，閒談關於工鑛建設等問題，但未詳盡。

師友

晨，孫化鵬、仲振國兩兄來訪，並同出外吃早點。晚譚慶儒兄來訪，談及現被介紹至省銀行工作，但正式職務未定，又談及現在內部人員，半為偽魯興銀行舊員，半為各機關介紹者，而真正懂得金融者不多，引為殷憂，余囑其注意隨時見告。華北新聞趙萬祥來取去託帶80 萬。

采風

下午至大明湖畔及小布政司街、芙蓉街、西大街一帶逛遊，見各雜貨店存貨殊鮮精良者，舊書店及新書店尚有舊書及碑帖之類，價均不高，有較之後方只及十一乃至百一者，用少數款項即可購取若干，又市面情形及街道等皆與十餘年前無異，僅路面稍平耳。

10 月 28 日　星期日　晴

師友

晨，孫化鵬由其所住之省會警察局來電話，約同至外面出遊及購物，乃往，中午由林建五局長請吃小館，晚與孫兄至緯四路東方旅社訪張卓然兄，不遇，晚點後余未再候即回城內。

采風

與孫化鵬兄外出遊大觀園及各市廛，先至信昌定做制服及秋大衣各一件，價為二萬元，又至隔壁訂製皮鞋一雙，價一千餘元，再至瑞福祥、隆祥等家買德芳用衣料，每件平均千元，均係絲質，又灰鼠皮桶可製德芳用冬大衣者一件，價一萬八千元，毛毯一床僅價八百元，更至日人經營之文海堂買文具若干，十數種只百餘元，均不昂貴，商埠行人以商界為多，女性則日婦亦不甚少，服裝多為西式，間有和服與中式者，神色曾不少異。日軍行走街市者亦有之，蓋我國因力量太薄尚未能正式繳械也，目前濟南乃一種畸形狀態，與任何時期均不相同，不可以不記也。

職務

晚，趙翔林君來談此次接收偽魯興銀行及興農委員會之經過及現在省銀行籌備處用人之大致情形與來歷等，又談及省行正式開業之日期手續，乃至與前民生銀行究將取何種關係，此事涉及較廣，故未獲取一致之結論，又談及此次省銀行余等發表前之經過，尚有欲爭取者云。

10月29日 星期一 晴

職務

晨九時，到省銀行對全體行員為初次之訓話，首述自抗戰以來至日本投降以來，前後方金融經濟狀況與通貨膨脹中，銀行業畸形發展與投機狂潮中所遭逢之厄難，認為經營方針錯誤對於整個社會及金融發生極不良之現象，本身亦因而不能存在，此點為最應反省之處；次述本行於此時籌備成立之意義與所負之時代使命，而其最重要之特性，則為深入地方、發展經濟、調劑金融，對於如何吸引頭寸扶助生產，皆為必須由獨特途徑使其達成任務之要著，以往變相商業銀行及恃發行為設行獨一目的之陳舊思想必須湔除；最後說明行員之應有認識與努力為充實自己、認識環境、瞭解政令，已經營銀行之人員不能故步自封，以雕蟲小技為滿足，且一定不能以此自足，始能免於落伍，已往並未從事銀行之人員更須趕緊自修，探討研究，始能勝任應負之任務云。訓話歷半小時始竟，聽者均聚精會神，始終緊張，蓋凡余所談，皆其夙昔所不知也，此由濟南收復報紙記者之往往對於政府法令完全不知，更可知此輩行員之一無所知云。下午，同趙翔林君同至城防司令部拜訪臧司令伯風，略談，又至濟南市政府訪張市長金銘，值開會，僅晤財局長徐志清。

10月30日　星期二　陰雨

職務

上午，同趙翔林君至各處拜會有關人員，計到濟南醫院現改山東省立醫院訪省府委員李漢三、該院院長王讓千，又至經五路緯三路訪田宜民委員、林鳴九委員、省參議會劉幼亭秘書長、膠濟鐵路宋從順主任委員，均不遇，僅遇鄧繼禹兄，略談，並在鄧處遇翟毓爵專員，又至經六路緯三路訪宋志先兄，亦未遇，至南新街訪徐軼千教育長，至后宰門街訪李郁庭委員，均不遇，至東關青龍街訪許星園委員，承留午餐，家常便飯，最有意致。下午，總務廳朱科長澤生銜趙廳長命來訪，所談問題甚多，大致決定存渝民生行舊輔幣券電請財部在渝監視焚燬，庫券與平市官錢局存物交省府辦事處派人保管容另案處理，帳表文卷由張少鶚君押運回濟清理，並電請財政部撥資籌設新行，其民生行清理後餘資即作為地方股加入新行，並即先由本行將民生行舊址由日本正金銀行收回先行使用，免為他方所侵。又農貸為當前亟務，希望電行政院請速核撥云。下午，公路局長周曉東與政務廳科長李滌生來訪，閒談。

師友

晚，孫化鵬、張卓然兩兄來訪，張兄取去先培兄託運用款一部六十萬。晚，趙翔林兄為余洗塵，陪者八人。

10 月 31 日　星期三　晴

職務

晨間逐日舉行會報，今日決定將出席人數減少，以主管人為限，原來則為全體，殊嫌龐雜也。何主席下午到行，談及省府與十一戰區副長官部決定設立張博淄汶煤礦管理委員會，開採煤斤接濟冬季需要，囑本行轉用各機關存管款項予以投資或貸款，並促早日開始營業。下午，全行同人舉行歡迎余到行之茶會，未舉行儀式，僅由余首先道謝，並主將此會意義擴大為慶祝蔣委員長五十九壽辰，因今日適為斯日也，詞畢開始餘興，節目甚多，有二胡胡琴合奏，口琴獨奏，女同事合唱，男同事清唱，說笑話，余亦點綴一故事，以聽笑話感受力之不同說明英、德、法、美四國人民族性之不同者。來濟至余處持介紹信找事者甚多，頗難應付。

師友

上午，崔唯吾先生之戚屬范維圖、潘炳玉來訪，詢崔氏近況。晚，訪宋志先兄於經二路緯五路七十八號，暢談其此次來濟青接收公路之經過及路局一般日籍人員之態度甚有意致，余向其設法借用汽車或購用亦可，允在青設法。該處住李公藩君，對於濟市情形甚為詳細。

交際

下午，公路局長周曉東兄宴客於式燕飯店，係西餐，在座有田糧處王處長等。

11月1日　星期四　晴

職務

中午，前魯興銀行常務董事張水淇來訪，渠尚在行內闢室辦理清理工作，此人為上海南匯人，在上海商業儲蓄銀行服務多年，談吐尚有見地，並暗示彼等在日人佔據期內之營業不過拾人唾餘，未能掌握大利，以表示彼等固係可憐蟲云。本行在接收偽省銀行之時，省府係派趙翔林負責，當時所發表名義以余為總經理，渠為副總經理，但渠所辦文稿及所印名片皆自稱為代理總經理，如何根據，余亦未加探討，惟設余在渝不返，即將另是一種局面也。

師友

薄暮訪德芳之同學李淑英女士於大華醫院，並晤其夫華子修君，李女士十年未見，已成中年婦人，子女三人矣，晚飯承其夫婦約至燕喜堂洗塵，在座並有朱國聲君，飲白蘭地，極盡鄭重之能事，李女士酒量甚宏，憶十年前與李祥麟兄頗有往還，且已心許白頭，後以勞燕分飛，二人均感使君與羅敷，此事余雖未提及，而李女士當不忘懷，亦知其必感慨萬千也。晚，訪谷藍溪君於高都司巷廿號，日前渠來余未遇，乃十七年前在泰安時之同事，現在濟經營商業，暢談別後情形及友人狀況，均有恍如隔世之感焉。

11月2日　星期五　晴

職務

余所擬省銀行章程草案已用打字機打成，今日辦呈文呈送省政府，此事由總務廳主管，將來為財政廳，不知董事與董事長問題將來如何決定云。本行目前最重要問題為開業後之業務問題，此項業務目前最有利者為辦理渝濟間之匯兌，惜乎聯絡上決不能如理想上之順利云。

師友

上午，張卓然兄來訪，取來代購藏青嗶嘰西裝料一件，係設法託人買得者。下午，孫化鵬兄在聚樂樓約吃涮羊肉，數年來此尚為第一次，味極美而脆，非北方無此味也，每碟國幣八元，亦廉。

娛樂

晚飯後應在座孟君蔭泉之邀至北洋大戲院觀戲，為曾碧君、朋菊庵之全本寶蓮燈，唱做均尚有可取，惜乎電燈不明，以致精神不能集中，為之減色多多，行頭亦頗尋常。

11月3日　星期六　晴

職務

今日為陸軍總司令何應欽氏到濟之期，各機關準備盛大歡迎，上午派人到城防司令部取來入場證，下午乘車到張莊飛機場迎候，至則各機關首長已麕集，久候無訊息，不得休息處所，遂與徐軼千、牟尚齋、林鳴九、林建五等兄仍登汽車上談天，直至薄暮，有青島來飛機一架，謂何氏根本尚未到青島，蓋原定途程為由天津至青島再轉來濟南也，乃相率返城，沿途歡迎者夾道，且有小學生鵠立半日，結果撲空，殊為憾事，此等事全因無線電聯絡工作不夠所致也。

交際

晚，保安副司令張景月召宴於舊軍門巷南城根祿多里，在座皆新近由後方來濟人員。

11月4日　星期日　晴

職務

晨間氣笛長鳴，乃城防司令部所規定歡迎何總司令集合之信號，比驅車往張莊飛機場，半途遇宋志先兄，方由機場折返，余詢以故，知今日不到，放汽者殆有錯誤，於是又同回城焉。

師友

晨，到田糧處訪王處長隱三及兩副處長張之桀、郝宇新，僅王一人在處，其餘二人留片。訪林毓祥兄，承告華泰祥洋服莊有矯君可設法覓良好製衣之料，但余往詢仍須稍候數日再行設法云。訪張卓然兄於其旅舍，未遇，渠旋來訪，稍談即去。與志先兄由飛機場歸後即至余處休息，旋尚齋兄亦到，志先又以電話約王處長隱三及李公藩君來，遂至聚樂樓吃涮羊肉，飯後又同至新生池沐浴，浴後與志先、公藩至各寄賣所及萃賣場公園一帶游覽，薄暮回至李公藩處候食燙麵餃，在等候時間以留聲機為娛樂，多係數年未聽之唱片，極有致。

11月5日　星期一　晴

職務

晨接城防司令部通知，何總司令應欽定今晨八時到濟，乃約同宋志先兄乘車至飛機場歡迎，機關首長到者亦踵接，至十時半，何氏到達，時先有驅逐機兩架起飛迎接，降落後驅逐機猶在空際盤旋，何氏於軍樂聲中下機，歡迎人員行列中，儀仗隊在前，武官繼之，再次為文官，日籍武官在對面，何氏均答禮，即登吉普車與何主席仙槎、李副長官吉甫同車，緊隨將旗車前行，各機關首長車魚貫後隨，綿延里許，到槐樹莊鐵路過軌處，即夾道站立各機關社團及學校員生等，情況極為熱烈，聞此等行列直達城內，則人數在十萬左右矣。余等至緯四路宋志先兄處休息，蓋何氏到濟僅勾留數小時即赴京渝，根本能談話之時間有限也。

師友

午，約宋志先、李公藩、孟達三、劉德慧諸兄在石花村便飯，劉兄係抗戰前在濟分手，未通消息，現幫助志先兄接收公路。傍晚，華子修、李淑英夫婦來訪，余約其至聚樂樓吃涮羊肉。滕梅五兄來訪，亦十餘年不見，現在為游擊隊旅長，準備結束。晚，譚慶儒兄來談，政務廳將囑其接收一造紙廠，詢可否前往，余意當視其能否長期掌握為依歸云。

11 月 6 日　星期二　晴

職務

上午，到省政府訪牟尚齋兄，談及省銀行章程已呈送省府，其中連帶必須立即解決之問題即為董事會，牟兄認為董事長一席渠不便出任，而在人事運用上以趙季勳廳長為最妥善，因渠遇事並無甚深主見也，其餘董事應由地方及銀行有關係者充任，財政部應出之名額，亦希望本省加以運用能產生與地方有關之人員云。又談及在財政部資本未撥到以前由省府先行籌墊，事屬可行。又遇主席及副長官部主任秘書張仲臨，談及淄博章汶鑛業管理委員會即將成立，並立即視察現情，將來作為透支向本行商借流動資金，但仍以官方自籌為主云，此事將由該會與本行訂約辦理之。訪趙季勳廳長，值開會，不遇。訪總務廳朱澤生科長，漫談金融方面種種有關事項，據談已另電請財部准先成立省銀行，以應當前急需，未知其措辭有無法律上之依據。又談及關於舊民生銀行事，趙廳長意不交本行清理，當作為另案清算云。訪公路局長周曉東及李秘書滌生，均為答訪之意。訪總務廳祝科長廷琳，閒談。訪秘書室張秘書主任雲川，未遇。

11 月 7 日 星期三 晴

職務

連日亟須展開者數事，一即舊民生銀行不動產在該行未開始清算以前需先行接管，以免為其他方面所侵佔，將來反增清理之困難，其中該行行屋為該行自置，現被日本正金銀行佔據，已辦公事請省府准由本行接收，餘由偽興農委員會數年來清理處分，該會既已由本行接收，自亦應連帶早日接收，惟已呈府迄今未復。二為舊魯興偽行財產及散處各縣辦事處之接收，應隨交通恢復而逐步把握之。三為青島方面之民生銀行財產未被偽興農委員會處理，但亦未知現狀如何，應趕緊接管備開行之用。四為籌備財政部方面之手續，應使部方知刻不容緩之苦衷，准以新行名開始試業，而不用民生舊名先行復業，以免徒滋紛擾。五為準備開幕後之有利業務，以保開支，目前最重要者為青島設行與重慶通匯之兩端，但二者均以交通為先決條件，以上均不容緩圖者也。

起居

今日由行內臨時住家移居集成里原偽魯興銀行常務董事張水淇所住之宿舍，為四合院之樓房，屋宇不甚寬敞，而陳設則相當精雅，舊用器具均未動，且有衛生設備，與人以安適之感，以平時狀態言，此種供應在身分上並不過分，但因數年來顛沛於流亡生涯，即覺太多享受，其中寢室雖小而精，為夫婦生活之理想環境，入夜念德芳未至，心情蕩漾，不眠久之。

11月8日　星期四　晴

交際

晚，省政府牟秘書長尚齋、劉廳長道元、趙廳長季勳、臧委員元駿、林委員鳴九及幹訓團徐教育長軼千聯合請客，首座為卸任之省府會計室主任袁紹安，以次為余與趙翔林兄，席間飲白蘭地太速，散席歸來已近酩酊，急急就寢，半夜始酒醒，然睡眠不能寧貼者久之。

職務

晚飯席上省府重要人員幾均在座，余乃提出接收正金銀行所佔民生銀行行屋問題，希望能從本省利害上重新考慮，勿以另案整理民生為理由及顧慮正金應由中央接受等理由，使此房屋在寡斷中將不復為本省所能控制，望能授權本行接收，正金本身部分保管以待中央來人，房屋則為本行所用，同時民生行房屋散處各地如不能即時清理掌握，不免夜長夢多，亟應由本行先行接管，以免別生枝節，且如青島民生行所有之中魯銀行舊址能交本行保管，亦可省卻另行覓屋之困難云云，在座者對此均甚同意，公家事往往如此不易捉摸。

11月9日　星期五　陰、有微雨

職務

行內事務頭緒漸多，余觀察人事情形，殊覺不夠健全，最重要者為文書方面筆墨不佳，營業方針無人提出，前者為發一新聞稿，經余刪削之後，已類重作，殊覺凡事集中一身之苦，後者除余時時由匯兌上著眼外，其他竟無人有何建議，長此豈非坐吃山空，甚矣辦事之難也。本行專門人才非不需要，各方推薦者多，幾乎均係抱混事態度之輩，余到行後見趙翔林君籌備時期所用之人已嫌龐雜，如繼續充塞此等人員，絕非一事業機關之所應爾，余意如此無法應付，仍將採公開招考方式，以示大公，至於已到行者則由余一一談話，重新確定其崗位，絕不令其濫竽情事存在，庶乎如此或可一掃此種困難現象。

11 月 10 日　星期六　晴

職務

此次開設省銀行有與平時狀態絕不相同者，即為開辦費之節省，房屋器具固無論矣，若干帳簿表報亦有舊偽魯興銀行餘存未用者，可以改用，綜合言之，所省奚止千萬，惟余所慮者乃魯興銀行全與舊本省民生銀行無關，依照法理應歸於中央接收之範圍，只以中央特派接收人員未至，亦遂無人涉及此等問題，將來恐仍不免有一番爭執，故余意急急接收正金銀行所侵佔之前民生銀行行屋，一面固為掌握產權，一面亦有準備萬一，特此情不願公開宣揚，以免多生枝節耳。市面因偽鈔與法幣比例官定較黑市相去太遠（官定法幣一偽幣十，市場為一比五、六之間），法幣在濟發行者又皆係千元、二千元券，本來偽幣可充輔幣之用，現則相率逃避，結果法幣物價高漲，而物資有退藏現象，小本商人至是更有因找零不易而營業停頓之象，中央銀行未到，本行亦未開業，且發行小額籌碼接濟市面，在手續上亦不簡單，此事恐結果仍為聽其自然之成分居多，或俟中央重定官金比例再行調整矣。

交際

午後四時，山東挺進軍總司令部楊副總司令鄴孔在該部，即舊圖書館原址舉行園會，約集各機關文武官員參加，余本未接通知，但因與楊氏及其梁參謀長未有晤面機會，故亦作不速之客，大約此類情形甚多，因余見園內人員雜沓，決非全係應約而來者也，其方式為雞尾酒會，飲食談話自由而富流動性，且有軍樂與弦樂助興，園內本為幽雅所在，舉行此等交誼集會，殊為適宜，惟客人中有飲酒過多者，不免有放浪形骸輕薄女客之處焉。

11 月 11 日　星期日　晴

師友

上午，到皖新街訪李師長鴻慈，到小緯二號訪廖軍長運澤、湛參議長，均不遇。到緯二路南端東亞別館對面訪威海衛專員王崇五，渠居室布置陳設均極精雅，而所藏日文書尤多，所收集古書碑帖亦頗豐富，且有數種明版者，余見其有鋼琴一架，謂買價甚廉，並謂此外尚有可致，余即拜託焉。午，應宋志先兄約至李公藩寓吃飯，係上週專約吃「和樂」者，所謂和樂，係一種稀麵由小洞擠出之麵條，極有筋力，謂係膠東所特有，惜余不能憶及矣。今日在座者有牟尚齋、王隱三、李書忱、劉向渠諸兄，飯後並同至新生池沐浴，傍晚始散。

娛樂

至大觀電影院看電影，係中國片，英茵主演「返魂香」，其缺點一如一般本國片同，如光線模糊，剪接不當等，最甚者為題材不明，此片寫一三角戀愛之場面，女主角之一方本甚膠執，及發現其情形後又設法使其情敵脫險，更設計謀殺其情敵，殺後復使返魂，以致被人識破，發生慘殺，女主角誤傷致死後，成全其情敵之愛情，故事雖曲折而不近情理，惟此片有一唯一之優點即英茵國語流暢不帶南人生硬語調，在國產片中尚為稀有者耳。

11月12日　星期一　晴

師友

上午，宋志先兄來訪，旋又接孫化鵬兄來電話，擬來約同出遊玩，俄時即至，乃同出焉，先至各寄賣所及各日本藥房書店選購物品，苦無中意者，乃至聚樂樓吃羊肉涮鍋，由余會帳。晚，應卓然兄約在百花村吃飯，在座尚有孫化鵬及林建五兩兄，張兄已賃居於此，即將作安家之計。

娛樂

今日為總理紀念誕辰，放假一日，下午，同宋志先、孫化鵬兩兄至新市場一帶購物，惜無所獲，至天聲舞台聽評戲，為二本刁南樓，即刁劉氏之故事，主角朱寶霞，殊為平常，一小時即散場，又至青蓮閣聽大鼓與清唱，主角未出場，其他角色竟全係平戲清唱，僅有說大鼓者一，唱歌曲者一，為花二順，平劇中唱青衣者一，餘皆鬚生，單調令人厭煩，平劇中以色勝者為花笑萍，以藝勝者為筱春鈴（？），唱青衣者不憶其名矣。晚與孫化鵬、張卓然兩兄至大觀園共和廳聽大鼓，亦夾雜有清唱，好角稀少，主角為大鼓，一為八角鼓王鳳九，凡說挑簾裁衣及翠屏山各一段，二為高音大鼓鄭蝶影，凡說擊鼓罵曹西廂記各一段，二角說唱及表情均有造詣，一以滑稽突梯勝，一以刻畫入微勝，均能恰到好處，又此地習慣演藝歌女鼓姬皆坐台外左面，亦特別處也。

11 月 13 日　星期二　雨

職務

連日各方介紹行員者紛至沓來，決不能來者不拒，於是通知各介紹人請轉知一律參加考試，以期不致埋沒真才。膠濟路已能通車，青島設行極屬必須，乃函李先良市長請為收回前山東民生銀行之產業即中魯銀行行屋，以便設立分行，同時函陸嘉書兄請調查一切情形。濰縣尚在政府掌握之中，前偽魯興銀行設有分行，頗具規模，今日派定人員前往接收，並籌畫業務。

師友

晚，王崇五、徐軼千兩兄來訪，徐兄為省幹訓團即將開學，約余前往任課，謂兩星期後即將開訓云，王兄前日允代余蒐購鋼琴一架，茲已尋到，係日本人之物，王兄係留日學生，故能有此路數，因渠明日即須赴青島轉往威海衛任所，故於今晚同至緯四路聚樂樓隔壁介紹買賣之日本人處，將價目談定，為法幣二萬二千元，並約訂於明晨錢貨兩交，聞該琴甚新，係日本貨，本索聯銀券十五萬元以博取目前賠盤兌率之利益（官定法幣一元換彼十元，賠盤則僅四、五元，從前王君購一架為美國貨亦此價，惟合法幣則每十元一元），因余無聯幣，故照法幣價訂為二萬二千元，此介紹人甚客氣，余等至其室內時，渠指衣架所懸外套云是美國人在此，崇五兄歸云係在彼處看古董者，軼千兄則云此人有兩妹，美國人之意固不在酒，此說亦頗近理。自日本投降後，日人生活逐漸困難，婦女尤為恐慌，有極願下嫁中國人者，一民族因盛衰異勢而有如此境遇，殊足發人深省也。

11 月 14 日　星期三　陰

師友

上午，吳子庸先生來訪，已十餘年不見，現在商業學校幫忙，在抗戰期間頗多顛沛流離之苦，最近並任清平縣政府秘書，因八路軍滋擾，不能不放棄矣云。南京黨校同學邱崑圃兄來訪，謂數年來均係在濟南天主教會學校教書，詳細情形未予深問，據稱與宋志先兄曾晤面，惟志先兄與余向未提及。張卓然兄晨間來訪，取去吳先培兄託辦貨用款第二批四十萬元。上午，到飛機場送牟尚齋兄赴青島公幹，下午二時始回城，與趙翔林、吳子庸到同利西餐館用餐，及回行後接電話始知飛機並未起飛，均折回，則今日之送行實等於共作一次郊遊矣。

職務

下午，牟尚齋兄約至省府談物價問題，余認為物價上漲之原因屬於全國性部分者非局部所能解決，例如通貨增發、預算膨脹等是，此恐為中央所難控制，地方更無能力矣。至於局部性者如現在法幣之不能流出濟南，八路軍在鄉村之肆行破壞，封鎖物資，破壞交通，則非大軍入境，改善軍事與交通環境不為功，第八軍日內由青島登陸，膠濟路暢達後再擴大法幣流通範圍，溝通城鄉及對外貿易，則此局部問題始可減低重量，至於市面囤積居奇亦非無有，運用政治力量以取締之，亦屬必要云。余到行以後，對同人態度力求和藹，雖有不當，未作厲色，有若干細微問題，亦極表示虛懷，尤以趙翔林副總經理，個性倔強，余總認為直率，所涉及者往往小事，余亦即聽之，今日為接管興農委員會所接前民生銀行房產事，渠認為無根據，其實興農委員會即彼所接管，因現在民生銀行另案清理之說甚盛，自以不接為宜，渠不提此點說明，直斥辦公文之主管科長，又為派人赴濰縣接管魯興分行房屋器具事，人選決定後渠又持異議，又對於所派之人表示不滿，至深夜該員來余處聲述困難，皆屬不可思議之事也。魯興銀行行員內有參加特務工作者三人，與省黨部調查室有關，何主席據該室簽呈批交行內酌用，余今日約三人談話，辭鋒均甚烈，對魯興以前種種措施表示不滿，惟察其舉止，固屬喜歡生事者。晚間趙副總經理翔林來談行務，認為須早日開幕，余亦云然，故曾再三向省府催請墊撥資本，余非不急，資本不到決不能開也。又現在環境對省行感興趣者不多，政府公文亦處理遲緩，皆表現一種冷淡，趙君所言亦是，關於此點，今晨尚齋兄告余謂董事問題已與主席談過，僅提及省方六額，主席意為趙季勳、章鴻漸、李書忱、張浩然（代表李延年副長官者）、余及趙翔林，余意渠不能落選，故晚間與趙廳長季勳談及此事，認為董事會應請趙氏主持，而尚齋亦應有董事一席，望其向主席提出。現在董事長問題已逐漸明朗化，則今後趙氏不處旁觀地位，則今後與財政廳處事當較為容易也，墊撥資本事，今日並與會計處張會計長言及。

交際

晚，本行宴客於泰豐樓，凡兩席，因政府取締宴會，較重要人員於表示苦衷後未到，到者共僅十八人。又今晚中央社劉特派員請客，余因自作主人，謝未前往，並於晚飯時電話致歉。

別記

王崇五兄為余介紹買鋼琴一架，余於今日到緯四路介紹人處陣同至藏琴處成交，其地為緯一路巷內，日本屋稱為「大覺寺」者，實為一小學，琴即學校用物，余託吳子庸先生代為驗看，據謂無毛病，即付款，下午往搬，該日本人謂如查問者即稱彼所「寄附」，余謂設有接收問題，余購此無責也。該時有數日童圍觀，頗有最後一課意味，此時余感想殊錯綜不易抒寫也，下午移在樓下客廳。

11 月 15 日　星期四　晴

職務

連日會報席上數度討論印發本票以補救市上乃至本行開業後門市收復小額券之缺乏問題，但因近來物價高漲，印製費幾須佔票面之五分之一，營業上極不上算，且尤易引起中央之詰責，故決定暫緩辦理矣。省府忽有訓令趙立鵬接收民生銀行舊財產與魯興銀行之公文，趙君持以告余，余認為此事雖大半為補辦以前主席手諭之正式公事，但現在余已到行又如此辦理，仍不能不謂為奇突，因謂趙君曰，如照此公文所說，則現在魯人籌辦省銀行用魯興銀行舊行址，尚須作一度由趙移省行之手續，始稱完備矣云云，實則此本係笑話，因趙君之來接，本係為籌辦省行，如今又何能強分為二事乎，惟從此點亦可見辦公文者之膠柱鼓瑟矣。關於行員練習生招考事，余本主張公開招考，但趙副理認為恐報名者太多，不能錄取少數，反結怨懟，不若即就近頃各機關函薦人員為範圍，作半公開之考試，以解除應付各方人事之困難，余覺其所見亦是，但將來有需添人時仍以採行公開考試為宜也。前記民生銀行財產保管事，趙立鵬君一面接有省府公文，一面不主接管，謂為目前企圖民生銀行復業者太多，愈能不黏惹愈好，但此項財產既由接收興農委員會而有不容放棄責任之情形，在省府未有明白表示以前，究將如何處理，不無動定皆非之感，余昨日本已向牟尚齋兄詢問，候其轉向主席請示，今日見請求接管之公文已辦稿，亦即趙立鵬君所不肯簽蓋者，遂以電話再詢牟兄，據云主席意仍以由省銀行接管為宜，遂將此件發出，候指令辦理。又關於墊撥資本事亦已力催，牟兄云速解決，蓋此事與章程及董監人選有連帶關係也。今日開始與行內同人作個別談話，瑕瑜互見，最令人太息者則舊魯興銀行人員雖因參加偽組織見解容有問題，而技術及談吐則往往較一般各機關介紹來行之人員，數年來受抗戰洗禮遂至粗疏狂放者為優，甚至有趙副理所用之同鄉或友人，常識極度缺乏甚至大學畢業筆墨不甚通順者，均可悲也。

交際

晚，膠濟路特別黨部宋主任委員正軒及參議會劉秘書長幼亭在寓宴客，被請者有張會計長景文、徐教育長軼千及新任威海衛市長王崇五、省府警備旅旅長等。

師友

晚，前黨校同學邱崑圃君來訪，談及數年來因家累關係未能離開淪陷區，改擔任數處地方法院推事，惟問心尚無喪失天良之行為，現已與宋志先兄談妥，暫謀枝棲以維生活云。

11 月 16 日　星期五　晴

職務

此次所接收之偽魯興銀行，內有行員三人係在接收前經該行裁遣者，最近中統局調查室簽報主席，謂此三人前為工作關係與該室有聯絡，請會省行仍舊錄用，並將三人所報告之魯興銀行存款情形抄表陳核，此三人余已與之談過，其中語言多有火氣，而所談者又多係未得該行公平待遇，不覺憤懣，可見非老練主持之人員，且亦非完全有何堅定立場者，故已囑其到行任職矣。今日繼續與各行員個別談話，惜因時間關係，僅談數人，連昨僅足半數。

師友

下午，拜訪李書忱顧問，渠於今日起已往接任電汽公司經理，又渠現在正設法收回其自有之房產，有屋百餘間云。拜訪吳子庸先生，不遇。分訪社會部特派員秦亦文及本省合作事業管理處處長趙明遠，大約將來社會處成立，秦之可能性較大，彼時合作管理處將併入云。訪糧煤管理處韓處長多峯，未遇。張卓然兄來訪，談及已遷居六大馬路東端租居之屋，余託其設法代買冬用制服料。晨，邱崑圃兄來約於晚間小酌，至晚即在聚樂樓吃涮鍋，在座者尚有宋志先與李公藩君，李君新任寶豐麵粉廠經理，須兩人作保，余與志先兄兩人擔任之，即蓋章於保證書上。晚，林鳴九、李書忱二兄聯袂來訪，李君因市府有意囑其出面整理商會，彼不甚願，詢余可否為之，余堅決謝絕，表面理由為本行不願參加商會，因本行完全官辦，仍以保持獨立立場為宜也。前在界首辦事處雇員宋東炎君一再向余謀事，余因行內辦雜事之人已屬不少，不願容納，乃轉介之於林建五局長與林毓祥書記長兩處，林局長處無確實答覆，毓祥處則復謂須詢之宋主任委員，繼又答覆適遇林鳴九兄，渠將為之設法，數日內必有音訊，晚間遇鳴九兄復以此相託，目標為田糧處辦理文稿及講演稿人員云。

11月17日　星期六　晴

職務

今日與行員個別談話繼續舉行十餘人，已全部完談，優秀者仍為魯興銀行留用人員，惟不能知其有無特殊背景耳。分別指定員生考試命題人，余為常識，趙立鵬為經濟學，譚慶儒為算數，李秦軒為黨義，李允莊為國文，高月霄為會計學。今日發現有冒名寫信求事者，經寫信人否認，亦怪事也。傍晚，副司令長官部副官處長李蔭堂來訪，談目前軍糧、被服、彈藥、現金之補給問題甚詳，余託其由渝向濟調款，惜未有確切途徑，晚飯約其同至百花村便飯，二菜一湯費近二千元，價大漲。

11月18日　星期日　雨

師友

上午，到六馬路東端秋月旅社對門訪張卓然兄，不遇。到勝利大街卅三號訪許揆一委員，亦不遇。譚漢東兄來訪，漫談行務。午同宋志先、譚慶儒兩兄在又一新吃飯，飯後同至南郊為志先兄看房屋。晚，到七大馬路訪林建五兄，漫談鄉情，並鑑賞其所接存之日人遺留古銅器、古瓷器等件，見有刁斗一件與清御窯瓷盒各一件，尚係精品，餘無足觀矣，其房屋陳設甚佳，具有院落，極合住宅之用，盤桓一小時始返。

采風

下午，同宋志先兄至南郊參觀賽馬會，今日本有騎二軍騎術表演，但至時已散，僅見有該會所辦之賽馬舉行一場，觀眾甚多，各階層民眾無不齊全，尤以濟南婦女街衢一向不甚露面者亦絡繹於途，鑽動於場，該會本身賽馬辦法為看馬買號，憑是否優先，決定得獎與否，雖勝負不大，而性質全為賭博，本係日人經營，資為斂財之所，現在由市政府主辦，為一種變相之稅收機關，究極言之，於國民道德之所失，恐大於政府物質之所得，無怪乎前數日本市報紙著論攻擊，認為不應由政府遷就事實，堂皇繼續經營矣，余等參觀十餘分鐘即返。

交際

晚，城防司令臧元駿在式燕飯店宴客，所請客人凡二十餘人，有軍政部特派員、騎兵第二軍廖軍長運澤、第十二軍軍長霍守義、社會部特派員秦亦文、交通部電政局長徐家瑞、郵政管理局長梅貽璠、公路處長宋志先、田糧處長王隱三、副處長郝宇新、張之槃、省參議會秘書長劉幼亭、省政府交通處長左子奇、接收某工廠負責人董人龍、省政府張會計長景文、濟南市長張金銘、省會警察局長林建五、本行余與副總經理趙翔林，飯前余曾與霍軍長就談，據謂其原籍係棲霞，數世前遷居於遼寧本溪，渠在立煌友人頗多，相談頗為投契云。

11 月 19 日　星期一　晴

職務

近來盼本行開業者急切，故決定下月一日無論如何必須開業，雖一切準備工作可以就緒而業務重心不能把握，各縣不能開展，亦只有不顧矣，今日舉行會報時，余指示各部分從事迅速籌備，並望各科就本身能力切實檢討，而同人中除魯興銀行舊人尚有諳悉銀行業務者外，其餘皆屬門外漢，切須補充知能，以備應用。又關於現行公庫制度，可謂全行無一人知之者，此部分業務將來與中央銀行訂約後即佔重要部分，內容繁複，目前即須研究探討，以俟公庫開展時應用，設各同人無法入門，余可抽出數小時擔任講解，此事斷不能等閒置之云云，總務科即準備先就余所存資料摘要印發一部分講義，發各同人研討，並請余提示一切，因在座者亦皆認為重要云。

師友

上午，滕梅五兄來訪，並介紹大南保險公司副經理接洽保險事宜，滕兄刻任東阿縣長，但該縣全縣淪於匪區，何日入境接事，屬未可知云。牟平縣長于振海兄來訪，渠夏間即不能在縣境執行職務，由海道轉至青島，前數日由青來濟報告云。省府委員李郁庭及省府張顧問達忱來訪，張氏乃安邱耆宿，與周龍淵軍長有舊，相談甚暢。晚，孫化鵬、仲振國兩兄來訪，談及仲兄數日前甫納新寵，住於十王殿大中旅館，此事本轉由孫君商之於余者，余認為純由理性言之，本屬不妥，蓋因仲君拈花惹草已成習慣，如能有所專屬，未始非計，初不知其進行之如此其速也，談頃即相率往訪，即作三人閑談之所，余見仲君之新人雖出自風塵，而無甚習染，且舉止無狂放不羈之態，有此歸宿，固屬大佳，惟察其儀表，似未受若干教育，余見其恆默默無言，即知對余等談吐無插口餘地也，聞本係上海紗廠女工，被拐帶淪入青樓，身世實屬可憫者也。

交際

晚，聚興昶銀號李錫三君請客，吃「和樂」，乃一種軟麵條，以雞湯配成，食前有小菜數色，老酒數巡，均極精美，今日在座者有宋志先兄，又有副長官部參謀處長呂振方、田賦糧食管理處長王隱三、文登縣長于君、副長官部參謀周君，周君乃以前參加共產黨工作者，分析目前政治軍事人才之不足擔當大事，作風之不足與共黨相抗，均甚透闢，此蓋今日有頭腦之人所共同感覺者，能道之者固不僅渠一人，今日之事清談為多，誤國者何莫非此輩洞識時弊無從下手者乎。

采風

下午到館驛街巡遊商肆，攤販櫛比，惜非破舊即窳劣，無一可購用者。又至大觀園一帶買物，聞價較之余到濟時均已漲三、四倍，各貨皆然，如此情形為數年前後方物價暴漲時期所無，怪哉！

11月20日 星期二 雨

職務

關於接收正金銀行事，本甚簡單，然人事牽掣則有數重，其一為該行應歸中國銀行接收，而中行至今未至，貿然先接，似恐發生誤會，實則本行所需要接收者為正金所佔之前民生銀行房屋，其文卷帳表庫存接收後當如數轉交中行，其間固不涉牽混之處。其二為該房為民生銀行所有，該行雖為省行，但與本行非屬一事，近來單獨清理甚至圖謀復業之聲，甚囂塵上，而非旦夕可有端緒者，縱將來民生果能復業，本行對此房亦應秉承省府意旨辦理，豈有無條件霸佔之慮。其三為在余未到前省府主席曾手令現本行副總經理趙立鵬接收，但該員接收後曾以省行名義呈報接收經過，此在事實上本無不當，惟趙野心不可思議，見余實際到職，心懷觖望，適前數日有省府依據手令補辦正式令文飭彼接收之事，渠竟作據為己有之夢想，有拒絕本行接收之陰謀，彼固不知其前後矛盾，無以自圓也。現省府所以未能通過本行所請接收之呈文理由僅為第一種，今日稽核科譚慶儒君向余談起省府擱壓不辦只在本行未予切催，明日接收委會又屆例會，大可設法催促，因即代主持人劉道元兄擬提案文一件，函送請其提出，擬稿之時余囑總務科李琴軒君辦理，渠初表示困難，謂趙對民生行接收事故立異見，且有省府上項令彼個人之文，故科內處理至感左右為難，渠因趙數日來之表示亦認為不妥，故曾對林鳴九兄提及請其轉為規誡，以免辦事困難云，余即明白說明余之態度絕不願與彼一般見識，誠以接收之事既係以行文呈報，此事即係以行為主體，即彼個人所接之公文亦絕不含有省府令彼個人攫為已有之意，否則不僅民生行財產本行不能染指，即現在所用魯興銀行之行址，豈非又將向省府請求撥用，如此自相矛盾之事，趙能為之，余不能為也，李君聞言始將提案一件擬出，如此簡單之事而有如此波折，趙之為人真可謂莫名所以也。韓處長多峯前來答拜，渠掌管糧煤運輸，因周圍八路軍滋擾，有辦法不多之嘆。

別記

前數日余正蒐求碑帖間，庶務楊其昌聞風挈行員李春基所有書畫帖五件至，余即留覽，而囑其詢索價若干，因係行員，數日未得要領，其中凡張士保冊頁一，尚真，餘為董其昌、米芾、祝允明冊頁各一，多係贗品，又有題簽唐拓之集王聖教序，甚精，但係樵本，頃由楊居間議價，吞吐久之，余告以只管要價，余不容還價，一言為定，乃出口四萬，出人意外，余為表示自然，立即予之。

11 月 21 日　星期三　陰

職務

下午，出門拜會有關機關，先至金城銀行內訪第十二軍軍長霍守義氏，霍氏原第五十七軍中人，轉戰數年於山東游擊區，此次故土重臨，情感特多，談話時余對本行業務及當前因限於時局不易展開之困難加以闡述，霍氏雖係軍旅中人，而於此等事亦頗感興趣，且為人和藹，較之一般軍人稍有地位即傲岸自大者，實有天淵之別也。訪省府顧問張達忱於魏家莊天生祥後身，不遇。山東郵政管理局局長梅貽璠前來答訪，談及不久即行恢復儲金業務，儲匯局則俟將來再行成立，又談及無銀行地方且將代理國庫，惟此項業務對該局殊無多少便利，梅氏乃郵政界老人，余詢及在皖相稔之林卓午、鄭鍾煌等，亦均熟悉。今日為準備行員生考試之最後一日，傍晚余將擔任命題人召集將其所擬題目加以審閱，大致均尚平妥，惟趙副總經理翔林擔任經濟學題目，余已向其告明請取出交換意見，旋因余用餐請其等候，及飯畢彼即辭去，殆以為毋庸審核者。此人行徑殊有不可思議者，余所任常識題今晚定稿，凡行員練習生兩種各五題。

師友

下午，訪滕梅五兄於北洋書社，略談即辭，談話時有該社林副理在座，余詢其印製教科書事甚詳，具稱稍有身分之書局在淪陷期間尚未受敵偽脅迫從事文化侵略云。訪李向華委員於崇陽賓館，不遇，又訪于振海縣長於該賓館，亦不遇，但在該縣科長某君處閒談膠東情形甚詳，尤偏重於共產黨之物資管制一點，共產黨在膠東以北海銀行為其經濟樞紐，發有紙幣，另設有工商管理局，與魯南之泰山銀行、魯北之渤海銀行均各成獨立區域，在區域內遇有缺乏之物資即准許商民兌換偽聯銀券出外購運，而對於外來之重要物資復多以所控制之出口貨如花生等運出交換，有類國際間之貿易統制，因號令統一而統籌機關有全面之權限，故極收成效，實則內部亦無不得了之人才，不僅經濟部門，其他軍事行政無不如此，故凡有舉措，必有成果，此點可深長思也。晚，宋志先兄以汽車來接，及至，始知係渠前日允贈余之花卉已由濟南鐵路局取來，計十五盆，余選索其半，凡八盆，其中奇花異草，多所未見，最濃豔者為秋海棠與一種特種之醬紅菊花，最青翠者為一小盆草本長青類植物，枝葉不可分折，合為瓣形，亦似墨德麥穗，置之案頭，別有意致，余在宋兄處聽其暢談西北風土，並食煙台帶來之蝦醬，均有意味，煙台海產余已十餘年不知其味，今日重試，別有一種滋味也。

11 月 22 日　星期四　晴

職務

今日為舉行員生考試筆試之期，地點借用普利門外青年會樓上，與考者皆各方面推薦而來，所以不公開招考者，因目前需人不多，同時甫收復地區內之青年未有妥實之介紹不敢貿然接受也，今日除少數希圖以八行書倖進者未敢與試者外，實到六十餘人，報考員生者各居其半，行員科目為國父遺教、國文、常識、經濟學、會計學，練習生科目為國父遺教、國文、常識、算數，余擔任兩部分之常識題，行員題云：一、試述我國重要輸出物產及其集散市場；二、我國中央政府有國防最高委員會、國民參政會及立法院等機關之設置，憲政實施後復有國民大會之召集，試述各該機關在約法、憲法上之地位；三、試述全國省區名稱及省會所在地；四、試述我國法定度量衡制之概要；五、解釋以下諸名辭：1. 恰克圖、2. 文彥博、3. 霍去病、4. 公債、5. 提要鈎玄、6. 程朱陸王、7. 九通、8. 鄭玄、9. 十三經、10. 膠萊運河。練習生題云：一、試述我國法幣實施經過及其在抗戰中之貢獻；二、我國行政院設置若干部，其主要職掌為何；三、試略述本省重要物產及其產區；四、試述我國重要鐵路及水道；五、略釋以下諸名辭：1. 鄭成功、2. 文天祥、3. 紐約、4. 番禺、5. 春秋三傳、6. 白居易、7. 老子、8. 寶雞、9. 國庫、10. 杜魯門。以上皆各任擇四題完卷，今日試場秩序甚好，各監場人亦均能負責認真，下午四時完畢。第十二軍霍軍長守義來訪，不遇。下午，向牟秘書長尚齋及趙廳長季勳催請撥付應墊本行之資本，以便下月一日先行開業，牟兄謂晚間商之主席，預定為五千萬元，或無問題云。

師友

下午，聞牟尚齋兄由青島於昨日回濟，特以電話詢問其太夫人情形，據稱仍住青島，又謂劉明順兄由西安來濟，余即開車至省府相訪，劉兄已十餘年不見，據稱此來雖將就省府秘書主任，但認為今後不能不在經濟文化方面建立政治基礎，因政局不穩，真實力量決不能以在台上為標準也，此理甚是。旋有林鳴九、趙季勳兩兄亦來，即漫談省府一般情形，聞自新委員鄧月舫到濟後在何主席左右頗起作用，牟兄困難甚多，負責程度不能恰到好處，又遇劉道元兄，據談接收正金銀行房屋事已經通過，而鳴九兄又謂本行南鄰前魯興銀行所有權現在由魏雨辰租用，設所謂「財政部北平農工銀行籌備處」者大可接收，因魏實招搖敲詐已入囹圄也，由此可見本行趙副總經理以前對接收民生銀行以至魯興產業之故作異詞，並非有何見地，不過別有用心而已。

11 月 23 日　星期五　陰

職務

上午，八時起舉行投考行員、練習生口試，凡分兩組，余擔任行員之一組，所問之問題均係觀察其在學校與社會之經過就應知者發問，然後按其能力、精神、態度與體格等項分別定分，與余在一組共同辦理者為譚漢東、高鏡秋兩人，但實際二人均未發問，前後三十餘人皆由余口試，歷時三小時始畢。上午，趙明遠處長來訪，閒談關於其所主持之合作事業管理處籌備情形。

師友

此次牟尚齋兄由青島乘飛機回濟，帶有嘉吉魚數尾，於昨晚與其約定即利用之為劉明順兄洗塵，並由余在菜館另定菜餚以為補充，時間為今日下午五時在芙蓉街中興飯莊，至時到者有牟尚齋、趙季勳、林鳴九、劉明順諸兄，僅為昨日所定之人，但臨時又約王秘書克矯參加，席內凡有嘉吉魚兩尾，余已十餘年未嘗之矣，此魚在煙台時本只春季可捕，數量無多，現在青島因新式漁業能在深水捕捉，故可長年供應云。席間又談及濟南接收中之形形色色，大致爭謀接收日偽機關者均係別有用心，故雖未必能即接辦此項機關，仍以從中過手一次為能混水摸魚，又聞日、德人重要存貨本已向政府方面報告準備移接，某次有一德國洋行存顏料若干業已登記，然忽來武裝人員乘卡車前往裝載，不受攔阻，不辦手續，揚長而去，此種行為，直騰笑敵國矣。大致人之不可救藥者尚屬貪心不足之一念，所謂既盈而益求泰者也，其實現在來收復區之人員，能有陳設完備之房屋居住，有價格不高之物品可買，所佔利益較之後方以及後至收復區者已大得多多。余居恆有此認識，覺中心實無不足之處，此輩強取豪奪者誠不知是何居心也。晚，孫化鵬、仲振國兩兄來訪，閒談時局，目前因第八軍業已在青島登陸，即待西開，八路軍之沿膠濟線者乃多方出面阻攔，聞膠濟路之破壞較任何時為甚，火車仍不能暢通云。臨清宋東炎君，前曾在界首安徽地方銀行充當雇員，後因中原戰爭未隨行撤退自行回里，現因臨清為八路軍所據，又來濟謀事，余因其未諳銀行業務，久久不應，後據稱筆墨尚佳，又為之轉薦他處，其中一處為林毓祥兄，林兄無法按插，適與林鳴九兄談起，林兄前曾受田糧處王隱三處長之委託物色作論文講稿之人員，乃薦往試用，初令作論文一篇送核，繼又令其當場屬稿，後始有延用之意，今日詢之鳴九兄知該處決定任用矣，宋君在濟窮困不堪，已數度向余告貸，今幸已有所安置矣。

11 月 24 日　星期六　晴

職務

中午，行員讀書會舉行第一次讀書報告，主管科請余參加，今日報告者凡七、八人，均有相當準備，且具相當內容，較之余在皖省地方銀行舉行小組會議時之一種無可奈何神氣，實有極大區別，且出乎余預料之外者。報告畢由余致詞，首先對於報告者之具有內容表示欣慰，其中所讀書籍以金融會計者為多，歷史經濟者亦有其人，閱金融書者又能對於銀行員對顧客應態度謙和不畏繁瑣，與銀行員不應以具備辦事技能為已足，應充分注意於經濟情況之瞭解與經濟理論之研究之兩點充分接受，可謂極其扼要，此次為第一次即有如此良好成績，希望切實保持，對所讀之書應從首至尾詳細研討，不可斷章取義，對讀書會進行尤應始終熱誠，貫澈到底，語云「靡不有初，鮮克有終」，應懸為戒條。此外於技能訓練之書籍而外，亦應同時注意於人生有根本關係之哲學、史學等類書籍，愛好文學者對讀物選擇尤應慎重，望多讀傳記書籍，既可適合文學興趣，復可陶冶人格，更可對歷史素養有甚大裨益云。開始評閱前日員生考試余所擔任之常識卷，今日已將行員部分閱完，最多者只得五十餘分，足見一般青年常識之缺乏，第一題多將輸出物產誤為一般物產，致有將進口農產品亦列入者；第二題對目前中央政府之權力機關幾乎無一知之，甚至認為國民參政會乃法律上最有權威之人民代表機關而於憲政實施後仍有地位者；第三題對全國省區及省會完全列舉無遺無誤者亦無一人，且有認為蒙古、西藏亦係行省者；第四題對於法定度量衡制多只知片段，如十六兩為斤，三市尺為一公尺之類；第五題正誤參半，而有數名辭為全體所不知者，即：提要鉤玄與九通，十三經亦無人完全列舉無誤，膠萊運河雖在山東但知之者甚少，如此成績，真不知在校所讀何書也。又聞算數試題答對者亦甚少，該題僅為高小程度，包括四則分數比例與利息，開方且無之，成績如此，亦出人意料者也。

師友

晨，張卓然兄來訪，余因近來託其代辦之事甚多，約其晚間吃飯，並另約林建五、劉明順、孫化鵬三兄參加，地點為聚樂樓，吃羊肉涮鍋，至時均到，飯後彼等至建五處，余回寓舍。

別記

遊日本寄賣所，見所陳列書籍多係文學書，惟取價不高，有珂羅版畫冊數種，印製裝幀均美，以數百元致之，此外有各種用品衣服等，價均甚昂，且多不合用者，未能選購。

11 月 25 日　星期日　晴

師友

上午，李公藩君來訪，漫談濟市之金融界業務情形，大致言之，各銀行號仍注意於商號工廠之信用放款，因而虧累或致隨物價下降而破產者，實繁有徒，又此種放款之經營，於跑街人之能力與品格關係甚大，其人選不可不慎加選擇云。余意本行將來放款應從生產與運銷之溝通上著眼，注重其經營過程之控制，而不必斤斤於借款人信用之調查，行內調查研究人員只須注意金融大勢、商業工業趨勢之判斷即為已足，惟李君意對於扶助工廠派員駐廠設倉之一種方式仍為必要，余意此固重要，但決不能十分強調駐廠員之重要性，其任務應僅限於勾稽押品，亦即登記原料與成品進出情形隨時報告銀行，至於放款方針乃至借款人本身之財務狀況仍當由銀行自行考量之，庶免跑街人員之同樣弊端云。李君又談及目前濟市麵粉業情形，現在七家粉廠共有一百廿五盤磨，磨有大小，就寶豐一家言，現僅開半數八盤，所需原料人工燃料等流動資金每日即極可觀，大約經常須有萬萬之數，故今後如何與銀行配合或設立銀號以籌措資金，殆極重要云。莊仲舒君介紹中國聯合準備銀行濟南分行行員孫貽蘭女士來訪，談因聞中央銀行即由北平派兩人來濟南接收聯銀，此次中央行在平接收其總行時曾留職員數十人，如此次所派之人有權決定人事，希望能酌予說項，渠係該行之唯一女行員，且家屬均在重慶服務，本身因奉母家居留此，實非有他云，又渠亦知此間中央行經理有由崔唯吾先生接任之說，惟不知其所聞之消息係在余離渝以前抑以後，因而不能斷定此事之可能程度有若干云。晚，譚慶儒兄來閒談，余意下月一日本行開幕之方式應豐儉適度，為時局中之立場計，應極力從簡，故發出柬帖將印明不受餽贈，但仍請各界指導，以資生色，又如有特殊關係者必須送贈紀念品者，亦不峻拒，又談及中國人作事與西洋人作風之不同處在應付人事之處太多，故在中國做事須多一套堅韌、耐煩、沉著、平和之修養，此語極有見地。晚，邱崑圃兄來訪，談及其以前參加偽法院卻無危害國家荼毒人民之事，但既已有此經過，故出處不能不加慎重，宋志先兄將約其協助接收，但聞接收人員須經過政府審查始能任用，渠正為之躊躇不決云，又邱兄雖任偽法官而未為薦任以上之首長，按照新頒漢奸治罪法規，可倖免於檢舉云。

職務

尚齋兄來電話云，省府向長官部借款一萬萬，即以其中五千萬元墊撥本行資本。

11 月 26 日　星期一　雨

職務

今晨會報席上討論招考員生之趕速揭曉事宜，預定明日可以計算總分，完全以成績為標準決定去取，投考人員不乏認為此中有徇情情事者，復紛紛來函致行內主要人員，為之關說，此種情形固屬我國社會中應有之義，然有類於懷疑本行處理事務之公正與經辦人員之人格，實屬大不應該，舉凡此類信件，一概置之不理云。今日評閱練習生常識卷，成績仍壞，無一及格，最多者亦僅五十餘分，且不過一、二人，題目中關於法幣制度之實行由美國購金一節，知者僅一人，其餘多半認為係隨民國以俱來之制度；關於行政院所設各部最多只能列六、七，其餘有將軍委會各部孱入者，更有將五院中之其他四院亦混入稱部者；關於本省物產，尚均能約略舉其數種，但於何者為重要，何者為次要，則大都茫然不知；關於鐵路、水道，能列舉其主要者不過三數人，其他多僅知濟南所在之津浦、膠濟等線而已；關於十名辭，因所問較易，故綜合言之，均能答出，但鮮有能完全無漏無誤者。由此種種，可見一般學生程度之低落，至可嘆息。山東省地方行政幹部訓練團下月開訓，前數日來函聘余為教官，擔任各班普通訓練之經濟學一科目，全程六小時，且須編發講義，事先送團付印，余選最簡易之經濟學教本為教材，欲以趙蘭坪先生著高級職業學校教科書「經濟學」為依據，但仍嫌篇幅太多，無已，今日將其中有關經濟史與經濟思想史之材料截去，只留最簡單之純理論部分，準備加以編排，先行印發。從事趕辦下月一日開業前之一切手續，余意不加鋪張，但亦不使過於寒傖，故將於明後日發出請柬請各機關首長屆時前來指導，同時登報公告，又對於各機關發出公函通知開業日期。下午中央社記者再來訪問，詢開業日期及組織資本情形，余就可發表者告之，據云前次余所撰新聞稿本市報紙有限於篇幅未能全登者，但彼同時間外埠發出稿件，外埠有將此消息向外廣播者，按此次本行籌備開業，在財政部方面尚缺少十分充足之依據，此項消息公布後如財部無何反響，即可作為已經默認之依據，此次如再有正式開幕之消息發表，部方態度更可由此判明矣。

交際

晚，華慶麵粉公司經理楊竹庵君在百花村宴客，到者有田糧處王處長、郝、張兩副處長、宋志先兄及日用品管理處郭副處長文萱，席間對本行開業日期均極關懷，對於下月一日即可開幕一節，均感興趣。飯後至宋兄寓所談天，並有張副處長等之清唱助興，十時始散歸。

11 月 27 日　星期二　晴

職務

今日會報席上討論下月一日開幕應行準備之事項，極為瑣細，舉凡木器裝置，發出請柬公函，登報通告，以及會場佈置等事，均經涉及，而在登報以前，昨晚中央社記者來行談話各節，當晚即已廣播，今晨各報復皆刊布消息，謂省府撥給資本五千萬元，定下月一日即行正式開幕，辦理存放款及匯兌業務。又今日趙副總經理翔林到副長官部向其代省府借到一萬萬元，即將就中由省府將本行資本墊撥云。日昨省府庶務科長祝廷琳兄來訪，談及省府將發動工棉服，望本行亦造冊請領，又本行請省府價撥麵粉，亦可備簽呈請主席逕批撥發，或且毋庸備價，在省府方面或因不明營業機關之性質，一視同仁，在本行雖知之，而因開業時無業務可作，省府撥給之物品或係由敵偽接收而來，自亦無拒絕之理，遂即趕辦手續，今日祝兄來電話云，業已奉批，即可往領，本行所填為按月一百五十九袋，照市價計之，可值五十萬左右云。晨，行員程持中來談，謂營業科副科長楊春煦因私事羈靡，遞呈辭職，並附呈在職期間所借之生活費用，余詢有無其他原因，據答無之，然余未之置信也，傍晚以其辭呈交趙副總經理一閱，渠閱後交還，未置一辭，余因楊君係彼所用，何以如此，竟不可能，正擬晚間召楊面談一切，適譚漢東兄來，提及此事，謂程持中所言，皆係託詞，情因上星期六會報，余未到會，趙君主持，於楊君報告市情時，謂均所習知，何用報告，疾言厲色，楊君為之難堪，遂有此舉云，以情度之，此事尚屬可能，因趙君之喜面紅耳赤，殆成習慣，惟余對此事實情明瞭後，知事甚簡單，於本行目前熟悉業務人才不多之時，當不允其辭去也。省政府會計長張敦鏞兄來訪，談及本行設置會計主任事，余即告以現會計科長高月霄資歷尚合，渠表示將約其一談云。考試行員生分數已經評定，今晨指定女行員五人開啟彌封，填寫人名，下午召集各科主管會同審定，在六十餘人中見及六十分者為行員九名、練習生十二名，分數平均法為筆試、口試各半，故筆試成績過劣者尚能藉口試補救，當即決定照此數錄取，明日登報通告，限月底前到行報到，又此次考試練習生錄取名額中十二人內有七人為女性，行員中則無之，分配有失常態，亦異事也。下午，電燈公司經理李書忱持主席函商洽借款購煤事，因該公司日需炭百頓，買煤必付現款，營業收入則每月收取一次，周轉不易，故向本行息借，其透支額度為二千五百萬，余在原則上已允其請，惟須草定借約後再行詳定辦法云。又據李兄云，長官部與省政府合組之鑛業委員會本欲向本行借款開工，近來又復沉寂，似乎當初動機僅為設法前往拉煤，開工云云初無必辦之意云。編幹訓團講義「經濟學」，係完全以趙蘭坪先生所著職業學校教科書「經濟學」為取材，加以剪裁，期能作為六小時內可以講完之材料，今日已編定總論與生產論兩部分，因該團通知須後日交到，故即先就此一部分交本行打字員宋蓮君女士著手打清作為講義底稿。余未到濟前，魯興銀行係由趙副總經理接收，據報告當時曾甄留魯興行員生三十餘人，籌備之初已通知任用十餘人，尚有十餘人等候工作，茲因開業在即，此事不能久懸，余乃通知分批傳見，今日已來五人，余一一詢其過去工作情形，均尚優秀。此次考試員生完全一秉大公，乃各機關或則函託通融，或又於考試後薦人，均覺不勝其煩，社會擾攘，不知何時可上正軌也。

師友

中午，劉明順兄來訪，詢添置衣服問題，余乃同其至華泰祥選料，尚有可用者，余因見有一種暗色厚毛料，亦順便量製制服一套備冬季之用，又劉兄刻已就任省府秘書主任之職，自謂案牘，極不願久於其事，只因係為尚齋兄幫忙，道義上不能不就耳。

11 月 28 日　星期三　雨

職務

今日所忙者仍為開業前之籌劃，上午總務科開單列舉應發請柬之機關，有未詳盡者復須補充詢問，計得一百餘單位，即由總務科趕寫封套，發出請柬，請屆時前來指導，此項請柬本為只寫明開幕日期，意在請其隨時前來，隨時招待，以免擁擠，失之招待不週，後因何主席屆時亦來須請其訓話，勢須有典禮形式，故又決定另備私函致各廳長委員，寫明典禮時間，希望共來參加，其人數既不超過本行屆時參加之行員，且不至為會場狹礙所限制，乃卡片印成後始知總務科已全將典禮時間印入，是則來賓二百人左右將同時到達，其困難不免因之而生，一為會場狹小，容納不下；二為行員除在營業室者外，參加者不過四、五十人，較之來賓人數，渺乎其小，主席訓話時將以來賓為對象，輕重倒置；三為人員太多，起居坐息，均無如許空間，招待方面勢難免凌亂無序。惟副總經理趙翔林堅謂無妨，甚至為此等事又復面紅耳赤，出言無狀，余覺甚是無味，亦即聽之，但如此籌備，確係勉強侷促之極。楊春煦辭職事，經過如昨日所記，今日當趙副理面招楊君至，謂其私事決不至妨礙公務，不必言辭，當面將辭呈退回，余與楊皆知底蘊而未明言，趙則乘間他顧，仍未發言。

11 月 29 日　星期四　晴

職務

今日仍為籌劃開業一切準備事項，上午會報時提出各員生在各部門之工作支配，即交各科會商，於下午列冊決定之。又會計科提出暫行會計簡則，於會計規程未制定以前自須有此等規定，以資遵循，余閱後見大致平妥，即發回照辦。中午，山東公報採訪主任丁在家來訪，詢問本行組織及業務以及對於金融發展之意見，余即告以分總務稽核會計業務出納等科，科長均係對內，人選不必登報，至於銀行業務乃以存款放款匯兌為主，本行不能例外，惟單位尚未敷設，通匯刻僅為重慶一處，至於本行之特殊使命為扶助生產，尤其注目光於下層，以矯正過去銀行集中都市謀求商業利潤之偏頗，而接受中央委託代理國庫，亦為本行之所特有，故使命非比一般商業銀行之狹隘云。余於會見丁君時最所不解者即其今日所詢在上週中央通訊社濟南分社均已發稿，各報皆載，僅該報未登，今日又特來採訪，可見其編輯與採訪互不相謀，採訪者對於各報紙已載之稿件亦全不注意，至奔走於此等無益之舉焉。下午訪中央通訊社濟南分社主任劉向渠，為普通拜會，並探詢其此間經營之大致情形，劉君一一見告，渠並向余推銷其新聞稿，每月萬元，報館所定則每月五元，每日發稿四次，材料甚多，尤其第四次送出即近天明，各報多已上版，留待次日刊載，訂閱此種稿件，即可提前獲知若干新聞云。開業前觀察社會各方均對於本行之開業十分重視而希望尤為殷切，其中除希望透借款項者外，即為對於各地之匯兌，余告以勉強可辦者為重慶匯款，但匯入者多於匯出者，款項由渝調濟，其可能性與時間需要若干，須在渝始知，此間不能遙制，故接洽匯入大數款項，須在渝洽辦云。

交際

中午，濟南市長張緘三宴客，余因其時接見新聞記者，故到達稍宴，見主人未到，僅由其秘書長張浩然代表陪客，謂張市長臨時奉主席召接洽公務致未能到云，其餘客人為參議會秘書長劉幼亭，膠濟路特別黨部主委榮從頤，省黨部調統室主任于仲崑等。

師友

傍晚，宋志先兄於電話中約余至其寓吃飯，至則始知係聚興昶銀號李錫三所邀，余覺忒為冒味，故擬不往，但不果，至則在座共餐者尚有商會委員濰縣譚盱民君，飯後略談即至譚家開留聲機聽北平放送新聞，無甚重要者，在譚寓見有北平蔣君畫冊，珂羅版印，描寫貧困人生之悲慘，可謂鬚眉畢現，有一幅賣子與母分離，幾為泪下，又承贈何子貞臨坐位帖影印本一冊。

11月30日 星期五 晴

職務

今日上下均全力準備明日開幕，其中最雜亂者為庶務方面，舉凡收受禮品，布置廳堂，均非一朝一夕所能完美無缺者，其中又有必須隨時接洽之事，故雖不負事務責任，亦仍不免於煩神也。幹訓團聘余任經濟學課程，須將講稿於昨日送到，余決定採用趙蘭坪先生著之職業學校教科書「經濟學」，雖內容甚簡，然仍非數十時所能授完，乃選其中之可删節者加以删節，並改編次為章次，章次為節次，固有之節，則成為小節，標題冠於首行之開端，編定後交行員宋蓮君女士以打字機打清，於昨晚完成總論與生產兩章，今日校閱標點後送徐教育長發印，名稱則用該團所定之「經濟學要義」，並寫明節自趙著經濟學，以示有所本也。訪鹽務專員公署王專員興仁，悉尚在徐州未到濟南，現由青島分局郭局長代表接收，郭因病未晤，與其張秘書略談辭出。晚與總務科長李琴軒、稽核科長譚慶儒、出納科長耿成琨閒談開幕後之業務，除存款儘量吸收外，商業放款暫行緊縮，有利業務為匯兌，初步為重慶及後方各地，青島亦亟須成立辦事處。今日已先將渝地人事發表，以于錫川為重慶寄莊主任，崔藩五為總行稽核，暫駐渝莊協同處理事務，如此辦法可免呈財部先行核准之煩，且內寓安徽地方銀行，既不需開辦費，亦可節省開支至鉅焉。

交際

中午，公宴省府科長秘書階層人員，計有省府秘書主任劉明順、秘書于寶標、王子容、婁光啟、張惟庠、王克矯、汪聖農、楊靜、孫化鵬、張寶瑛、馬毓筠、李同偉、張逸凡、程蘊珊、李紫珩、季景華、黃公望、政務廳秘書李聲正、譚聲文、劉福荃、陳桴航、王慎明、馬善交、毛守機、總務廳科長祝廷琳，其中除數人尚未到濟者外，均來參加。晚，公宴省政府政務廳第二科長李滌生、第四科長弓英德、第六科長張清福、第七科長王錫籙、秘書宋承烈、秘書室主任周輔齊、技正于皞民、總務廳秘書孫松一、劉亞夫、李長興、魏驥、于寶生、蓋右人，第三科長朱潤成、第四科長李卓雲、第五科長梁汝如、人事室主任王鐘今、會計室主任張金聲、委員劉瘦岑、萬惠侯、前省府秘書主任現臨沂區行政督察專員張雲川、省府秘書崔永和，除有二人因事未到外，其餘全到，地點在青年會美記西菜館，情況甚盛。晚警察局林建五兄請客，亦在青年會，余到後稍談即辭。

體質

濟市已交冬令，有北方型之寒冷，背陽處甚至終日不能解凍，余十數年來均在南方，至此頗覺不能適應，手指因須工作，已有凍腫之處，足部因尚未著棉鞋，亦有相似情形焉。

12 月 1 日　星期六　晴

職務

今日為山東省銀行正式開幕之日，門市按所定營業時間上午九時開始營業，因環境多故，民生艱困，故於揭幕剪綵等形式，概未採取，以免過分觸目，遺各方以鋪張揚厲之誚。至十時，賀客踵至，在各接待室指定高級人員分頭招待，余則巡迴各室，與來賓握手寒暄，旋省府何主席仙槎到達，即延一部分來賓先入禮堂，其餘一部分陪同主席步入，入座後左為新聞記者席，右為各機關長官席，中間前部亦為來賓席，後為行員席，坐定後典禮開始，首先奏樂，唱國歌，繼由余主席讀國父遺囑後，即席報告，計分本行誕生經過，當前任務，及對於各方之希望等三點，略謂自今春主席接主省政，鑑於省營金融機構已因受敵破壞而久陷停頓，即決定恢復民生銀行，當派本人赴渝向中央接洽一切，適國府公布省銀行條例，對於本省設立省銀行之請求極為讚許，接洽告一段落後，主席至渝，隨一同回濟，其時已由趙副總經理接收偽魯興銀行，本人回濟後共同籌備，就任後於今日開業。至本行任務已具載於省行條例，即調劑本省金融，扶助經濟建設，開發生產事業。回溯抗戰八年各省行於執行政府政策，集結外匯發行地方幣券，收購外銷物資，搶購進口貨物，均有極大貢獻，今後新階段為獻身於積極建設，使命更屬重大。此外如代理國庫，配合國家銀行灌注金融力量於民間，亦為省行之重大使命，綜合以上所述，以本省抗戰來已無基礎之省行，將負荷如此重要之使命，實覺臨淵履薄，尚祈各長官各來賓時予匡助，以求達成云，繼由主席致訓，略謂自省府回濟，工作多忙於接收等消極工作，積極開展實尚未足，今日省行成立，實為積極工作之一端，銀行乃調劑金融之營業機關，絕非為便利官府私人取求而設。吳總經理與趙副總經理均在皖冀經營省行有年，經驗作方均有足多，望各界切實協助，協助該行亦即協助本省經濟金融之發展云，繼由省府總務廳趙廳長季勳、省參議會劉秘書長幼亭相繼致詞，表示對本行之殷切希望，講畢由余致謝詞，大意為在籌備期間已蒙各長官與來賓多所協助，今日開幕復蒙惠然肯來，而倉促成立，本節約之旨發出請柬甚遲，不欲各方多有餽贈，乃仍荷惠賜多珍，今日又聆主席寶貴之訓詞，各長官熱烈之箴規，復於事前多蒙介紹存款，介紹業務，在此一並致謝，並望各同人格外勉勵以期報答於萬一云。詞畢奏樂禮成，即在庭前攝影以為紀念，首攝來賓與全體同人一幀，次攝本行全體同人一幀，攝影後已十二時，來賓相繼告辭，送至門首，午飯全體同人聚餐，晚飯亦聚餐，飯後將新聞稿整理完成，交打字員打清後送各報館，並擬啟事一則答謝各界送至報館，即舉行同樂會以示慶祝，節目均由本行同人擔任，有國劇、雅樂、女同人合唱、口琴獨奏等，八時始散。今日營業情形，僅收到存款數十筆，合共二千餘萬元，有接收機關持所接之日本正金銀行、朝鮮銀行劃線支票前來轉帳者數千萬元，因敵偽方面不能支付現款，而本行又不能與之共往來，故囑經辦人員向顧客洽明，須與發出支票人接洽將紅線取消，表示能付現款後始可辦理，本行收到後並須在送金簿註明此款須俟收到現款後始可支用，實則正金等行無現可付，此項紅線絕不允許取消，此即等於拒卻也。今日開幕又有一種特別情形為平時所無者，即濟南接收後我方銀行之設立者本行為第一家，市面銀行、錢莊皆係敵據時代所存在之行莊，依據中央規定均在停業聽候處理之範圍，在本行不能認為同業，故事先不拜客，今日亦無堆花之舉，此存款較少之原因也。惟各舊行如中國、大陸等行今日亦來道喜，舊有之銀行公會亦事先送來禮品，在人情上不能拒絕，亦過渡期中不能不爾者也。今日一切進行順利，大致可謂圓滿焉。

12月2日　星期日　晴

師友

上午，牟尚齋、劉明順兩兄來訪，即同至緯五路訪宋志先兄，因約定在彼處食「和樂」麵條也，比往，於等候期間，詢牟兄關於董事會問題，據稱其本人因避操縱之嫌，經再三考慮，決定不復參加，而主席已將本省應向財部保薦之六人初步決定：即趙季勳廳長，因其有直接關係也；張鴻漸委員，因其足以代表主席私人也；張希孟君，因其可以代表李延年副司令長官也；李書忱君，因其可以代表地方經濟界也；余，法定當然者也；趙翔林副總經理，免其心懷觖望，便於與余配合也。余雖甚願牟兄之參預，但觀察大勢，似乎已不可變更，只謂如此亦好。至部方董事七人，省府希望之人選亦宜由省府向部提出，以免產生不合理想之人員將來動多掣肘，此點聞主席亦注意及之，又監察人省方四人，應由參議會產生之，聞現任孔議長恐將去職，代之者為裴鳴宇氏，此人遇事極可同調，可無慮也。關於尹作聖兄去年在財政廳任內虧空十餘萬元，希望主席能准予補助，此事或有可能。飯後同至各委託商行選購用品，物價奇昂，幾已追上重慶，余初到時為德芳買灰背皮大衣料，僅費一萬八千元，今日肆上即索十餘萬，推而食用品，小米每斤近百元，饃每個二十元，腐乳每塊廿元，油條亦二十元矣。

12月3日　星期一　晴

作文

　　前日山東公報採訪主任丁大家曾面託為該報撰經濟論文，余已應之，而未定期也，昨日與友人聚談，咸以目前法幣行使有種種不法現象，其中最匪夷所思者為關金券之暗遭折扣，其原因為收復區人民不知何以關金一元當法幣二十元之故，於是奸人從而操縱之，於中取利，此事最應糾正，余今日乃以「釋關金」為題，為短文千餘言，說明關金之由來，及政府為節約券料，提出發行並提高含金量，按當時一元美金合法幣二十元之掛牌為標準，定每元合廿元之沿革，文內除含金量一點參考中央銀行出版李駿耀著「中國紙幣發行史」外，餘文皆書寫所知與所感，打清後分送山東公報、民國日報、華北新聞、青年日報刊載。

職務

前偽魯興銀行常務董事張水淇與事務處長嚴覺民來訪，因存戶提款無法應付，希望能將本行所接收之布、煤發還，以便變價償付存款，謂為本市商民請命云，余以接收情形已報省府，容陳商後再議。又催交接收清冊，並商借所接收之煤爐，此二事余云極易商量。商埠中區警察分局長來拜會，未談何事，想係普通聯絡。前民生銀行總稽核張少鶚夫人偕其女婿來訪，詢張君在渝情形，並詢其商埠自有房屋被日軍佔用八年刻擬收回之應有手續。

12 月 4 日　星期二　晴

師友

上午，吳子庸先生來訪，詢透支押款手續，余告以因商情不穩，暫時不做，吳氏刻在商業學校任課，將來仍願在政界有所活動云。到保安司令部政治部訪姜佐舟主任，據談到此後人緣不佳，欲晤新任保安司令部副司令兼保安處長而不可得，將來保安部隊如何支配政工人員殊為問題云。在省政府訪孫化鵬兄，同至沂州小館午飯，並同訪仲振國兄於其新居，移時同出買書，費時頗久。到大華醫院訪華子修、李淑英夫婦，承堅留至燕喜堂晚飯，卻之不果，華兄誠懇過人，飯後移時始辭歸。在政務廳訪馬敬久兄，馬兄為人至熱誠，余與談陸嘉書兄在青島近況，渠對陸兄亦甚關切，且盛讚其為人。

職務

訪省府張會計長景文，渠又談及有謀為本行會計主任者，余告現在擔任會計科長之高月霄君，人極稱職，資格亦符，請其注意。訪于仲崑主任於省黨部調查室，不遇，留片。答訪周心齋顧問於營業稅局，不遇，留片。訪劉孝先兄於省府秘書室，詢關於本行請省府轉部撥資及先由省府墊撥開業之公文處理情形，據談昨日已代主席批轉財政部，原件送至單秘書長處，想已交總務廳，比至牟兄處詢問，知其尚未閱過，必在積牘之中，當即告以此件除轉部而外，尚須批飭總務廳列付庫帳，並指令本行知照，以便利收資本帳，洽明後即訪總務廳主管科朱科長澤生，請於收到時即辦。在尚齋兄處又談及韓學玉兄將有意來魯工作，牟兄意覆信請其即來，到後中等學校教務主任等缺當無問題云。訪總務廳趙廳長季勳，洽談行務，關於董事人選，據談已發電保薦（具如二日所記），至部方董事將有七人，省府亦提出四人請部考慮，即龐鏡塘、崔唯吾、張靜愚、靳鶴聲是，余意董事係準據章程而來，人選既已保出，章程不宜再遲，趙氏云其尚未見，必在尚齋兄或主席處，余並本起草人之立場，請其注意開會審查時，通知余列席參加，以便說明而備諮詢。又省屬各機關現款亦可仿各省慣例，令其必須送存省行，而目前總務廳之金庫在省行成立之今日，亦可提前結束，因該庫人員即本行辦理出納人員，庫存混淆諸多不便也，趙氏對此點亦已首肯。

余又向趙氏詳談目前初步業務情形，存款自須盡量吸收，放款則有電燈公司與鑛業委員會兩機關在接洽中，匯兌只通重慶，以寄莊方式處理之，分支行處初步或先成立青島、濰縣云。省府發各職員每人布二匹、糖十斤、麵三袋，公役減半，余詢牟尚齋兄本行同人可否照發，據談此次限於舊有職員，新任職員將作為第二批，數量或酌予減少，本行可備呈文至省府申述理由以便核辦云。

12月5日　星期三　晴

職務

晨，面告總務科李科長及稽核科譚科長，速向省黨政接收委員會洽取對魯興銀行之接收證及即將進行接收之正金銀行房屋接收證，前者因接收之時僅係憑副總經理趙立鵬所持之何主席條諭，正式手續尚付闕如，而日來魯興銀行清理處方面以存款無力支付為詞，要求提回所接該行之布匹與煤炭變價還債，其所藉詞為體恤商艱，但曾提明謂接收手續不完備，且初係準備資產負債並接，後又改為只接不動產，言外之意即依照中央規定須接收而兼清理，今則與此相背，其所持者自不無理由，設或中央銀行來濟，認為魯興應由該行接收，其兩方面不免有處於同一立場之可能，故須早日取得接收證，則將來一切責任即可由當局負之也。後者因其房屋為正金所有，但係向偽組織買進，國家銀行可以正金所有為理由接收之，本行則可以該項買賣為非法而接收之，端在接收之遲速，故本行接收證須早日取得也，此事已由譚君向省府提辦。召集各科長商討讀書會進行事，決定按科分組，並強制每人送閱札記，將來房舍寬敞電燈復原時，並籌劃舉辦訓練班，集體講習。成通紗廠苗海南經理來訪，談濟、青、津、滬紗業情形甚詳。省府顧問周心齋來訪，談鑛業委員會準備開採淄川魯大與大汶口兩鑛，但因治安不能確保，故尚難展開。

12月6日 星期四 晴

職務

今日成大紗廠副理高君來訪，談其開工情形，謂只開六千錠，現在每日出紗兩件，用花有限，故不虞不繼，但每日用煤十噸，則無來源，現在開工每日只工作九小時，否則六千紗錠決不止出紗兩件，又以前該廠不織，下月將加設織機，以供需要云。成通紗廠經理又來談押款事，余因本行對放款應用表件尚未預備妥善，允稍後一兩日即行洽議。本行副總經理趙立鵬取得一接收醬油工廠之權，兩日來正忙於辦理此事，聞此事與林鳴九兄有關係云。晚，訪膠濟路特別黨部宋主任委員正軒及參議會劉秘書長幼亭，閒談。

師友

晚，訪林毓祥兄於膠濟路特別黨部，據談今日舉行黨團幹部會議，凡費時一日，所討論者本為目前應付奸匪之道，乃會場中多為發牢騷、洩憤激之空氣所佔滿，竟致正事全未議及，徒然反映各種派別之意見紛歧，立場互異，裂痕無法彌縫而已。據林兄言，黨派之分歧種因非只一旦，大體言之有學行社，有復興社，各有立場，即至今日亦未能消除，前者以劉道元兄為領導人，後者本為秦啟榮所領導，秦死後即無中心，現在牟尚齋兄屬下頗收容一部分，但非重要者，因而與前者不甚融洽，此外為林鳴九、宋正軒、劉幼亭諸君則為中立者，期在民主潮流中別樹一幟。關於本行問題，據林兄謂趙立鵬副總經理本甚歡迎余之來濟，但後又受學行社方面之鼓動利用，似又欲採相爭之勢，但此語余認為全不確實，因據余所知，渠並無與該方面接近之表現，但外界多以為余與牟兄關係非凡，乘機離間者則不能謂無其人焉。林兄對於目前本黨之自殺作風深致憤慨，如在上者之黨同伐異，對於下層工作之漠視，對經費之不能公開，皆為一種腐敗現象，又在接收工作中所表現者亦殊惡劣，種種事實，不僅為吾人所氣短，亦且為戰敗之日本所竊笑。大致言之，凡接收者須多少有代價提供，始可入選，而其所失即於接收中取償之，日人深知中國人之毛病，故往往在移交中留出一部分物品，不列冊內，等候雙方私自朋分，近則愈出愈奇，有本應接收之機關，暗地進行改組，謂為與敵偽無關，並提出一強有力者為董事長、董事之類，無形中將應歸公之物轉為私有矣。共產黨口號謂濟市所表現者為佔紗廠、爭洋房、搶汽車，正事無人過問，如此情形，縱無如此嚴重之軍事環境，亦將無自立之條件，而況國軍遲遲其來，共軍本省有五十萬眾，平津一帶共軍又公開接受蘇聯之補給，而濟南爭奪場中之人反愚昧如此，豈不可嘆云云。余十年來未在本省工作，故於內幕情形，夙昔多有不知，由此以觀，本省前途在現狀下殊為黯淡，山東人性情如此，實不若交外省人統制為愈也。

12 月 7 日　星期五　晴

職務

上午，到省地方行政幹部訓練團授「經濟學要義」一小時，今日為初次上課，故由葛教務長陪同至課室，並作簡單之介紹，旋即開講，余見全體學員有二百至三百人之數，恐位次在後者不能聽清，故講解時盡可能將聲音提高，因而頗覺吃力。余首先詢問習過經濟學者有若干人，舉手為答者僅十餘人，故仍照講義解釋要點，此講義即摘自趙蘭坪先生所著經濟學，經該團印發一部分者也，今日只講完定義與欲望及財等概念，講義即完，為提起學員興趣起見，表示每堂可提出若干時間為具體經濟問題之研究討論，希望有何疑問皆可提出詢問。今日有學員詢問目前外匯之價格，余就自法幣政策實行，中央銀行掛牌歷次改定經過及黑市之產生與現狀加以簡單說明，聽者注意力均甚集中。下午，電業公司李書忱來續洽借款事，又提出商會須墊借急要費用事。

師友

中午，應幹訓團徐教育長之約至五大牧場用西餐，並與該廠經理武、張兩君晤面。下午訪周軍長龍淵之兄銅山，余提及與龍淵有舊，此來一面奉告其現況，一面探詢生活情形，據談數年來抗戰經過，殊為壯烈，但經濟方面因兩年來受敵軟禁，胥賴友人之協助云。晚，訪宋志先兄於緯五路，並有譚盱民夫婦等亦在，清唱京戲雜耍等為消閒，並商定明晚約集多人，為較大規模之舉行。

12 月 8 日　星期六　晴

職務

上午九時到省地方行政幹部訓練團參加本期開學典禮，到各機關首長等頗多，由兼團主任何主席主持典禮，並報告學員應有之認識，繼由徐教育長軼千報告籌備開訓之經過，次為來賓演說，有牟秘書長尚齋、鄧委員繼禹及郵政管理局梅局長貽璠等，約一小時禮成。下午，電燈公司派員前來洽商借款手續，當將草約最後商定文字，全數徇彼方之請增為以二千五百萬元為透支限度，利率本為月息六分，較市面利率為低，彼方再請減低，未允所請，其餘無大變更，即交打字員打清，準備後日簽約，十一日開始有效，期限為三個月，申明書調查表印成後再補具。

師友

派人送贈周銅山氏國幣參萬元，承照收見復，周氏乃周龍淵軍長之胞兄，周龍淵在商城駐防時，到立煌常相晤面，今春離皖時且受其惠，居恆念念不忘，今渠本人尚在皖北，而其兄則情形頗窘，理應有所報答也。晚，在志先兄處約集票界舉行遊藝，參加者多為鐵路局中人，操琴者兩人均極精，唱者則有廣播電台李君之宇宙鋒，本行劉松岩君之玉堂春與生死恨，皆青衣，可謂雙絕。

12月9日　星期日　晴

師友

上午，省黨部許星園委員來訪，談及因目前局面不能展開，發生許多畸形現象，例如現在行政侷促濟南一隅，凡政府不能容納之分子，周圍之八路軍為號召起見，均表示來者不拒，故偽組織之教員必須維持其教學，學生亦必須維持其學業，反之參加抗戰之教員及學生流落來濟者，竟有失業失學無法補救之虞，凡此現象不一而足，甚至對於日人與漢奸亦不能不採懷柔政策，亦職此原因也。

采風

下午無事步出市廛，商肆林立而無品質高尚之物可購，連問數家，竟欲求一全毛質之圍巾而不可得，一大馬路東端為賣舊衣者薈萃之處，稍新者價奇昂，舊者則甚難得一合用之物，日用品稍好者之價更無可捉摸，如丘帶牌牙膏，余本以一百餘元購到一只，現竟索價三千餘元，雙妹牌雪花膏，余本亦以百餘元代價購致一瓶，現則需一千餘元，厚毛襪一雙有索六千餘元者。

12月10日　星期一　晴

職務

膠濟、津浦兩路交通尚未恢復，但本行開業後決不能坐吃山空，在此環境下籌劃開展業務須為費力，為準備將來計又不能不預為著手，故今日先決定派蘇岱東、趙澤民赴青島調查金融商業與物價情形，並商洽索回以前民生銀行房屋，以備將來設立辦事處之用，又因張店專員公署曾代電省府，請飭本行在該處設立分行，故亦派兩人先往調查，並接收魯興銀行在張店之行屋，此兩人即胡荊林與李鴻鈞。前魯興銀行常務董事張水淇來詢，請本行將所接收煤、布發還，以便變價付還款事，余告以已與政府方面研究，不能同意，為實事求是計，應由該行董事長苗蘭亭先行墊發存款，張亦同意此語，並謂渠係代表聯合準備銀行，聯銀已墊出四千萬，今更由苗出數千萬，亦屬合理，苗現正在押，可由省府飭其辦理云，余見張之主見已行動搖，恐即係苗已被扣渠亦膽虛之所致云。晚，前魯興銀行城內辦事處主任周人謹來訪，係華子修院長所介紹，渠二人係同鄉也，余與周詳談濟市金融業與商情，渠均一一作答，有條不紊，而於經營業務不能不因地制宜一節，提出極可注意之意見，例如煙台商人不肯以貨為質，而信用大致可靠，即不能用通常放款方式處理之，又如此地福順德銀行乃屬煙台幫，一向在煙、濟、青、津、平等埠經營業務，甚至匯兌方式採取一種電話匯款，因能在各大埠間吸集鉅額頭寸，殊有獨到之處，又謂銀行應銀號化，銀號則銀行化，庶不偏頗云。

12月11日　星期二　晴

職務

上午，接牟尚齋兄送來財政部致省政府電一件，囑余代為擬復，該電大意謂，見大公報載有山東省銀行啟事，謂如有匯款往濟南、青島者希與陝西路一二九號于錫川君接洽云云，查該行尚未依法改組成立，而在省外設立辦事處或代理處亦須呈部核准，望即飭該行撤銷此項機構云，該電係財錢四字即沈長泰所主持之一科所辦也，此事在公事上發生問題，乃屬題中應有之義，且既在報端載有廣告，主管當局自有必須來電查詢之舉，但財部不直接在渝干涉，而由省府令轉，其中即不無任其在事實上短期存在之意，此則此可意會不能言傳也。余閱後憶及前數日，本行呈報成立請轉報財部之呈文到省府後，總務廳趙廳長曾主不予轉報，以免因註冊手續未備致遭部駁，此看法亦自有其理由，但本行一日成立，中央社曾發出電訊，財部遲早必來查詢，斷無可以隱瞞之理，況渝處又有此問題發生，亦不容不有一實事求是之辦理，乃於下午訪牟尚齋兄，渠亦以為然，即寫便條請趙廳長將本行章程及應保董事並應請撥資本各點，速電財部洽辦，比余訪總務廳第三科朱科長潤成，即見稿已擬就，文內並敘明為適應事實需要經於十二月一日先行開幕，並暫派總、副經理等，至於章程及董事人選已另文函送云。朱君並告余，章程既由財部核准始能生效，故未提省府會議，余並解釋所定「總經理解職後仍為董事」一節，係援用民生銀行舊章程，朱君認為照新省行條例，先有董事而後可充總經理，則此項規定亦極有理由，此項公文發出後，省方應有手續即可告一段落云。在省府適遇何主席，除報告營業狀況外，並提及重慶寄莊事，何氏以為財部當然有此節目，但可不必置意，又余向何氏面請關於本行參加抗戰人員請發布、糖、麵粉一事，乞體恤下情，予以核准，何氏未明白表示不准，僅謂可簽呈照章辦理云。關於接收正金銀行所佔民生銀行房屋事，牟尚齋兄詢問辦理情形，余謂尚未接到接收證，牟兄即函劉道元廳長催詢。下午行內會報討論業務發展事宜。晚，訪山東區直接稅局郭局長逢傑，不遇。

師友

中午，劉明順兄來訪，閒談時局及創辦永久性事業問題，談頃即同車至省府。晚，訪谷蘭谿君於高都司巷，渠前數日約余看字畫，至則正值在案上放置，乃一一鑑閱，有何子貞、康有為等之字，索價甚高。晚，無線電總台汪台長聖農來訪，談將來擬舉辦工商業，初步為創設銀號吸取資金，詢余有何手續，余意核准甚難，或可訪查有戰前舊字號受盤經營較妥云。

12 月 12 日　星期三　晴

職務

開始接到重慶匯來之款，其所用電匯密押即于錫川君於余離渝前夕所臨時編就交余帶來者，倉促間未經簽字，余即在數字表上簽章註明，表示余代于向總行負責之意，又今日有來接洽匯渝款者，因此項密押不能兩用，只允由航空匯往，本行新編密押甫經寄出，尚在途也。總務科先後草成章則若干種，有組織規程、薪俸通則、獎懲規則等，其薪俸規則尚未將薪俸等級表定出，即另將各員薪俸擬定實支數，陳請核定，辦事之草率不明分際勇於負責也如此，殊不多覯。下午，答訪商埠中區警察分局局長許樹森君，以為聯絡之意，據談已奉總局令為本行請願警配備槍枝，又對於支配至本行者，將特別加以甄選考核也云。

12 月 13 日　星期四　晴

師友

晨，張卓然兄來訪，談代吳先培兄所購布類近來市價略疲，將先脫手一部分再購他物云，談次有古董店主人來送看字畫，並攜有水獺女大衣一件，亦係求售，其貨並不甚精，而索價五十萬元，亦太過分矣。下午有邵珊舟君來訪，余見甚面熟，而又苦不能憶及係何人，邵君曾為游擊隊之政治部主任，其來意除欲借信用放款外，且以辦事處主任自薦，余婉辭拒絕之。傍晚，谷蘭谿兄來訪，談將組織一貿易公司，託余為之草擬計畫，余以不善此道為辭，只允代為核閱。

職務

中午，青年通訊社記者岑君來訪，謂將為余寫訪問記一篇，繼即詢本行之特殊使命，余即為之拉雜談話半小時，謂過去省銀行多半為發行鈔券及補助財政而設，自法幣政策推行，收兌硬幣時即已發揮不少作用，抗戰既起，奉令推行省鈔避免敵人吸收外匯，外匯封存後又對淪陷區放出法幣搶購物資，均對經濟上有極大貢獻，省銀行條例公布後，復員伊始，於將來調劑地方金融，扶助經濟建設，開發生產事業等使命尤將全力以赴，而特許業務如代募公債、代理國庫及代理四行委託業務，均為省銀行所負荷，今後積極工作，更將無限發展，至目前本市小額籌碼缺乏，在省行立場，本當予以解決，但十餘年來國家方告逐步統一幣制，此刻殊不願因小失大，遽為飲酖止渴之舉云。山東區直接稅局局長郭逢傑來訪，謂將接收濟南銀行以為局址，中、中、交三行濟行經理均已發表，惜尚無來濟確期，郭氏並有財政金融接收委員之銜云。財部電省府責問本行派人在渝辦理匯兌，余擬稿代撥覆，說明總行先行開業之苦衷及渝方通匯之必要，但可調回云。

12 月 14 日　星期五　晴

職務

上午，到省幹訓團授經濟學一小時，此為第二次，因講義未能印出，故只就原稿空講，令學員筆記，但余見能悉心紀錄者，十不獲一，多數僅仰面靜聽，稍後便當遺忘矣。今日所講為總論中之效用欲望等概念，聞全部時間只有四小時，如此進度，殊難授完也。省黨政接收委員會已將接收正金銀行之接收證發來，今日先著人將該行內部組織與房屋支配等情形加以調查，其進行程序將俟明日討論。張店專員公署電請省府飭本行在該地成立分行或辦事處，又青島交通雖不能暢達，但金融情況亟應明晰，以備設立行處之用，故分別派行員前往調查準備一切，其中有胡荊林者，派往張店，余見其始終著一小襖，無長衣或制服，詢係在抗戰中損失淨盡，無力添置，此人取予之間，必不苟且，洵可託之才也。本行與電業公司所訂透支合同，今日簽字生效，依據規定應派員駐該公司稽核帳目及款項收支情形，今日派王德垕前往辦理其事，並將執行職務之內容及應加注意之點面加指示。昨日青年通訊社記者岑魯生君來作訪問，臨行謂將為余製版將相片附印於報端，余今日撿出夏間在渝二寸照一張送往。

12 月 15 日　星期六　晴

職務

本行員生待遇尚未確定，前日總務科草擬薪俸通則，大致係以安徽地方銀行及偽魯興銀行之章則為藍本，薪級之劃分則全仿自安徽地行，獨其中總、副經理之薪級，總經理者照該行行長所定，無所出入，副總經理者則均提高不少，比總經理均低四十元，亦即一級，自係主管科對趙立鵬君之一種逢迎表現，余見該表原分十級，如由最低級敘起，與余在皖實際待遇不能相提並論，故即照皖行所定之表，將最末五級取消，另升高一級，訂為六級，並因此項薪級以及公費均由呈請省府主席核定，即批交總務科辦稿請示，公費數目科擬總、副經理相同均為六千元，趙批副總經理應稍次，總經理者如擬云云，所擬所批皆不知職權分際，余置之未理，蓋統應請省府董會（董會尚未成立）決定，焉能自行核定，旋核總務科所擬之稿，將副總經理薪級重新規定，既非第一次之數額，亦非余第二次所改之六級，如此故意上下，為之深感不快，但改來改去亦覺無謂，姑將簽呈稿判行，容至省府再為決定矣。下午召集各科長討論接收正金銀行濟南支行事，決定步驟為分兩步接收，第一步為接收房地產器具，因此部分乃正金佔用前本省民生銀行者也，第二步接收其他，設在第二步未辦理之前中國人行接收人員到達，即可請其速接，本行僅接民生行舊有財產即為已足。散會後著總務科李科長琴軒往該行，詢問已否接到日本地區涉外部之通知，歸謂尚未接到，其支行長安島偕同來行，當與其在辦公室晤談，雙方各有譯員一人。安島首先表示該行原期望中國銀行接收，電詢其管轄行亦未得復，刻尚未接涉外部通知，余告以此接收係因中國銀行遲遲未到，故長官部令本行接收，接收後之中國銀行方面由本行接洽一切，望分頭至主管方面催詢手續，並希一面準備造具房屋器具清冊及接收前一日之資產負債正表與目錄，以憑辦理。談竟辭去，此次到濟與日人接觸者為初次，安島近五十歲，談吐態度甚為嚴肅，余意於嚴肅中稍露和藹，禮貌上亦決未露蔑視之意，免妨礙其自尊心致接收發生無形損害也。

師友

中央社記者杜介吾來訪半月來營業情形，余約略相告，著重放款目標之趨重於工鑛與公用事業及重慶匯款暢通之兩點。下午，訪宋志先兄於濟南鐵路局第三大樓該路局公路處，據談國道機構已決定成立平津區公路局，渠正進行該局副局長駐濟執行職務，旋同至舊膠濟站訪陳局長舜畊，據談現在路局全力為收復破壞工程，但共產軍滋擾不已，旋修旋壞，人力、物力完全浪費，經費全恃後方接濟，營業根本無從談起云。訪電政局徐家瑞局長，不遇。

交際

晚，與林建五、張卓然兩兄及省府參議賈和甫會同宴客於青年會，到者有兵站分監吉梅五及省府兵站組長李鶴亭、副長官部副官處長李移生及其兄李韻軒，又唐敬輿兄，未到者有副長官部秘書主任張仲臨，席間李韻軒談其棉楷造紙計劃，謂尚在進行中，省府尚未決定云。飯後與卓然、敬輿同至共和廳聽說書，有小玉蓉之梅花大鼓，鄭蝶影之高音大鼓打鼓罵曹，王鳳九之八角鼓莊周蝴蝶夢等，各有所長，其餘為京戲清唱，完全敷衍時間，但亦有一、二可聽者。

12 月 16 日　星期日　晴

師友

下午到緯五路訪宋志先兄，閒談，移時同李公藩三人到譚盱民家，僅其夫人在寓，承留晚飯，飯後譚君亦歸，斗室中爐火奇暖，志先兄等並拉胡琴清唱以消磨光陰，殊足破除岑寂也。

娛樂

晚，同宋志先兄、李公藩君、李安民君及譚盱民君夫婦同至大觀園實驗劇場觀話劇「秋海棠」，至時已演過小半，正演至袁軍閥馬弁向秋海棠敲詐不遂，致將其秘密報告一節，由此兩小時始終了，劇情甚緊張，小丑演小狗子者尤逼真，惜大體上仍不免有文明戲意味。

12 月 17 日　星期一　晴

職務

上午，山東區直接稅局郭局長來訪，謂聞魯興銀行有舊汽車一輛未移交本行，余答以須查明始知，渠謂將借用此車，當可照借，旋查明此車須大加修理，如交該局修理，將來必難收回，反之如本行出資修好，即借彼應用亦無不還之理，故決定自修，一面電話答覆謂修好後可以照借，並希望其早日自行備車，因本行現係借用中國銀行之車，將來須歸還也云。晚，因現在開車司機係開中國銀行之車，還車後將無事，來余處申訴困難，連帶談及庶務楊其昌有囑其浮報汽油價款情事，余聞言深為痛惡，此楊某係官廳出身，習氣頗深，乃趙翔林副總經理所用，但司機所言未知有無挾嫌情事，故當即告知稽核科譚科長慶儒，囑其嚴密查察。訪貨物稅局靳鶴聲局長，詢重慶一般情形，據談中央、中國、交通、農民四行人員恐尚須兩個月始能到濟，如此情形此間金融復員尚甚渺茫。在靳處遇濟南市張市長金銘，據談濟市抗戰後停頓之舊銀號渠將准其復業，一面報部，又市銀行俟省府予以核准即成立云。電信局局長徐家瑞來訪，閒談電務情形。

12月18日　星期二　晴

職務

晨，總務科長李琴軒談日昨晤及總務廳第三科朱科長，謂前日本行奉府令轉准財政部咨請飭本行擬詳細籌設計劃一節，本行所擬過簡，應附送最近數年之業務計劃及預算編制等云云，按該計劃科擬本即係營業數字之說明，余因此係經常報部之件，非屬於籌設前之文件，故加以增刪，只敘名稱及業務資本組織等項，誠以此計劃乃本行成立前之事，應由省府草擬，省府在其行政機關之立場在本行尚未有人籌備以前，實不能代為規定編制與預算也，但該廳認為有此必要，余亦不願深加計較，當交科加擬。正金銀行接收事，今日李琴軒云，該行支行長安島又來談話，謂涉外部已向省府詢問，據省府人云，只接房屋，並為免妨礙該行營業，應由該行與本行訂約租用，詢何以與余上週所告不同，且將於明日往謁主席請示云，李君答謂係根據接收證辦理，係屬正式接收，他非所知，至省府係何人告涉外部如上云云，竟不能詢明，余以電詢政務廳劉道元兄，據稱係接收房屋，並無出租之事，晚間又訪牟尚齋兄，請其將情形陳明主席，免明日談話又有出入。

師友

中午，同鄉林瑞庭君來訪，同來者有林毓祥兄，承約至聚樂樓吃涮羊肉，甚鮮美。

12月19日　星期三　晴

職務

上午，鑛業委員會鄭組長來談該會向本行用款事，原則上本係用以在淄川博山大汶口開採時工作流動資金，但因該鑛存煤已先後向濟南運銷，此項銷煤所得價款即可供周轉之用，僅因此項煤觔係售之電燈公司與鐵路局，有時不能立將價款收到，故須向銀行透支云云，由此以觀，此項商借款項實含有生產運銷之兩種性質，且因先運貨出鑛場，同時付給工資，無法確定付鑛方若干為生產若干為運銷，此項放款遂亦不能用鑛業生產貸款之條件辦理，且亦無派人在鑛付款之必要云，余云依據此項事實，詳擬放款之要點再作計擬。本行南鄰之房屋本為魯興銀行所有，而租與冒牌之所謂北平農工銀行者，余到行初本主張接收，而趙立鵬副理飾詞阻撓，延擱迄今，昨日有人前來洽租，尚無端緒，今日竟被軍隊佔用矣，此類房屋應速接收住用者甚多，均因趙之作梗，致被各方面強佔轉移，可謂痛惜之至，辦事意氣用事，結果往往如此。

交際

中午，林瑞庭兄約至其住所吃麵，在座有林毓祥、王安泰、林恩亭、于振海諸兄，二時散。

采風

濟南日僑正在陸續遣送回國，故衣物用品紛紛出售，緯二路之街攤極稱繁榮，其中尤以日式衣服、被蓋、瓷器及零星物件為多，甚有木屐之類亦攜外出賣者，聞日人獲價甚微，因彼等係先售之華人，再至街旁陳肆轉賣也。余今日購陳列品數事，其中有日本鏡裝之所謂「藤娘」者，頗工細美觀，有一較大係西洋人，神采奕奕，極堪鑑賞，又有大帳如鉅室之方圓，惜價未講成。

12 月 20 日　星期四　晴

職務

上午，到省政府與各關係方面商討有關事項，關於余與趙副總經理待遇一節，前日即將簽呈送牟尚齋兄，但至今未到，查其所積壓函件內亦無之，殊為怪事，余在劉孝先兄處調閱本行章程轉財政部卷，見余所擬草案除會計人員改為由主計處依法任用外，其餘一字未改，亦未提省府會議，即行轉部，殊為順利，余因章程內副總經理為二人，尚須發表一人，遂與尚齋兄商洽人選，認為高希正兄係政校同學，反遭忌嫉，不若促成張學騫兄之為妥，因渠係北大出身，與何主席係先後同學，二人在皖且曾謀面也云。晚，譚漢東兄來談庶務問題，咸任有嚴密注意之必要，又談籌備期間所借省庫偽鈔歸還問題。

交際

下午，訪王專員洪九，慰問其魯南苦戰，惜不遇。

至省立醫院訪李書忱、王讓千探視病況。晚，應趙季勳廳長、張敦鏞會計長邀宴，席間談及下月一日起即屆收兌偽鈔期間，中央銀行未至，咸主請託省行代辦。

12月21日　星期五　晴

職務

上午，到省幹訓團續授「經濟學要義」一小時，所講為慾望與效用，總論已完，並開始授生產論，旋即下課。下午，王專員洪九來訪，不遇。十八日所記本行籌設計劃事，總務科已照省府意從詳加以補充，比前多出者為營業計劃與下年度損益概算，其中包括項目已較營業科初步所擬者完備，惟尚有存款準備金息及代庫手續費率，因經手人不諳法令所列出於測度，已囑加以改正矣。

交際

晚，應田賦糧食管理處王處長隱三及張、郝兩副處長之約在式燕飯店吃飯，所請皆本市各機關人員，其中主要者僅一外客，即在臨沂苦戰四月之王洪九專員，在座者皆另眼看待也。

師友

中午，林毓祥、于永之來訪，于兄急於回縣。晚，訪宋志先兄，開無線電收音機以消磨光陰。

12月22日　星期六　晴

職務

今日為冬至節，濟市金融業有休假之習慣，惟與財政部規定不符，部定二十日下期決算休業，本行仍營業如常，故今日即以下期結息為原因，休業一天，結算利息。上午，正金銀行濟南支店經理安島及副理有吉偕譯員應召來談接收問題，余先告以接收範圍改變之經過，略謂本行開業之初，即擬將民生銀行所有之正金行屋接回利用，因正金業務應歸中國銀行接收，當時逆料中國行不日可到，故等待同時接收，以減正金移交分割之煩，後悉中國行來濟日期受交通梗阻影響甚為遙遠，故府令本行先行接收，初意連同業務並接，待中國行到後再行轉交，故第一次談話余曾告知準備資產負債表及詳細目錄，現省府規定業務部分不接，故此次接收範圍將以房屋器具為限，造冊亦準此云。安島即報告與何主席談話經過，謂何氏表示只須騰一部分房屋交本行使用即可，該行因日僑三萬人回國存取款項繁忙，所持有價證券亦送該行保管，故房屋仍有需要，何氏詢何時辦竣，渠請以二月底為限，何氏表示太長，但亦未明確指示云。余即將其騰房交本行應用一節鄭重辨正，謂該房乃民生銀行所有，廿六年後偽組織售之該行，依法無效，本行係全部接收，該行處理未了業務應向本行商借，此點乃主權關係，不容顛倒，該譯員即自承錯誤。安島即詢問可否將營業間交該行續用，余未允，但決定後日到該行視察後再行斟酌，至借用最後期限應為何時，俟先請示省府，器具則全部接收云。

交際

中午，淄博章汶鑛委會張仲臨等在石泰岩請客。晚，張之桀、周自欽在泰豐樓請客，商會全體整理委員李書忱等在石燕飯店請客，林瑞庭、張慎脩在林寓請客，均到。譚盱民請晚飯，飯後往，聽收音機。

12月23日　星期日　晴

師友

中午，宋志先、李公藩兩兄聯合請客，主客為鐵路局陳舜畊局長、貨物稅局靳鶴聲局長、建設廳丁基實廳長及劉明順兄等，飯後以電話詢知牟尚齋兄之夫人已由南京乘中航機來濟，乃同至小緯二路其寓所相訪，牟兄夫婦已八年未見，此次係由福建來濟，承饗以福建水仙茶，色濃味淡，別有意致。旋仍回宋兄寓所，與劉明順、李公藩諸兄等閒談，並開留聲機與收音機以消磨時間，八時半電燈忽滅，乃辭歸，並承李君借給平津出版游藝刊物多種。

12月24日　星期一　晴

職務

上午，鑛委會委員劉旭初君來洽該會透支款項事，謂明日將赴大汶口辦理運存煤二萬噸來濟事，須攜現款，余因其借款手續尚未辦理，故囑營業科速擬草約，並將申明書與營業概況表檢送，此項草約至下午始擬就，加入若干保障之條款，其中如派人至該會稽核收支及省府與副司令長官部負最後擔保償還責任等，以期穩妥，惟正式手續須待明日再行辦理矣。下午，訪政務聽劉廳長道元，詢正金銀行借用即將接收之該行房屋期限，建議勒令魯興銀行董事長苗蘭亭籌還該行存款兩事，關於前者謂係全部接收，但期限一節渠無明確表示，關於後者渠認為可行，旋訪總務廳趙廳長季勳，談魯興事及鑛委會借款事，前者渠亦同意，後者渠事先並不接頭。談竟至東關謁何主席，談以上三事，何氏對於正金接收事曾對日人明言係為保持產權，故如能達此目的，借用若干於該行均無不可，對魯興存款事認為可勒令苗蘭亭籌還，對於鑛委會借款事認為雖條件不能完全適合，但如能稽核其收支即可保障權益，可以照辦云云。

12 月 25 日　星期二　晴

職務

淄博章汶鑛務委員會依據省令向本行接洽透支五千萬元，今日繼續進行，上午該會委員鄭旭東來接洽手續，坐候良久，經將所擬草約打成交其研究，本行本擬限度三千萬元，商增為五千萬，利率本擬為七分，經商改為六分，駐會稽核待遇改為津貼若干，修改完竣後即交鄭君赴副長官部商洽簽署，尚未定案。

交際

晚飯，請新近來濟各機關首長吃飯，除鐵路局陳舜畊局長因病未到外，其餘均到，凡有建設廳丁廳長、兩稅局靳鶴聲、郭逢傑局長、郵管局梅貽璠局長、電信局徐家瑞局長、王專員洪九、秦特派員亦文、趙處長明遠、宋處長志先等。晚，約宋志先、李公藩及譚盱民太太至新濟南戲院觀聖誕音樂演奏會。

12 月 26 日　星期三　晴

職務

上午，直接稅局郭局長逢傑來洽談託本行代收稅款事，當提出所擬辦法草案交余核閱，其內容大致為納稅人逕至本行完稅，當即給據，另以報查一聯附同旬報送該局查核，存款不計息，待國庫支庫成立時如數轉解，其中所未提明者為手續費問題，余將財政部有關法規交彼一閱，彼允酌給，余並將以前在皖北代收鹽稅合同交彼參考，詳細辦法待改日再定。鑛業委員會續來商洽透支事，彼方本因急需款項今日送往大汶口，因對昨約尚有斟酌未能簽署，故已先行由副長官部提借運往，今日提出為將約文加以修改，其中為利率改為五分，副長官部與省政府存款不足時本行乃降低透支額度一節亦取消，又派駐稽核一節改為由該會逐日表報存煤與應收帳款，惟本行得於必要時派人查詢，至此本行覺亦無不可，遂將約文作最後確定焉。仁豐紡織公司前來商洽透支，余原則應允之，但囑營業科對於此中歷史較長之機構，過去債權、債務及人事等糾葛切實注意，以求穩固。庶務股忽將伙食分為兩等，余與副總經理在會客室單開，不僅菜餚不同，即饅頭用麵亦有區別，余初以為係留客關係，及悉非是，即通知糾正，仍與同人會食。

娛樂

晚，譚盱民夫人請觀話劇，被約者尚有宋志先、李公藩、李安民諸君，地點在大華戲院，由青年團劇社演出，劇目為「偽府風光」，至則知即係戈哥里之「巡按」，又名「視察專員」或「欽差大臣」，不過將其各官員名稱改為偽組織，對話亦略有改動耳，演來雖甚賣力，仍未脫文明戲作風。

12 月 27 日　星期四　晴

作文

上週接山東公報社來函，以將出元旦增刊，約為文以實篇幅，今午抽暇以二小時作「金融復員初步措施概述」一篇，依據雙十節財政部長俞鴻鈞「財政金融復員之途徑」所指收復區金融復員緊急措施五點，即法幣之供給，國家行局及地方銀行、私人銀行之推設，緊急代款之發放，敵偽銀行之清理，及敵偽鈔票之清查及收復等，將有關法令及實施步驟與現狀，加以簡略之敘述，以供關心金融者之參考，全文計長約二千五百字，適合報紙特刊之篇幅也，打清後送該社。

職務

第八區行政督察專員張天佐日昨來訪，談希望在濰縣設行，允極力提早辦理，今日下午前往答訪，不遇。前偽魯興銀行常務董事張水淇再來提及設法發付存款事，余告以何主席僅同意由苗蘭亭負責籌償，張表示極興奮，千恩萬謝，可見其行內有本身之矛盾也。

12月28日　星期五　晴

職務

上午，到幹訓團授課一小時，講經濟學生產論，授完土地一節，即已下課，此為最後一小時，只得不了了之，又准該團通知準備測驗題目，為普訓一個月結束測驗用，即擬就八則，密封交該團備用。

師友

午，過大華醫院訪華子修李淑英夫婦，約其晚間到余寓宴會，承留午飯後辭出。

交際

晚，宴請八區張專員天佐及牟尚齋兄夫婦，作陪者有李書忱夫婦、許星園夫婦、譚盱民夫婦、華子修夫婦及崔永和小姐，又請有陳舜畊夫婦，因自作主人未到，席間談笑風生，樂趣盎然，目前在濟友人皆因交通艱阻，十之八九眷屬未到，今日羅致如此之多，實已包括全部矣。

12月29日　星期六　晴

職務

上午，到省政府與牟尚齋、劉孝先兩兄談發展生產樹立經濟基礎事，對於目前三島造紙廠之已為譚慶儒君奉令接收，希望維持不動，並運用人事關係，將來糾合省府重要人員承受經營。本行總、副經理薪公費已奉核主席批定為總經理520 元，副460 元，但公費未提，余今晨面請尚齋兄代為補入，經查調會計處規定，按簡任待遇主管訂為七千元，副六千元，至起支月份，據牟兄表示，主席表示余雖三月即已至本省，但起薪仍應規定自奉派時起，以前另補助維持費云。省府因渝款未到，過年急需，向本行墊借二千萬。省府電保省行董事，准覆俟籌設詳細計劃及章程，又民生銀行清理辦法並省參議會應出監察人，報部再行核辦。鑛務委員會借款五千萬合同今日簽訂。青年日報刊載余之訪問記一篇，附有照片，文字揄揚備至，甚至對余之與同人會餐一節亦表欽佩，閱後實深慚愧，至所談業務則記載殊嫌簡略。

交際

晚，應東方書社劉震初等之約在聚賓園吃飯，飯後同志先兄訪譚盱民兄，並回至宋兄處聽收音機。

12 月 30 日　星期日　晴

師友

上午，孫化鵬兄來訪，閒談，留之午飯。下午，劉明順兄來訪，即與孫、劉兩兄同出，晚請二人在五福臨便飯。

娛樂

下午，同孫化鵬、劉明順兩兄到青蓮閣聽書，上座不多，故有未唱之角色如花二順等，又有專門捧角者流，連點一不知名之小女伶四齣之多，在座者多為側目，亦可謂不知趣矣。今日唱工較出色者為大鼓，計有某姬之拗口令，甚不易，及林紅玉京音大鼓，亦有特長。晚，應孫化鵬兄之約同劉明順兄至至北洋戲院觀劇，有轅門射戟，小生甚佳，金錢豹，武生稍遜，審頭刺湯，朋菊庵之陸炳尚佳。

12 月 31 日　星期一　晴

職務

今日與山東區直接稅局訂約代收該局各種稅款，因係直接由納稅人發生關係，戶頭較多，故除不計利息外，並要求該局貼給手續費千分之八，但須經該局向財政部請到後支給。明日元旦，省黨部主辦之慶祝開國紀念大會籌備會將往慰勞美軍，來函徵求珍貴禮品，此事饒有意義，因可以增進國際友誼，且可作為美軍回國後之永久紀念也，因派人至商務印書館購其最精良而只存一份之印刷品「天籟閣舊藏宋人畫冊」，附以珂羅版印王震、高劍父等現代人之畫冊三本，於扉頁粘附上下款，派人送往。今日在銀錢界本為下期決算之期，本行以開業只及一月，收益寥寥，而開支則遠過之，故決定不辦決算，併入明年上期決算辦理，至收益所以無多，因市情不穩，普通放款不敢開做，而有計劃之工業、鑛業及公用事業放款，則方在開始，未有規模。又濟南周圍尚為八路軍所佔據，各縣行處無法推設，匯兌只通重慶，來往不多，手續費收入自亦不足道也。

交際

下午五時，第十一戰區副司令長官李延年及山東省政府主席何思源在副長官部大禮堂宴客，凡十席，為辭歲及答謝酬勞之意，余亦應約而往，坐於中座，由李副長官自行陪客。

附錄

英文成語相似者			
at home	在家；安然的	at home in	精通於
at length	終于；詳細的	at full length	詳細地
behind time	遲到	behind the time	落伍
come home	回家；回國	come home to	深感
in need of	需要	in need	固窮；萬一之際
look for	搜尋	look out for	注意；警戒
not … at all	全不是	not … all	不全是
on purpose	故意的	to the purpose	中肯
out-of-the-way	遙遠的	out of the way	使不妨礙；異乎尋常
pay attention	注意	pay attention to	優待
play at	游戲	play on	彈奏
depend upon	有賴于	depend upon it	確實的

收信表

日期	姓名	住址及通信處	事由
1/3	許餞儂	阜陽途中	慰交卸
1/5	周異斌	渝政校	請參加使領會計人員甄審
1/8	汪國第	蘇家埠地行	擬求去
1/14	陳長興	渝地行	謝贈襯衣
1/16	玉祥弟	安順軍醫學校	患肝病經過
1/16	韓學玉	潁上立人中學	寒假後來立
1/16	張敏之	臨泉山東臨中	設校之難望轉汪廳長
1/18	陳撫	正陽關	橡皮跟係許體森送
1/28	張光普	中梅河	慰離行
1/28	潘金壽	麻埠	茶待運，慰離行
1/28	尹作聖	阜陽山東省府	通候
1/28	廖江南	高等法院	贈字
1/31	陳長興	渝地行	玉弟病癒
1/31	譚慶儒	渦陽	存款處公事
2/1	陳長興	重慶地行	（電）匯五千元交玉祥調養
2/14	陳長興	渝地行	玉弟已入軍醫校（遲到）
2/14	畢鴻遇	屯溪	謀地行事
2/19	吳先培 陳長興	重慶	（子感電）詢近況
2/19	牟中珩	阜陽	謝在立招待
2/20	張振玉	六安地行	告到六
2/28	牟尚齋	阜陽山東省府	通候

日期	姓名	住址及通信處	事由
3/5	陳光遠	商城	介紹赴渝勤務
3/6	玉祥弟	貴州安順軍醫學校	病後情形
3/6	趙誠義	界首鹽務分局	通候
3/6	梁醒黃	界首	託發電已辦
3/8	胡靜如	臨泉	丁雲翔盼速往
3/9	魏雪廬	太和	通候
3/9	汪國第	蘇家埠地行	贈酒醬
3/12	周毓漢	商城 51 軍軍部	希望余至山東工作
3/12	韓學玉	潁上立人中學	通候
3/19	汪國第	蘇嘉埠	詢行程
4/9	潘金壽	麻埠	茶容運六安轉
4/12	德芳	三河尖	盼返
4/12	陸嘉書	立煌	輿情一般
4/12	韓學玉	潁上立人中學	通候
4/12	譚慶儒	渦陽田管處	通候
4/17	譚慶儒	阜陽	約在霍邱晤面
4/27	張振玉	六安地行	近況甚佳
4/27	吳先培	重慶	通候
5/4	陳長興	重慶地行	關懷余離行後情形（附玉弟致彼二信）
5/4	鄧光烈	立煌地行	關懷近況（附邦護、長興電）
5/4	吳邦護 陳長興	重慶地行	綿公允先發表財部職（寅灰電）
5/4	楊子位	立煌物管會	四月份託息匯阜
5/4	周虎青	立煌	病未痊，改寫贈序
5/4	陸嘉書	立煌	陷區情形不佳
5/4	陸嘉書	立煌	民生行業務建議
5/4	韓學玉	潁上	催詢德芳赴潁事
5/4	魏雪廬	太和田糧處	調臨泉，擬不久來阜
5/4	陳光遠	通河集	通候
5/4	吳邦護 陳長興	重慶地行	魯事不成，即赴渝（卯寒電）
5/4	宋金階	立煌	將赴皖北視察
5/4	許餞儂	立煌田糧處	詢近況
5/4	劉君牙 楊一飛	立煌地行	通候
5/4	張樹人	立煌地行	通候
5/4	王喬鶴	立煌會計處	通候
5/4	趙榮孝	立煌	通候，軍需改發事
5/4	鄧中雄	立煌地行	通候
5/5	陸嘉書	立煌	擬另謀事

日期	姓名	住址及通信處	事由
5/5	關子高	阜陽城內	樊卓齋事容設法
5/7	陸嘉書	立煌	到渝請代謀農行事
5/9	朱興良	立煌	推舉才德功業同學事
5/9	許餞儂	立煌	詢赴渝航空情形
5/9	周天固	立煌	通候，並已代領四月米、三月薪
5/9	柏大權	界首地行	代購髮油與柿霜
5/9	李春池	毛竹園	謀事
5/28	徐邦翰	臨泉	飛機無消息
5/28	許餞儂	立煌	（電）下月赴渝
5/28	德芳	霍邱	報平安
6/2	魏雪廬	臨泉田糧處	轉許餞儂兄電
6/2	許餞儂	立煌	託購衣料
6/13	許餞儂	立煌	搭機手續頗繁
6/30	楊甲	立煌物管會	企業信託息五月份未能取（由阜轉界復轉立）
6/30	裴陸一	霍邱	催稅局任職事（由阜轉界復轉立）
6/30	沈敬修	立煌	志願追隨（由阜轉界復轉立）
6/30	徐德充	立煌中農行	通候（由阜轉界復轉立）
6/30	劉忠山	立煌地行	書衣料已售，小鐘尚未（由阜轉界復轉立）
6/30	丁雲翔	立煌地行	願效勞，存物當代處分（由阜轉界復轉立）
6/30	張天賜	正陽關企業公司	願謀稅局職（由阜轉界復轉立）
6/30	雷濟東	黃岡湖北二區財務處	通候（由阜轉界復轉立）
6/30	德芳	霍邱	佟儆非事（由阜轉界復轉立）
6/30	夏竹軒	霍邱	通候（由阜轉界復轉立）
6/30	許餞儂	立煌	將赴渝（由阜轉界復轉立）
6/30	胡必果	立煌	願追隨（兩件）（由阜轉界復轉立）
6/30	陳長興	重慶	願追隨（卯篠電）（由阜轉界復轉立）
6/30	譚漢東	立煌	已辭職，將回魯（由阜轉界復轉立）
6/30	潘金壽	麻埠地行	茶已運阜（由阜轉界復轉立）
6/30	韓學玉	潁上立人中學	校事困難
7/3	錢德浩	霍邱地行	託關說免調事如何
7/3	呂澤智	界首義大商行	託設法赴渝
7/5	李希章	商城	致何主席電代發
7/8	周毓瑛	商城	電已發
7/8	凌潔華	屯溪	通候
7/10	周異斌	重慶	工作事已由果公函趙先生
7/12	許餞儂	吳家店機場	即出發

日期	姓名	住址及通信處	事由
7/14	仲崇祐	隆川石燕橋義大礦	通候
7/31	仲崇祐	隆川石燕橋義大礦	通候
8/15	玉祥弟	安順軍醫學校	近況
8/25	劉超然	成都空軍參校	將回魯
8/25	傅瑞瑗	成都空軍參校	通候
8/25	高注東	成都川民廳	將來渝
8/26	仲崇祐	隆川石燕橋義大礦	告回隆
9/1	玉祥弟	安順軍醫學校	（二件）近況
9/3	高注東	成都	魯事情況
9/8	周天固	立煌	託賣西裝
9/8	鄧光烈	立煌	通候
9/9	許餞儂	巴東	通候
9/14	畢鴻遇	屯溪	（電）擬回魯
9/16	許餞儂	巴東	（電）請活動青市時局
9/19	玉祥弟	安順軍醫校	近況
9/17	莫寒竹	立煌	謀回東北
9/17	周天固	立煌	請轉井師信
9/22	許餞儂	巴東	近況
9/24	何仙槎	阜陽	（未儉電）催報接洽情形
10/1	周蒸然	成都黃瓦街 45	布款已匯吳轉鄧
10/1	胡紹湘	代龍橋中農行	贈「近代金融學說」
10/4	鄧光烈	立煌	（儉電）催布款
10/4	劉超然	成都	不能回魯
10/8	周天固	立煌省黨部	急欲離皖（兼致北鯤、先培）
10/8	莫寒竹	立煌	謀事
10/8	周蒸然	成都	鄧款已匯來
10/9	張秀峯	西安東九府街 46 號	王玉忱希望回魯
10/11	玉祥弟	安順軍醫學校	遷校事尚未定
10/14	倪搏九等	中央政校	致意（係全體魯籍在校同學）
11/6	陸嘉書	青島市府	通候
11/22	陸嘉書	青島市銀行	購物困難
11/30	莫寒竹	立煌	已就省府秘書
12/3	韓學玉	蘇省府	欲來魯工作
12/13	張權	上海	通候
12/17	畢鴻遇	青島	告抵青
12/17	陸嘉書	青島市銀行	對青行意見
12/19	姚興	蚌埠	有意來濟
12/21	陸嘉書	青島市銀行	願來山東工作
12/28	崔唯吾	重慶中央銀行	企業公司將成立

發信表

日期	姓名	住址及通信處	事由
1/4	吳先培	渝地行	解職後將赴渝
1/4	楊綿仲	渝財政部	請介紹金融界工作
1/16	柏大權	界首地行	詢魚肝油款，託買頭油，詢赴渝路線
1/16	汪國第	蘇家埠地行	復勉為本省事業努力
1/16	陳撫	正陽關地行	詢所購鞋後跟價款
1/16	陳光遠	六安企業公司轉	移住其屋
1/17	周異斌	重慶政校	寄志願書及證件請轉主計處甄審
1/17	陳長興	渝地行	使領館主計人員事請詢詳情
1/18	周異斌	渝政校	（電）證件已寄出請轉洽
1/31	周異斌	渝政校	請介紹金融界工作（附主計甄審證件副本）
1/31	陳果夫	渝	請向財部推薦
1/31	楊綿仲	渝國庫署	離職原因及將來意向
1/31	吳先培 陳隆川	渝皖地行	請協助進行（一）四行（二）監理官（三）地行（四）國庫分署
1/31	崔唯吾	渝中央銀行經研處	請推薦國家銀行工作（以上五件皆君佩帶往）
2/3	張子揚	重慶中農行	請介紹金融工作
2/3	吳柏芳	重慶交通銀行	託介紹金融工作（以上兩件皆君佩帶往）
2/7	胡靜如	臨泉副長官指揮所	薦丁雲翔
2/17	吳先培 陳長興	重慶地行	（篠電）請洽周異斌重拍微電（青年團代發）
2/21	魏雪廬	太和田糧處	謝贈床氈
2/21	譚漢東	渦陽田糧處	轉贈存款事請再酌
2/21	潘金壽	麻埠地行	存禮茶請運六安
2/22	徐君佩	重慶中央團部	（養電）詢異斌微電內容
2/28	張淵揚	阜陽蘇省府	周天固兄謀為全代代表請設法
3/4	周龍淵	商城五十一軍軍部	託介紹固始三河尖駐軍
3/4	牟尚齋	阜陽山東省府	不日赴阜
3/6	陳光遠	商城	不日離立
3/6	周龍淵	商城	陳光遠岳家民房請維護
3/10	高希正	屯溪中茶公司	不日經阜赴渝
3/10	畢鴻遇	屯溪中茶公司	不日經阜赴渝
3/10	張敏之	臨泉山東中學	不日經阜赴渝
3/10	張振玉	六安地行	不日經阜赴渝
3/20	黃開先	屯溪	紹南摺請交鮑弘德
3/20	凌潔華	屯溪	存木箱請交鮑弘德
3/20	楊博聞	屯溪	請代領酬勞金

日期	姓名	住址及通信處	事由
3/20	仲崇祐	隆昌義大礦	留學事不可能
3/20	汪國第	蘇家埠	告赴阜陽任務
3/21	牟尚齋	阜陽山東省府	請代覓居
3/21	廖江南	高等法院	辭別
3/29	德芳	三河尖明星客棧	請在三河尖稍候
3/30	吳邦護 陳長興	重慶皖地行	告來阜相機赴渝（託裴鳴宇航空帶）
3/30	章乃器	重慶地行轉	轉陸嘉書兄信（託裴鳴宇航空帶）
3/30	玉祥弟	重慶轉安順	告到阜行止未定（託裴鳴宇航空帶）
3/30	許餞儂	立煌田糧處	轉同學會來電一件
3/30	譚漢東	渦陽田糧處	稱物已購送附發票
3/31	韓學玉	潁上立人中學	復告到阜
4/1	謝大烈 王之蘋	立煌田糧處	謝餞行送行（致意吳炳麟）
4/1	周慕虞 周天固	立煌秘書處	謝餞行贈物及送行（致意天固嫂）
4/1	陸嘉書	立煌財部專員辦事處	謝餞行送行，乃公函已轉，向綿公推薦稽核已函發
4/1	宋金階 倪裕驤	立煌財部專員辦事處	謝餞行送行
4/1	朱興良	立煌財部專員辦事處	謝餞行送行並請進行檢查處事附謝興華
4/1	汪少倫	立煌教廳	謝在立承關照並已代洽技術人員與教員
4/1	桂競秋	立煌財廳	謝關照餞行旅費又電楊予戒
4/1	張惠充	立煌省府	謝餞行（並請轉報朱秘書長）
4/1	吳文源 張玉書	立煌財廳	謝餞行
4/1	鮑弘德 沈玉明 高亨庸	立煌安徽學院	謝餞行
4/1	石櫪夫	立煌幹訓團	謝餞行
4/1	王喬鶴	立煌會計處	謝餞行（並請致意王會計長）
4/1	楊子位	立煌物管會	謝餞行及謝送行，銀行事並未明朗化
4/1	德芳	三河尖	連日在山東省府情形
4/2	徐德充 李傳珪	立煌中國農民銀行	謝召飲及送行
4/2	汪嵐九	立煌教育廳	謝召飲
4/2	鍾建奇	立煌鹽務局	謝贈物
4/2	趙石源	立煌第六會計分處	謝召飲及送行（附候李傑民）

日期	姓名	住址及通信處	事由
4/2	尹同鑫等九人	立煌驛運處	謝召飲送行及籌劃運具
4/2	陳子英	立煌驛運處	謝簰價優待及召飲
4/2	劉序功	立煌幹訓團	謝送行
4/2	劉芳松	立煌社會服務處	謝送行及召宴
4/2	德芳	三河尖	安家計劃
4/5	丁雲翔 孫存楷 潘緒延	立煌地行	謝召宴或送行（附致庠之、丹初、田堅、德慈、勵如、洪緯、佩蓉、綏堯、樹楨、畯田、肇緯、桂生、清和）
4/5	張景博	立煌勸儲分會	謝臨行送款
4/5	張樹人	立煌地行	謝召宴及送行（附致志正、佩萸）
4/5	鄧光烈	立煌地行	謝召宴送行及贈物（附致建華、鴻開、逸雲、延齡、日恆、滙川）
4/5	劉君牙 楊一飛	立煌地行	謝召宴（附致宗穆、榮義、君智、桂英、祥英）
4/5	鄧中雄	立煌地行	謝召宴（附致旭庭、世楨、理瓊、熙年、世霖）
4/5	程達峯 汪恭梓	立煌地行	謝召宴及送行贈物（附致榮瑞、敬修、家祿、慶榮）
4/5	陳仲羽	立煌地行	謝餞行（附致綏維、陽純、綺芬）
4/5	周虎青	立煌地行	謝贈序
4/5	劉覺凡	立煌賈宏宇轉	謝送行
4/5	胡必果	立煌省田糧處	謝送行
4/5	陳光遠	正陽企業公司轉	謝在立借住房屋
4/5	周龍淵	商城	謝吹噓
4/5	德芳	三河尖	將先進阜城，或須赴渝
4/6	江殿喆	河溜地行	介紹張仲績調款
4/6	趙賢瑞	霍邱地行	託代覓居
4/12	汪少倫	阜陽四中轉	介紹教員
4/12	烏以風	立煌教廳	介紹教員
4/22	丁雲翔	立煌地行	詢能否到山東幫忙，託售物
4/22	鄧光烈	立煌青年村	託詢劉忠山售物歸渝帳事
4/22	蔣元卿	立煌圖書館	月底後託人取法帖
4/22	楊甲	立煌物管會	信託款請匯霍
4/22	許餞儂	立煌青年村	姚役遣回致謝
4/22	陸嘉書	立煌財部專員辦事處	謝告溫傳（以上六件姚役帶往）
4/22	魏雪廬	太和田糧處	告至山東省府
4/22	韓學玉	潁上立人中學	在霍安眷，下期德芳可任教，汪廳長談校事
4/22	振祥弟	煙台海陽街 176 號德興成	隱語告赴山東籌省行（以上九件皆由霍邱發）

日期	姓名	住址及通信處	事由
5/6	德芳	霍邱地行轉	來阜經過不日阜渝
5/6	趙賢瑞	霍邱地行	謝在霍招待
5/7	韓學玉	潁上立人中學	下學期請聘德芳為女生指導員
5/7	魏雪廬	臨泉田糧處	已向省當局先容，不日赴臨候機
5/7	夏竹軒	霍邱荒地局	謝在霍招待
5/8	張振玉	六安地行	請察視茶葉，必要時變舊換新
5/8	鄧光烈	立煌地行	告即赴渝，將來盼共事
5/8	趙百源	立煌會計六分處	告即赴渝
5/8	許餞儂	立煌田糧處	告即赴渝，希正能否來皖北
5/8	陸嘉書	立煌財部專員辦事處	勸安心，囑事到渝代進行
5/8	德芳	霍邱	告明赴渝，原則回皖，附學玉信，界首物到
5/9	朱興良	立煌	同學團結之重要，德芳下期至立中
5/9	周天固	立煌省府	四月食米轉贈
5/9	楊甲	立煌物管會	匯四月信託款息收到
5/9	李鶴齡	立煌	報告來魯即赴渝
5/9	柏大權	界首地行	頭油、柿霜收到，款俟到界還
5/11	牟尚齋	三塔集山東省府	告到臨泉
5/13	德芳	霍邱地行	告在臨候機或至界首
5/16	牟尚齋	山東省府	能否請主席函美方接洽飛機
5/17	汪國第	蘇家埠地行	告行蹤，在界候赴渝
5/17	周天固	立煌省府	告到界
5/17	許餞儂	立煌省田糧處	告到臨候機，不易
5/17	李春池	舒城毛竹園	在立謀事暫不能為力
5/17	德芳	霍邱	告到界，鞋面買到
5/22	德芳	霍邱	託李天和君帶去物件
5/27	德芳	霍邱	託李天和帶物諒收到
5/27	徐邦翰	臨泉	詢飛機有無希望
5/28	牟尚齋	阜陽山東省府	候機改至立煌如何
5/29	魏雪廬	臨泉田管處	託發電
5/29	許餞儂	立煌	（卅電）賀新職，詢飛機機會（此電改下月冬日發）
6/2	魏雪廬	臨泉	電稿改易後請發
6/4	徐邦翰	臨泉	告轉立煌候機
6/4	韓多峯	臨泉	告傳立煌候機，謝在臨召宴
6/4	胡蘋秋	臨泉指揮所	告轉立煌候機，未及謁何辭行
6/4	褚道庵	臨泉指揮所	告轉立候機，謝在臨召宴
6/4	牟尚齋	阜陽山東省府	告轉立候機，並在界借旅費五萬請飭轉帳
6/4	孫化鵬	阜陽山東省府	告赴立，信由餞儂轉

日期	姓名	住址及通信處	事由
6/11	許錢儂	立煌	告十七、十八日到立
6/11	劉芳松	立煌	請定房間
6/28	德芳	霍邱	到立各事情形
6/30	牟尚齋	阜陽山東省府	搭機事曾儉電主席請來電，民生行人事待余返定，公糧發實請進行，鹽務緝私請協助
7/2	周龍淵	商城 51 軍軍部	請代發電致何主席
7/2	何主席	51 軍電台代發山東	（冬電）請速電長官部
7/4	德芳	霍邱	立中事，經濟情形（附德輝由陝來信一件）
7/5	雷濟東	黃岡三里畈二區財務處	通候
7/5	錢德浩	霍邱地行	調臨望往二三月後仍回
7/13	德芳	霍邱地行轉	鹽變價後匯八萬元
7/13	呂澤智	界首	介紹柏主任，如欲乘機請蘇省府來公文
7/13	韓學玉	潁上	校務望與興良面決
7/13	張雲川	阜陽山東省府	催辦請准搭機手續
7/13	孫化鵬	阜陽山東省府	請轉催牟尚齋來電
7/13	周龍淵	商城 51 軍	請代發電
7/13	李希章	商城 51 軍	請代發電
7/13	何主席	臨泉	（元電）請速電長官部
7/25	仲崇佑	隆昌義大礦	告到蓉附其夫人信
7/25	吳先培 陳隆川	重慶地行	告週後到渝
7/25	何主席	重慶地行代發	（右電）告到蓉
7/25	鄧光烈	重慶地行代發	（右電）告到蓉並請轉達友好
7/25	劉芳松	重慶地行代發	（右電）告到蓉並請轉達友好
7/29	周蒸然	本成都市	搭飛機不易
7/29	德輝弟	安康廿二中	告到蓉
7/29	玉祥弟	安順軍醫學校	告到蓉
7/29	德芳	霍邱	告到蓉情形
8/1	劉超然	成都善一〇〇三信箱	謝關照
8/1	傅瑞瑗	成都善一〇〇三信箱	謝關照，接其姊來蓉事，容函阜由航空帶往
8/1	高注東 鄧克強	成都陝西街	謝關照
8/2	鄧光烈 謝大烈	立煌	告到渝並請轉友好（朱子帆氏帶往）
8/2	廖梓琴	立煌	告到渝並請轉友好（朱子帆氏帶往）
8/2	何主席	阜陽	官股能否籌 5000 萬（朱子帆氏帶往）

日期	姓名	住址及通信處	事由
8/2	牟尚齋	阜陽	告到渝並請轉友好，請協助傅瑞瑗姊事（朱子帆氏帶往）
8/2	德芳	霍邱	告到渝（朱子帆航空帶發）
8/8	汪茂慶 許餞儂	巴東	抄謝大烈信
8/8	張中寧	沅陵省黨部	通候
8/16	何主席	阜陽	（電）乞來電請財部撥資（發兩份）
8/17	何主席	阜陽	（電）請成立企業公司（發兩份）
8/18	牟尚齋	阜陽	請來電請財部撥資（發兩份，一份航郵，一份託葛挹純帶）
8/18	張學騫	立煌	勸儲分會將併四聯，託代取洗衣
8/18	德芳	立煌張學騫轉	告省行原則可籌設
8/18	周天固	立煌	告各同學需調整工作者已向余副部長報告
8/25	牟尚齋	阜陽	銀行事請分電政院
8/25	高注東	遂寧專署轉	盼來渝
9/1	玉祥弟	安順軍醫學校	通候
9/4	陳果夫	南溫泉	希民財廳、余府委事
9/4	牟尚齋 劉道先	立煌電轉	希民財廳、余府委事
9/4	德芳	霍邱	（航空）在渝甚好，山東應買物
9/19	許餞儂	巴東貨物稅局	青市財局事不成
9/19	畢鴻遇	屯溪地行朱宇清轉	不久回魯恢復省行
9/20	周天固	立煌省黨部	電告余井塘先生已電王主席介為蘇縣長（與華壽崧合名）
9/21	周蒸然	成都黃瓦街 45	催光烈售布款
9/21	華雅貞	沙坪壩南開中學	張學騫帶來物件請給回據
9/21	周天固	立煌省黨部航空	告進行蘇縣長與京滬新聞界經過
9/21	莫寒竹	立煌省黨部航空	問是否願至江蘇工作
9/21	馬榮山	本市財政部會計處	請代為注意山東來電日期
9/22	何仙槎	濟南　託葛挹純帶	銀行事請速電部
9/22	牟尚齋	阜陽　託葛挹純帶	銀行事請速電部，並附上月十七日信之附本
9/25	何仙槎	阜陽　有電省府辦事處發	省行恢復步驟早已電陳，乞速辦部電
9/27	德芳	霍邱地行轉　航空	近況甚好，渝市商業凋零
9/29	何仙槎	濟南　託何冰如帶	接洽情形（附省行條例與實施辦法）
9/29	牟尚齋	濟南　託何冰如帶	催速辦財政部文
9/29	玉祥弟	貴州安順軍醫學校	近況，暫難回魯
9/29	許餞儂	巴東貨物稅局	渝市復員中動態
9/29	劉超然	成都一〇〇三信箱　即航空參謀學校	詢近況

日期	姓名	住址及通信處	事由
9/29	傅瑞瑗	成都一〇〇三信箱	詢近況
9/30	羅志淵	政校	請代查退畢業與服務證件（兼致虞永福、黃懋材）
10/1	宋宜山	中央秘書處	請促成蕭繼宗長皖中央報事
10/4	周蒸然	成都少城黃瓦街 45	鄧布款已收到
10/19	鄧光烈	立煌或安慶安徽地方銀行 託汪廳長少倫帶	天固、寒竹、學騫等人事情形；盼來魯，振玉亦來，詢大烈情形，託轉德芳書十四本
10/19	張學騫	立煌勸儲分會 航空	來電未復，希到魯工作
10/19	周天固 莫寒竹	立煌張學騫函內轉	均已函井塘公電王主席薦充縣長
10/19	朱興良	立煌張學騫函內轉	稅局新人均已發表，詢能否來渝一行
10/19	德芳	霍邱地行轉 航空	另託帶去書，周內余回濟，將來派人接返
10/23	郭福培	小溫泉政校	搭機回渝不易
10/22	隋名孚	歌樂山考選委員會	請代辦會計師檢覆，附政校、地行證明書、履歷表 2、保證書一，相片 4、稅費 510
10/24	玉祥弟	安順軍醫學校	告明日回濟
10/24	王玉忱	西安東九府街 46 號	如願回省在行工作請回濟熟商
10/24	倪搏九 43 人	小溫泉政校	謝代電致意
10/24	劉超然	成都 1003 信箱空軍參校	告後日回濟
10/24	周子亞	本渝中興路王爺石堡五號	撰送其太夫人逝世十周年紀念辭
10/28	德芳	霍邱安徽地方銀行轉	告已到濟及物價交通情形
11/1	德芳	霍邱安徽地方銀行轉	告已到濟及物價交通情形（日期或有參差）
11/10	德芳	霍邱安徽地方銀行轉	告何物應保留或變賣
11/10	吳先培	重慶安徽地方銀行	來款已用四分之一，省行成立手續權變請向財部解釋（兩件）
11/10	于錫川	重慶安徽地方銀行轉	匯兌事請速辦
11/10	孔其中	重慶安徽地方銀行轉	請協助調撥款項
11/10	崔唯吾	重慶安徽地方銀行轉	詢濟中央事成否
11/13	陳長興	天津市政府會計處	通候
11/13	李先良	青島市政府	請代收回民生行所有中魯銀行屋
11/13	陸嘉書	青島國華銀行許經理轉	請訪查中魯房，渠工作事先儘先良處
11/20	楊綿仲	重慶國庫署	省行必須提前開業，望代向戴司長解析
11/20	胡鐵岩	重慶行政院會計處	乞早核准撥給本行資本
11/26	德芳	霍邱地行轉	近來濟市物資缺乏與物價高漲情形

日期	姓名	住址及通信處	事由
11/26	陸嘉書	青島市銀行	到濟後情形（附省銀行條例及實施辦法）
12/6	德芳	南京航轉霍邱地行轉	物價已漲十倍
12/6	鄧光烈	德芳信內探轉	催來濟
12/6	張學騫	德芳信內探轉	催來濟
12/6	張振玉	德芳信內探轉	催來濟
12/6	丁雲翔	德芳信內探轉	催來濟
12/6	韓學玉	蘇州江蘇政務廳王秘書夢凡轉	已與尚齋兄約其來魯任學校職務
12/6	尹作聖	重慶政校同學會通訊處轉	交案虧欠事已與牟尚齋兄洽辦
12/15	吳柏芳	南京交通銀行	詢書家、志瑩、鴻漢、銘恩等現狀
12/15	金一民	南京航空轉安徽懷遠地行	復請來魯幫忙總分行處到後面定
12/15	張振玉	南京航空轉安徽懷遠地行轉	請逕往青島主持分行
12/15	汪國第	南京航空轉安徽懷遠地行轉	請逕往青島任分行會計或營業主任
12/15	丁雲翔	南京航空轉安徽懷遠地行轉	請來濟主持總行營業部門
12/17	吳先培	重慶皖地行	渝莊事請向部解釋；渠款將由此調回
12/17	畢鴻遇	青島	望在青候參加分行
12/22	丁雲翔	蚌埠皖地行	約來魯任業務處並詢友人情形
12/22	姚興	蚌埠皖地行轉	約來濟工作
12/26	張權	上海江蘇區監察使署	託購報章刊物

收支一覽表

月日	收入要目	收入數額	月日	支出要目	支出數額
1/1	上月結存	34,622.91	1/4	存息所得稅	53.44
1/4	去年地行總儲息	1,100.84	1/11	水瓶膽	1,100.00
1/4	又活儲息	1,068.82	1/12	在立家用	2,530.00
1/11	又去年下期合作社	14,850.00	1/13	合作社酬金缺數	200.00
1/11	信託投資本月息	5,140.00	1/13	地行購女大衣	7,000.00
1/13	去年下期地行合作社監事酬金	16,000.00	1/15	界首買魚肝油	1,500.00
1/13	存菸變價	6,000.00	1/16	遺失廣告	100.00
1/24	周龍淵氏贈用費	10,000.00	1/16	理髮	45.00
1/31	省府參議薪	1,800.00	1/16	家用	365.00
			1/16	家用	155.00
			1/19	桔子二斤半	300.00
			1/19	清導丸一瓶	500.00
			1/19	家用	200.00
			1/21	汪恭梓喜儀	600.00
			1/21	歐陽純嫁女喜儀	600.00
			1/21	公請牟主席	660.00
			1/21	合請黃先進等	640.00
			1/21	柴	600.00
			1/24	前日合請胡靜如	1,000.00
			1/25	柑子三斤	300.00
			1/27	買菜宴客	1,000.00
			1/29	合作社酬金短缺	200.00
			1/29	配大衣扣一個	100.00
			1/30	柴、煙	400.00
			1/31	醫藥費	500.00
			1/31	陸嘉書生子禮	600.00
			1/31	雞蛋 65 枚	500.00
			1/31	雜用	200.00
			1/31	田糧處油十斤	550.00
			1/31	零用	50.00
				本月餘存	68,074.13
	總計	90,622.57		總計	90,622.57

月日	收入要目	收入數額	月日	支出要目	支出數額
2/1	上月餘存	68,074.13	2/2	妙特靈一瓶	150.00
2/2	上年地行三個月酬勞	21,600.00	2/2	餅乾半斤	120.00
2/5	鹽一擔變價益	4,000.00	2/5	米糖等	190.00

月日	收入要目	收入數額	月日	支出要目	支出數額
2/9	投資信託本月息	5,120.00	2/5	二月公請徐君佩	850.00
			2/6	理髮	40.00
			2/6	煙	130.00
			2/8	雞蛋	400.00
			2/9	春節賞及用費	5,000.00
			2/9	徽墨三斤	3,000.00
			2/11	妙特靈一瓶	200.00
			2/18	家用	500.00
			2/21	家用	1,500.00
			2/21	徽墨二斤	2,000.00
			2/24	賞寓院轎夫	800.00
			2/24	柴等	345.00
			2/25	賞朱宅勤務	200.00
			2/27	肉、饃	200.00
			2/27	報費	100.00
			2/27	理髮	60.00
			2/28	煙	130.00
			2/28	饃	10.00
				本月結存	82,869.13
	總計	98,794.13		總計	98,794.13

月日	收入要目	收入數額	月日	支出要目	支出數額
3/1	上月結存	82,869.13	3/5	在立家用	1,535.00
3/3	去年地行特酬金	50,000.00	3/7	煙	130.00
3/9	二月份省府薪	3,000.00	3/7	在立家用	8,000.00
3/10	去年地行合作社退	4,720.00	3/7	公請何主席	900.00
3/12	投資信託本月息	5,160.00	3/9	節賞，月捐，黨費	255.00
3/12	墨水變價收益	2,860.00	3/10	在立家用	2,745.00
3/12	餘糧變價	12,650.00	3/10	在立家用	4,720.00
3/12	六聯辦事處紅利	50,000.00	3/10	戲票七張	1,050.00
3/16	省府送旅費	30,000.00	3/11	前日合請盧龍競	590.00
3/18	張景博送旅費	10,000.00	3/12	在立家用	5,140.00
3/18	朱興華趙會圖送旅費	20,000.00	3/16	大筆一枝	300.00
			3/16	煙	130.00
			3/16	賞錢	250.00
			3/17	定戲鴻堂帖	8,000.00
			3/18	為譚慶儒補數	900.00
			3/19	頂煙墨十錠	3,900.00
			3/19	託存紹南儲蓄	500.00

月日	收入要目	收入數額	月日	支出要目	支出數額
			3/19	理髮	50.00
			3/21	籐運費	9,190.00
			3/21	煙、賞錢等	300.00
			3/22	賞地行運伕	2,000.00
			3/23	米、炭、藥等	6,585.00
			3/26	魚、米	220.00
			3/26	殘帖百餘葉	1,400.00
			3/26	雜用	190.00
			3/26	動身前在之家用	10,000.00
			3/26	動身前在之家用	714.50
			3/27	賞籐伕、繩子	715.00
			3/28	三河尖至三塔集車力	650.00
			3/28	中飯、茶水	130.00
			3/29	煙、皂	215.00
			3/31	賞山東省府馬夫	200.00
				本月結存	199,604.63
	總計	271,229.13		總計	271,229.13

月日	收入要目	收入數額	月日	支出要目	支出數額
4/1	上月結存	199,604.63	4/2	郵票	50.00
			4/4	煙	100.00
			4/5	煙、蛋	230.00
			4/6	煙	300.00
			4/6	燭	130.00
			4/6	信封百枚	230.00
			4/8	賞山東省府公役	2,000.00
			4/8	煙、賞車役	660.00
			4/9	皮鞋	2,800.00
			4/9	鄧役用	400.00
			4/9	賞地行送燈役	100.00
			4/9	理髮	100.00
			4/9	雜誌三種	115.00
			4/10	書（國營事業論）	80.00
			4/11	煙	500.00
			4/12	車費連小帳	750.00
			4/12	水、飯	70.00
			4/13	付鄧役	1,400.00
			4/13	在三河尖家用	10,000.00
			4/13	鐘鼎款識	800.00

月日	收入要目	收入數額	月日	支出要目	支出數額
			4/15	煙、椪桃	180.00
			4/17	三河尖霍邱舟力	3,600.00
			4/17	霍邱伕力等	1,070.00
			4/30	下半月至霍家用	18,000.00
				本月餘存	155,939.63
	總計	199,604.63		總計	199,604.63

月日	收入要目	收入數額	月日	支出要目	支出數額
5/1	上餘結存	155,939.63	5/4	由霍至阜旅費	3,000.00
5/9	投資信託上月息	5,140.00	5/9	匯水	155.00
			5/9	煙等、郵票	390.00
			5/15	理髮	100.00
			5/15	鞋面二雙	745.00
			5/19	貝林頭油	3,000.00
			5/19	換鋼筆皮管	1,000.00
			5/19	皮鞋油	300.00
			5/19	襪子	500.00
			5/21	童帽襪	800.00
			5/21	髮針等	150.00
			5/21	鞋面一雙	400.00
			5/22	德芳毛料衣一件	6,000.00
			5/22	寶塔糖十四個	700.00
			5/22	紹南襪三雙	560.00
			5/23	畫片	200.00
			5/28	德芳鞋	2,000.00
			5/28	童襪、鈕扣	430.00
			5/28	煙、皂	210.00
				本月餘存	140,439.63
	總計	161,079.63		總計	161,079.63

月日	收入要目	收入數額	月日	支出要目	支出數額
6/1	上月結存	140,439.63	6/3	理髮	100.00
6/30	康熙字典變價	3,000.00	6/3	餽贈用絲襪	6,500.00
6/30	其他書變價	1,460.00	6/3	童襪、髮網	330.00
6/30	氈衣料變價	5,000.00	6/3	女衣料	4,500.00
6/30	地行上期息	1,785.70	6/3	短男襪四雙	1,800.00

月日	收入要目	收入數額	月日	支出要目	支出數額
6/30	補皖省府三四月薪	6,000.00	6/3	短女襪二雙	560.00
6/30	補皖省府四月米變價	4,000.00	6/3	畫片二張	50.00
			6/3	捲髮器	900.00
			6/3	汗衫四件	5,400.00
			6/3	扇子	200.00
			6/3	女鞋面六雙	1,950.00
			6/15	鞋	900.00
			6/15	小倉尺牘與袁中郎集	350.00
			6/30	過地行撥玉弟款	10,210.00
			6/30	所得稅	89.28
			6/30	5-6 月立霍家用	20,000.00
				本月餘存	107,846.05
	總計	161,685.33		總計	161,685.33

月日	收入要目	收入數額	月日	支出要目	支出數額
7/1	上月餘存	107,846.05	7/10	縫工	9,000
7/11	存鹽變價	95,610.00			
7/12	尾數化整	0.95			
				本月餘存	194,457.00
	總計	203,457.00		總計	203,457.00

月日	收入要目	收入數額	月日	支出要目	支出數額
8/1	上月餘存	194,457.00	8/15	匯玉弟及匯水	10,500.00
				本月餘存	183,957.00
	總計	194,457.00		總計	194,457.00

月日	收入要目	收入數額	月日	支出要目	支出數額
9/1	上月餘存	183,957.00	10/23	會計師檢覆費	500.00
				本月餘存	183,457.00
	總計	183,957.00		總計	183,957.00

月日	收入要目	收入數額	月日	支出要目	支出數額
11/1	上月餘存	183,457.00	11/1	給李淑英女士[redacted]	2,000.00
				本月餘存	181,457.00
	總計	183,457.00		總計	183,457.00

月日	收入要目	收入數額	月日	支出要目	支出數額
12/31	上月餘存	181,457.00	12/31	存霍物品轉作開支	70,125.00
				在霍現金轉作開支	95,000.00
				本月餘存	16,332.00
	總計	183,457.00		總計	181,457.00

月次	收入數額	支出數額	揭存數額
上年結存	34,622.91		
一月	55,959.66	22,548.44	33,411.22
二月	30,720.00	15,925.00	14,795.00
三月	188,360.00	71,624.50	116,735.50
四月		43,665.00	-43,665.00
五月	5,140.00	20,640.00	-15,500.00
六月	21,245.70	53,839.28	-32,593.58
上半年合計	301,425.36	228,242.22	73,183.14
七月	95,610.95	9,000.00	86,610.95
八月		10,500.00	-10,500.00
九月		500.00	-500.00
十月			
十一月		2,000.00	-2,000.00
十二月		165,125.00	-165,125.00
下半年合計	95,610.95	187,125.00	-91,514.05
本年總計	397,036.31	415,367.22	-18,330.91
本年一月平均			
本年一日平均			
上年總計比較			
摘要			

我心中的父親

吳紹因

1945 年，37 歲。

這是父親在那年的日記本的封面書套上，工工整整寫的標題，由於日記本是商務印書館的自由日記布質精裝，故而父親特地用牛皮紙加以包覆。2000 年父親去世後，兄弟姊妹們決定保留這五十五本、每天都曾經父親雙手撫拭並寫作過的珍貴日記。

後來我又有幸，把這些日記作成電子檔。在逐年打入電腦時，慢慢地認識了我出生（1949）前的父親。37 歲其實甚是年輕，但父親由於少年離家，獨自步入社會，又經歷過事業上的起伏，在我的腦海中卻已像是個中老年人了。他為了事業奔波，為了家庭生計籌謀，更因為國家戰亂，顛沛流離，在壯年時被迫離鄉背井。青年時代的一腔理想壯志，在他登上赴臺專機的那一刻，也只能隨風而逝。事實上在那個時代的中國，有志難伸、空有熱血卻無報國之途的青年，又何止千萬。

就在1949 年，我們一家分別經空路和水路來到寶島臺灣。從我有記憶起，父親每天早上幫我們泡牛奶；夏天帶我們去他工作的美援公署餐廳吃美國冰淇淋，國慶日也到位於總統府廣場邊的公署頂樓看閱兵。父親還常常出差，回家總會帶著土產水果和給母親的禮物。印象最深的是1959 年秋天，大姊在取得國外的獎學金出國留學的那日，我們這些弟妹們跟著去松山機場送行，等大姊臨上飛機那刻到來，都如生離死別般的喊著大姊聲淚俱下，大姊和母親也淚如泉湧。後來我們問「爸爸有沒有哭啊？」，父親說「鼻酸了」，這就是我心中深愛子女們而含蓄的父親。

父親經常努力進修，尤其對英語甚感興趣。我步入社會時，父親已是中美合資的化學公司的財務長。他曾陪伴我參加工作單位（主管是外籍人士）的耶誕聚會；他的公司也是我後來工作單位的客戶，我從和他接觸過的同事又得知人們對他欽佩的印象。所以從1945 年日記中，在他被動離開安徽地方銀行時，關心他的友人和同事們都為他抱屈和加油打氣，以父親卓越的才識與能力，此景確實不難想見。

父親退休後，搬到內湖國大山莊，和母親兩人過著自由自在的田園生活，種植了一些花卉和果樹。有一年木瓜樹結果極多，連我都必須帶到辦公室和同事分享。為了摘木瓜方便，和母親設計製作出一套好用的工具套，兩人為此還甚為得意。果樹上的果實常遭鳥類啄食，所以父母親常常需要做些防護措施，但有一天父親日記上寫著：「為害果樹者多為久在庭園之鳥類，有麻雀、白頭翁，亦有疑似黃鶯之體小於麻雀者，亦有長尾鳴聲似春燕者，因思天地萬物皆有其生存之道，人類以為害鳥者，既為天之所生，其覓食天然果實，毋寧理所當然，況鳥聲囀鳴，非無怡人之處乎！」可見他的慈悲情懷。另外，1987 年的 3 月間，父親記下了一段如下的文字：「日昨黃昏廚房窗外突來一異禽，大如方成長之雛雞而尾甚長，有褐色斑點，疑為鄰右所豢，但皆不認，斷黑後上樹杪，不久飛去，此禽大於鴿，頭極似雞，鄰人亦不識其名也。」（我推斷那或是一隻臺灣藍鵲）。由這些生活點滴，瞭解父親雖是一位終身伏案工作的讀書人，其實他對自然界的觀察和領悟是頗深入的。直到此時，父親的好學習慣仍始終如一，當時資訊科技逐漸普及，他面對電腦，也躍躍欲試，在家中裝置了一台來學習使用。

後來，母親不幸罹患隱球菌腦膜炎，雖然腦膜炎幸運的治療痊癒，但留下了再生不良性的貧血後遺症，那幾年母親因而體力較弱，有時需要吃些補品，總是父親幫她張羅妥當。母親又須定期赴院回診和輸血甚或住院，我因兒女幼小沒能過去陪伴，這重擔就落在父親肩上。

母親去世後，父親獨居，我又因家庭因素住得甚遠，只有過一兩週才陪他去採購些蔬果和生活必需品，平日請了一位隔日工作半天的李太太來幫忙清潔和烹飪。李太太人品敦厚工作盡責，所以父親的生活過的依然有條不紊，我們這些作子女的，才能略感安心。旅居美國的姊弟們，都會放下工作，經常回家探望父親。

千禧年，父親因為眼睛黃斑部病變而視力驟減，一天晚上在自家院內的階梯上跌倒，造成腦內受傷出血，父親當即失去意識，雖經緊急送醫開刀，卻再沒有醒過來。醫生告訴我們說他自昏迷起，就不曾感到痛苦了，這是我們在極度悲痛中感到的唯一安慰。他生前曾多次表示希望在生命走到盡頭時，能夠是快速而沒有痛苦的。而上天似也回報了他。

多年來，對只能在夢中見到的父母親的思念，不曾停歇；如果有天堂，我想他們一定在那裡等著我，望能再敘天倫。

民國日記 07

吳墉祥戰後日記（1945）

The Post-War Diaries of Wu Yung-hsiang, 1945

原　　著　吳墉祥
主　　編　馬國安
總 編 輯　陳新林、呂芳上
執行編輯　林弘毅
文字編輯　李佳若
封面設計　陳新林
排　　版　溫心忻

出 版 者　開源書局出版有限公司
香港金鐘夏慤道 18 號海富中心
1 座 26 樓 06 室
TEL：+852-35860995

民國歷史文化學社
10646 台北市大安區羅斯福路三段
37 號 7 樓之 1
TEL：+886-2-2369-6912
FAX：+886-2-2369-6990

銷 售 處　源流成文化股份有限公司
10646 台北市大安區羅斯福路三段
37 號 7 樓之 1
TEL：+886-2-2369-6912
FAX：+886-2-2369-6990

初版一刷　2019 年 9 月 20 日
定　　價　新台幣 370 元
港　幣　95 元
美　元　14 元
I S B N　978-988-8637-14-0
印　　刷　長達印刷有限公司
台北市西園路二段 50 巷 4 弄 21 號
TEL：+886-2-2304-0488